Paul Collier

Der hungrige Planet

Paul Collier

Der hungrige Planet

WIE KÖNNEN WIR WOHLSTAND MEHREN, OHNE DIE ERDE AUSZUPLÜNDERN

Aus dem Englischen von
Martin Richter

Siedler

Die englische Originalausgabe erschien 2010 unter dem Titel
»The Plundered Planet. How To Reconcile Prosperity With Nature«
bei Allen Lane, London.

MIX
Papier aus verantwortungsvollen Quellen
FSC® C014496
FSC
www.fsc.org

Verlagsgruppe Random House FSC-DEU-0100
Das für dieses Buch verwendete FSC®-zertifizierte Papier
Munken Premium liefert Artic Paper Munkedals AB, Schweden

Erste Auflage
Mai 2011

Umschlaggestaltung: Rothfos + Gabler, Hamburg
Satz: Ditta Ahmadi, Berlin
Druck und Bindung: GGP Media GmbH, Pößneck
Printed in Germany 2011
ISBN 978-3-88680-941-7

www.siedler-verlag.de

Für Stephanie (zwei Jahre) und Alexander (vier Jahre), die die natürlichen Ressourcen und Verbindlichkeiten erben werden, die wir ihnen hinterlassen, und die schon einiges über natürliche Unordnung wissen.

Inhalt

Vorwort

ICH WUCHS AUF, BEVOR WIR NATUR entdeckten. Heute ist weithin anerkannt, dass wir mit der Natur schlecht umgehen. Das Thema wird in Blogs und auf Kongressen diskutiert, und »Umweltwissenschaften« sind zu einem wichtigen Teil der Lehrpläne geworden. Als ich zur Schule ging, hieß das Fach noch »Naturkunde«, und wir schliefen die meiste Zeit. Während andere sich in ihrem Studium mit Umweltproblemen beschäftigten, entdeckte ich die Tragödie globaler Armut und gescheiterter Lebensläufe. Die Chancen, die sich mir eröffneten, hatten meine Eltern nicht. In der weltweiten Armut erkannte ich denselben Mangel an Chancen im größeren Maßstab.

Umweltschutz wirkte damals wie der Luxus von Menschen, die ihren Wohlstand für gottgegeben hielten. Die Wiederherstellung des natürlichen Gleichgewichts und die Bekämpfung der globalen Armut sind jedoch zu den beiden entscheidenden Herausforderungen unserer Zeit geworden. Beide Ziele haben ihre Verfechter, die sich oft feindlich gegenüberstehen. Manche Umweltschützer in der entwickelten Welt sehen es mit Argwohn, dass der Wohlstand sich weltweit verbreitet, und sagen, das Wirtschaftswachstum werde den Planeten zerstören. Umgekehrt betrachten in den ärmeren Ländern der Welt – der untersten Milliarde – viele Menschen den Umweltschutz mit Argwohn und deuten ihn als Versuch der reicheren Länder, ihnen den Wohlstand vorzuenthalten. Auch ich habe inzwischen, mit Verspätung, die Bedeutung der Natur erkannt. Dieses Buch spiegelt meinen Versuch wider, das Ziel des globalen Wohlstands mit einer ethischen Haltung gegenüber der Natur zu verbinden. Der Ökonom Nicholas Stern sagt zu Recht, dass diese beiden Ziele einander bedingen. Wenn wir weiterhin zulassen, dass das natürliche Gleichgewicht unserer Umwelt zerstört wird, verhindert das die Beseitigung der globalen

Armut. Wenn aber ein Teil der Welt weiterhin marginalisiert wird, wird das die Zusammenarbeit verhindern, von der die Wiederherstellung des natürlichen Gleichgewichts auf unserem Planeten abhängt. Und die beiden Ziele sind durch etwas noch Wichtigeres verbunden als die Gefahr dieses doppelten Scheiterns. Die Natur ist das wichtigste Gut der ärmsten Länder; wenn man verantwortungsvoll mit ihr umgeht, wird sie den Aufstieg dieser Länder zum Wohlstand befördern. Doch das Streben nach Wohlstand erhöht die Gefahr, dass die Natur ausgeplündert wird. Das natürliche Gleichgewicht – der verantwortungsvolle Umgang mit der Natur – kann Wohlstand bringen, aber Wohlstand allein kann kein natürliches Gleichgewicht herstellen.

Die Spannung zwischen Wohlstand und Plünderung liegt inzwischen offen zutage. Die reißende Nachfrage nach Rohstoffen hat die Preise von Rohstoffen und Nahrungsmitteln in beispiellose Höhen getrieben. Erst eine globale Finanzkrise hat sie wieder etwas gesenkt. Umgekehrt hat der Preisanstieg einen neuen Wettlauf um Afrika eröffnet und Kapital auf den Kontinent gepumpt. China, der Gigant unter den Schwellenländern, betritt ohne den historischen Ballast des Kolonialismus die Weltbühne; tatsächlich haben viele Länder der untersten Milliarde China lange Zeit als Verbündeten angesehen. Doch aus Sicht der reichen Länder ist Chinas Engagement in Afrika nicht nur eine unerwünschte Konkurrenz. Sie droht auch internationale Bemühungen, nach Jahrzehnten der Korruption und Ausbeutung den Umgang mit Rohstoffindustrien zu reformieren, zu untergraben. Der chinesische Präsident hat Afrika mit der Botschaft »Wir stellen keine unbequemen Fragen« bereist. Wird China also die unterste Milliarde endlich von den zähen Überresten des Kolonialismus befreien oder diese Länder in eine dunkle Vergangenheit zurückstoßen?

Während die Schwellenländer im Ausland Ressourcen aufkaufen, stoßen ihre Industrien im Inland CO_2 aus. Über die nächsten 20 Jahre will China jedes Jahr mehr Kraftwerke bauen als England insgesamt besitzt. Das CO_2 droht den Planeten zu überhitzen. Doch die Bedrohung ist auch zur Einnahmequelle geworden. Durch den im Kyoto-Protokoll festgelegten Mechanismus für umweltverträgliche Entwicklung (Clean Development Mechanism, CDM) erhalten chinesische

Firmen Geld dafür, dass sie nicht noch mehr CO_2 ausstoßen – ein Mechanismus, der an Schutzgeldzahlungen erinnert. Aus Sicht der Schwellenländer ist die verspätete Sorge der reichen Gesellschaften wegen der Verschmutzung aber Heuchelei. Sie machen nur das, was die reichen Länder schon lange tun. Wenn die reichen Länder wollen, dass sie sich anders verhalten, müssen die reichen Länder die Kosten tragen.

Die zunehmende Knappheit natürlicher Ressourcen und der Klimawandel haben in reichen Gesellschaften eine Weltuntergangsstimmung erzeugt. Das ist Musik in den Ohren der Romantiker, die glauben, wir müssten unser Verhältnis zur Natur radikal verändern und den Konsum zurückfahren. Der globale industrielle Kapitalismus ist endlich am Ende und erstickt an seinen eigenen Widersprüchen. Von Prinz Charles bis zu Demonstranten auf den Straßen propagieren sie eine Zukunft, in der die Menschheit wieder im Einklang mit der Natur lebt. Der Lebensstil der Zukunft wird organisch, ganzheitlich, autark, lokal und überschaubar sein. Wir sollen nicht nur unser Leben völlig ändern, wir sollen auch unsere Schuld bekennen, indem wir den Rest der Welt dafür entschädigen, dass wir die Natur geplündert und den Planeten überhitzt haben.

Die Gegenposition zu den Romantikern ist eine ignorante Vogel-Strauß-Haltung. Wenn es einen Kampf um Ressourcen geben wird, so wird es vor allem darum gehen, ihn zu gewinnen. Wer bei den Ländern der untersten Milliarde auf gute Regierungsführung pocht, überlässt den Chinesen das Feld. Die Einschränkung unseres CO_2-Ausstoßes bedroht unseren Lebensstil unnötig. Vielleicht verschlechtert sich das Klima ja gar nicht, und die Zukunft kann ohnehin für sich selbst sorgen. Beide, Romantiker und Ignoranten, haben zur Hälfte recht.

Die Romantiker haben darin recht, dass unser Umgang mit der Natur sehr schlecht ist und unsere Praktiken nicht zu rechtfertigen sind. Ihre Gegner haben darin recht, dass viel von dem, was über die Natur gesagt wird, lächerlich frömmelnd ist und die reichen Länder als Bösewichte und den Rest der Welt als ihre Opfer darstellt. Solche Selbstgeißelung ist unnötig und kontraproduktiv, denn sie macht Gesellschaften, die unverzichtbare Partner bei Lösungen des Problems sein werden, zu passiven Empfängern unserer Großzügigkeit.

Doch beide Gruppen haben auch zur Hälfte unrecht. Beide können uns ins Unglück führen, wenn auch auf verschiedenen Wegen. Unter Leitung der Romantiker würde die Welt verhungern, unter Leitung der Ignoranten würde sie verdorren. Die Romantiker sind eine ernste Bedrohung für die globale Landwirtschaft. Die Ignoranten sind Komplizen bei der Plünderung unserer natürlichen Ressourcen. Die Entscheidungen, die wir jetzt fällen, müssen jedoch auf dem Verantwortungsgefühl gegenüber den Armen wie auch gegenüber der Zukunft beruhen, nicht auf purem Eigeninteresse. Kurz gesagt, *Der hungrige Planet* ist für Menschen geschrieben, die weder von frommem Ekel für die moderne Welt erfüllt, noch moralisch abgestumpft sind. Diese Menschen reagieren zunehmend ungeduldig auf die Flut an Moralpredigten über unsere Pflicht, die Natur in dem Zustand zu erhalten, in dem wir sie vorgefunden haben, sie erkennen aber auch, dass ein unbekümmertes Ignorieren der Natur große Risiken birgt.

Die Natur ist wichtig, und wir gehen schlecht mit ihr um. Das trifft die Bewohner der ärmsten Länder am stärksten. Für sie bietet die Ausgangslage zugleich eine Chance und eine Bedrohung von gewaltigem Ausmaß. Mein Thema ist nicht, wie die Natur als Wert an sich bewahrt werden kann, sondern wie sie dazu dienen kann, Gesellschaften aus der Armut zu führen, ohne allen anderen übergroße Lasten aufzubürden. Mein Leitstern für das, was vernünftigerweise von uns erwartet werden kann, ist jene gesunde Mischung aus Mitgefühl und Eigeninteresse, mit der wohl die meisten von uns versuchen, ihr Leben zu führen.

Die Chance, die die Natur den Ländern der untersten Milliarde bietet, liegt im enormen Wert ihrer natürlichen Ressourcen. Während des Rohstoffbooms der Jahre 2005 bis 2008 wurde auf dem Gebiet der ärmsten Länder der Erde allein Öl im Wert von rund einer Billion Dollar gefördert. Das Sprudeln des neuen Geldes hätte die Transformation dieser Länder finanzieren können. Einen ähnlichen, aber schwächeren Boom hatte es bereits in den siebziger Jahren gegeben. Wie inzwischen viele schmerzhaft erkannt haben, wurde damals eine Chance vertan: Die Einkünfte aus natürlichen Ressourcen wurden geplündert, teils durch ausländische Firmen, teils durch korrupte Politiker und auch durch öffentliche Kurzsichtigkeit. Mitunter nahm die Plünderung zerstörerische Ausmaße an und verwandelte die Chance in eine Katastrophe. Wie ich zeigen werde, ist selbst der Boom der Jahre 2005 bis 2008 nur ein Bruchteil der Einkünfte, die man mit Rohstoffen erzielen könnte. Die zentrale Frage ist, ob sich genug geändert hat, damit diese Mittel nicht verschwendet werden.

Der Rohstoffboom von 2005 bis 2008 war zwar eine gewaltige Chance, aber auch ein zweischneidiges Schwert, denn der Preisanstieg bei den Grundnahrungsmitteln traf die verletzlichsten Menschen auf der Welt. Slumbewohner in den großen Küstenstädten kauften ihre Lebensmittel zu Preisen, die vom Weltmarkt bestimmt wurden. Schon vor dem Preisanstieg waren solche Haushalte kaum über die Runden gekommen, weil sie die Hälfte ihrer Einkünfte für Lebensmittel ausgaben. Im Lauf der Jahrhunderte ist von hungrigen Slumbewohner immer wieder politischer Protest ausgegangen. Wenn die Preise stiegen, wurden Hauptstädte von Unruhen erschüttert und manchmal Regierungen gestürzt, wie zum Beispiel in Haiti. Der globalen Landwirtschaft war es nicht gelungen, mit der weltweiten Nachfrage Schritt zu halten.

Der Klimawandel verschärft die Nahrungsmittelknappheit noch. Für die unterste Milliarde ist die Erderwärmung kein langsamer Vorgang, sie bekommen die Folgen der Überhitzung als erste zu spüren. Das Klima in diesen Ländern ist jetzt schon zu heiß, und die meisten Modelle sagen voraus, dass es sich schneller und drastischer verschlechtert als in anderen Regionen. In Afrika, wo sich die meisten Länder der untersten Milliarde befinden, erwärmt sich das Klima bereits jetzt. Diese Länder sind doppelt gefährdet: Sie spüren nicht nur den Klimawandel am heftigsten, ihre agrarischen Volkswirtschaften sind auch stärker vom Klima abhängig als die von Industrie und Dienstleistungen geprägten Volkswirtschaften der reicheren Länder.

Doch dies eröffnet den Ländern der untersten Milliarde auch eine potenzielle Chance. Der Klimawandel wird von der unkontrollierten Zunahme einer natürlichen Verbindlichkeit angetrieben: Kohlendioxid. Wegen ihrer Armut stoßen die armen Länder wenig CO_2 aus, und als Teil eines globalen Deals könnten sie Emissionsrechte erwerben, die den früheren Emissionen der reichen Länder entsprechen. Der Verkauf von Emissionsrechten würde zu einem neuen natürlichen Vermögenswert.

Potenziell sind die Chancen weit größer als die Gefahren. Die Gefahren durch die Natur sind nicht unausweichlich, sie entstehen, weil viele natürliche Ressourcen der Plünderung besonders stark ausgesetzt sind. Plünderung ist ein ökonomisches Phänomen: Bei falschen Anreizen werden natürliche Ressourcen verschleudert und natürliche Verbindlichkeiten ohne nötige Vorsorge für die Zukunft angehäuft. Doch wenn man ökonomisches Handeln verstanden hat, kann man es verändern.

In einer idealen Welt würden sich die großen Forschungszentren, die sich der Probleme der untersten Milliarde widmen, auch in diesen Ländern befinden. Aber in einer idealen Welt gäbe es keine unterste Milliarde. Die Armut dieser Gesellschaften hat dazu geführt, dass ihre Universitäten ein Leben an den Rändern der internationalen Forschungslandschaft fristen, während ihre besten Köpfe von reicheren Institutionen in anderen Ländern abgeworben werden. Die ernsthafte Forschung über die ärmsten Gesellschaften und darüber, wie sich die Natur am besten zu ihrem Vorteil nutzen lässt, konzentriert sich deswegen in einigen wenigen Universitäten in Nordamerika und Europa.

Oxford ist eines dieser Zentren, das Wissenschaftler aus der ganzen Welt anzieht. Mein Team junger Forscher ist hierfür ein Beispiel, und dieses Buch basiert weitgehend auf ihrer Arbeit: Stefan Dercon stammt aus Belgien, Benedikt Goderis aus Holland, Anke Hoeffer aus Deutschland, Victor Davies aus Sierra Leone, Lisa Chauvet und Marguerite Duponchel aus Frankreich und Chris Adam, wie ich, aus England. Ein großer Teil der intellektuellen Arbeit wurde aber von meinem Kollegen Tony Venables geleistet; es gibt kaum eine Idee in diesem Buch, die wir nicht gemeinsam entwickelt oder diskutiert haben. Für die Ideen ist Tony zwar mitverantwortlich, für die Fehler bei der Ausführung aber ich allein. Ich habe versucht, diese Ideen aus der präzisen, aber schwer verständlichen Sprache der modernen Wirtschaftswissenschaft in eine Form zu übersetzen, die auch außerhalb des engen Zirkels an Fachleuten gelesen werden kann.

Um ein Buch zu schreiben, braucht man Ruhe. Die unerwartete Ankunft von Alex und Stephanie brachte eine frohe natürliche Unordnung in unser Leben. Innerhalb dieser Unordnung schuf meine Frau Pauline eine kleine Festung, in der *Der hungrige Planet* entstehen konnte. Sie ist Umwelthistorikerin, darum habe ich auch ihre Ideen geplündert. Tatsächlich könnte unsere Ehe eine Metapher für das größere Thema dieses Buches sein: wie Umweltschützer und Ökonomen von einem Bündnis profitieren können.

TEIL I

Die Ethik der Natur

KAPITEL 1

Armut und Plünderung

DIE UNTERSTE MILLIARDE IST VOM globalen Wohlstand ausgeschlossen. Der Alltag für diese Menschen ist heute die Armut; die Frage ist, ob Armut auch das Schicksal ihrer Kinder sein wird. Der Weg, den der Rest der Welt einschlug, um sich aus der Armut zu befreien – die Industrialisierung –, erweist sich für diese Nachzügler als viel schwieriger zu beschreiten. Die Industrie ist globalisiert, und Chinas Kombination aus gewaltigen Stückzahlen und niedrigen Löhnen macht es gegenüber neuen Konkurrenten extrem wettbewerbsfähig. Die Landwirtschaft bietet den ärmsten Ländern nur geringe Aussichten. In Afrika, wo die Mehrzahl der untersten Milliarde lebt, ist die landwirtschaftliche Produktivität bereits weit hinter internationale Standards zurückgefallen. Die globale Erwärmung wird den Abstand wahrscheinlich weiter vergrößern und Afrika noch heißer und trockener machen, während sie gleichzeitig große Teile Nordamerikas und Eurasiens erwärmt, die jetzt noch zu kalt für die Landwirtschaft sind. Auch durch Entwicklungshilfe ist die unterste Milliarde wohl nicht zu retten; Entwicklungshilfe wird zunehmend attackiert, manchmal mit gutem Grund, und schrumpft wegen der Notwendigkeit, Haushaltsdefizite zu senken.

Doch die Länder der untersten Milliarde besitzen eine Rettungsleine: die Natur. Sie hat das Potenzial, die meisten von ihnen aus der Armut zu befreien. Jedoch liegt die Natur nicht auf einem Silbertablett. Die Menschheit wurde nicht in einen Garten Eden hineingeboren, sondern in eine unwirtliche Umgebung, in der wir kämpfen mussten, damit einige wenige von uns überleben. Durch den technologischen Fortschritt ist die Natur für die Menschheit nach und nach immer wertvoller geworden. Technologie macht die Natur zu einem Vermögenswert, und allein die Technologie macht diese Vermögenswerte für eine Gesellschaft potenziell wertvoll. Natürliche Vermögenswerte haben keine natürlichen Eigentümer, und wenn sie an Wert gewinnen, können sie einen Kampf um ihren Besitz auslösen, bei dem ihr Wert von den Kosten des Kampfes aufgefressen wird. Die Vorgeschichte des Menschen war gewalttätig; manche Anthropologen schätzen, dass rund 40 Prozent aller Todesfälle in jener Zeit gewaltsam eintraten. Als technische Entdeckungen seltenen Naturphänomenen wie Feuersteinen einen Wert verliehen, war der Kampf um ihren Besitz unvermeidlich. Das ökonomische Einmaleins lehrt uns, dass der Wert der Anstrengung, die für die Inbesitznahme natürlicher Vermögenswerte aufgewendet wurde, anstieg, bis er etwa genauso groß war wie der Wert dieser Ressourcen. Moderne Versionen dieses Kampfes um begehrte Rohstoffe sind meist weniger gewalttätig, obwohl uns inzwischen Methoden des Tötens zur Verfügung stehen, die die Möglichkeiten der Steinzeit weit übertreffen. Aber selbst wenn diese Kämpfe gewaltlos sind, gelten für sie dieselben ökonomischen Grundsätze; sie können für das Land, in dem sich die Ressourcen befinden, außerordentlich kostspielig sein. Wenn Förderfirmen routinemäßig seine Minister bestechen, um die Rechte zur Ausbeutung seiner Natur zu bekommen, wird die politische Macht so wertvoll, dass alles ihrem Erwerb untergeordnet wird. Staatsausgaben werden zur Vetternwirtschaft genutzt, Gesetze und Gerichte verwandeln sich in Instrumente zur Belohnung von Unterstützern und Bestrafung von Gegnern.

Technologie macht die Natur zu Ressourcen, doch deren Wert für die Gesellschaft ist nur potenziell. Damit natürliche Ressourcen wirklich wertvoll werden, statt im Machtkampf vergeudet zu werden, muss ihr Eigentumsrecht geregelt werden. Die Herausforderung, die Natur nutzbar zu machen, lässt sich in einer einfachen Formel zusammenfassen, einer Formel, die von der ganzen Welt und vor allem von den ärmsten Ländern verwirklicht werden muss: *Natur + Technologie + Regeln = Wohlstand.*

In den Gesellschaften der untersten Milliarde ist diese Gleichung meist nicht erreicht worden, obwohl die Technologie immer mehr natürlichen Ressourcen auf ihrem Territorium Wert verleiht. Coltan, ein Rohstoff, von dem die Demokratische Republik Kongo sehr viel besitzt, wurde durch die Erfindung des Handys wertvoll, für das es unverzichtbar ist. Durch Fortschritte in der Kupferverhüttung lassen sich Erzvorkommen in Sambia profitabel abbauen, die früher als unwirtschaftlich galten. Doch Technologie ist wankelmütig; sie kann nicht nur Werte schaffen, sondern auch vernichten. Nitrate und Guano-Dünger waren das Erdöl des 19. Jahrhunderts, inzwischen haben moderne Techniken Ersatz für sie entwickelt, was wohl auch mit dem Erdöl geschehen wird. Und Technologie kann die Natur zerstören: die Technologie, die uns billige Energie gegeben hat, hat uns auch das Kohlendioxid beschert, das unseren Planeten erhitzt.

Obwohl die Wankelmütigkeit der Technologie, wie wir gesehen haben, zum Problem werden kann, sind die größten Fehlentwicklungen aus dem Fehlen von Regeln entstanden. Auf der ganzen Welt sehen die Menschen jetzt, wie wichtig Regeln sind, nicht zuletzt wegen der weltweiten Wirtschaftskrise, die aus der unzureichenden Regulierung der Finanzmärkte entstand. Ökonomen betrachteten Regulierungen mit Feindseligkeit, und zwar weit über die Finanzmärkte hinaus; wir alle waren vom Zauber des Marktes gefangen. Als Joseph Stiglitz mich an die Weltbank holte, um die Forschungsabteilung zu leiten, hörte ich sogar einmal einen Vortrag zu der Frage, warum es keine Sicherheitsverordnungen für Rummelplätze geben sollte. Inzwischen erkennt die Zunft widerwillig an, dass ihre ideologische Opposition gegen jede Regulierung übertrieben war. Ohne Regulierung lässt sich das Potenzial natürlicher Ressourcen nicht erschließen, und natürliche Verbindlichkeiten wie Kohlendioxid können so gefährlich werden, dass sie ausnahmsweise den abgedroschenen Begriff »Massenvernichtungsmittel« rechtfertigen.

Regulierung erfordert gute Regierungsführung. Die natürlichen Vermögenswerte der Erde liegen zum größten Teil auf und unter dem Land, das von den 194 Regierungen der Welt kontrolliert wird, die sich in Kompetenz und Verantwortlichkeit gegenüber ihren Bürgern stark unterscheiden. Die Landfläche des Planeten kann man gedanklich in vier gleiche Quadranten einteilen. Die entwickelten Länder der OECD, die etwa 80 Prozent der Weltwirtschaft ausmachen, kontrollieren einen dieser vier Landquadranten. Am anderen Ende des Spektrums machen die Länder, die von der Entwicklung abgekoppelt sind – die unterste Milliarde –, nur 1 Prozent der Weltwirtschaft aus, nehmen aber ebenfalls einen Quadranten ein. Der dritte Quadrant gehört Russland, China und ihren Satellitenstaaten. Der vierte sind alle anderen Staaten, im Wesentlichen die Schwellenländer. In jeder dieser vier politischen Arenen hängt die globale natürliche Ordnung davon ab, dass die Anreize zur Plünderung der Ressourcen durch eine effektive Regulierung in Schranken gehalten werden.

Regulierung erfordert gute Regierungsführung, aber in die meisten Gesellschaften der untersten Milliarde wird nicht gut regiert. Die Folge daraus lässt sich in eine weitere einfache Formel fassen: *Natur + Technologie – Regulierung = Plünderung.* Plünderung war bislang der bestimmende Faktor beim Umgang mit natürlichen Ressourcen in den ärmsten Gesellschaften. Was als Rettungsleine hätte dienen können, an der diese Gesellschaften sich aus der Armut ziehen, erwies sich stattdessen als vergeudete Chancen. Mit einfachen ökonomischen Überlegungen wird schnell klar, dass der Wert natürlicher Vermögenswerte durch einen ebenso kostspieligen Kampf um ihren Besitz verschwendet wird, jedoch zeigt eine weitergehende Analyse, dass das Resultat sogar noch schlimmer sein kann. Denn die ökonomischen Grundregeln beziehen nur die Kosten für die Beteiligten, aber nicht für die Außenstehenden in die Berechnung ein. Wegen dieses negativen Potenzials kann die Entdeckung von Ressourcen sich für ein Land als Fluch erweisen. Obwohl die Gesellschaften der untersten Milliarde durch Plünderung am stärksten gefährdet sind, können auch Länder mit mittlerem Einkommen in Gefahr geraten. Der frühere mexikanische Präsident Ernesto Zedillo sieht die Ursache für die Tragödie, in der die mexikanische Gesellschaft sich befindet, im Erdöl. Es hat die Gesellschaft heruntergezogen, statt die Wirtschaft in die Höhe zu ziehen.

Schlechtes Management natürlicher Ressourcen kommt auch in den wohlhabenden OECD-Staaten vor. Auf nationaler Ebene ist die Regierungsführung meist zufriedenstellend, aber das endet an der Grenze. Manchmal jedoch respektiert die Natur keine Grenzen. Bei natürlichen Ressourcen und Verbindlichkeiten, die global sind, wie den

Fischen im Ozean und dem CO_2 in der Atmosphäre, ist Plünderung im Moment die Regel. Tatsächlich sind die eifrigsten Plünderer dieser globalen Ressourcen die Firmen und Bürger der reichen Länder. Auch hier ist Regulierung notwendig, aber die meisten Ökonomen haben Zweifel, ob sich das bewerkstelligen lässt, und zwar nicht ohne Grund: Regeln werden nicht von platonischen Wächtern gemacht, die unsere Gesellschaften weise lenken, sondern entstehen aus politischen Machtverhältnissen. Eine gut funktionierende Demokratie formuliert die Regeln, die die meisten Menschen wollen, aber was Menschen wollen, hängt von dem ab, was sie verstehen. Ich schrieb *Die unterste Milliarde*, weil ich merkte, dass demokratische Regierungen sich so lange auf Lippenbekenntnisse beschränken würden, bis die Bürger besser über die besonderen Probleme der ärmsten Länder informiert wären. Die Regierungen veranlassten lieber Maßnahmen, die in den Schlagzeilen gut aussahen, als effektivere Maßnahmen vorzuziehen, die jedoch zu kompliziert waren, um verstanden und gewürdigt zu werden. In einer Demokratie kann die Regulierung der Natur nur so gut sein, wie die Gesellschaft versteht, warum sie notwendig ist. Die Regeln für die Natur werden jedes Missverständnis widerspiegeln.

In den reichen Ländern, wo Jahrzehnte beispiellosen Wirtschaftswachstums zu raschem sozialen Wandel geführt haben und die Religiosität verblasst ist, ist die Natur zur letzten Konstante geworden. Sie gilt als bedroht durch den Vormarsch von Wissenschaft und Technik. Die »Geburt der Moderne« wird gewöhnlich auf das Ende der napoleonischen Kriege 1815 datiert. In dieser Epoche wurde die Natur in die Diagnose des Unbehagens mit der Kultur einbezogen. Schon 1770 hatte der deutsch-französische Aufklärungsphilosoph Baron Paul Thiry d'Holbach geschrieben: »Der Mensch ist nur unglücklich, weil er die Natur nicht versteht.« Wenn wir nur zurück zur Natur könnten, müssten wir uns nicht mehr auf die Couch des Psychiaters legen. Je weiter uns der Wohlstand von der Natur entfernt hat, desto mehr fordern wir, dass die Regierung sie vor der Wissenschaft schützt. Und je emotionaler das Thema, desto vehementer wird dies gefordert, wie bei der Debatte um die Stammzellforschung und gentechnisch veränderte Lebensmittel.

Als wirtschaftliche Aktivität, die am direktesten in die Natur eingreift, ist die Landwirtschaft zum Hauptangriffsziel dieser Gefühle geworden. Doch die Missverständnisse normaler Bürger bieten fruchtbare Chancen für Sonderinteressen: Regulierung schützt nicht nur, sie verteilt auch um. Regeln lassen sich von Interessengruppen zu ihrem Vorteil manipulieren, und in den reichen Ländern hat die Agrarlobby von populären Missverständnissen profitiert, die sich über die Entwicklungshilfe bis nach Afrika auswirken. Mit ihrem ökologischen Anbau, der Produktion für die Selbstversorgung und im Familienverbund werden die Kleinbauern in den Entwicklungsländern als letzte Bastion des prätechnologischen, präkommerziellen und präindustriellen Lebens angesehen, eine »bäuerliche« Lebensweise, die erhalten werden muss. Während bäuerliche und industrielle Lebensweise weiter auseinanderlaufen und damit das Wachstum unserer Wirtschaft und die Stagnation der Ihren widerspiegeln, ist die bäuerliche Lebensweise zum Symbol eines harmonischen Lebens geworden. Die Nichtregierungsorganisationen (NGOs) in der Entwicklungspolitik engagieren sich zwar für die Armutsbekämpfung, sind aber auch Ausdruck der Umweltdebatten in den reichen Ländern, die sie finanzieren. Die Haltung der NGOs gegenüber einer lokalen Agrarwirtschaft grenzt darum mitunter ans Schizophrene: Sie wollen beides zugleich – Wandel und Bewahrung.

Die Opfer der heutigen Beschränkung der Stammzellforschung sind die unheilbar Kranken von morgen. Aber die Opfer der wissenschaftsfeindlichen, pro-bäuerlichen Regulierung der Landwirtschaft sind die Armen von heute. Der Widerstand gegen neue Anbautechniken und die Kommerzialisierung der afrikanischen Landwirtschaft hat den Preisanstieg von Lebensmitteln befördert, und Lebensmittel sind der größte Ausgabenposten armer Haushalte. Hier also ist eine letzte Formel: *Natur + Regulierung – Technologie = Hunger.*

Umweltschützer gegen Ökonomen?

UMWELTSCHÜTZER UND ÖKONOMEN sind sich spinnefeind. Umweltschützer sehen Ökonomen als Söldner einer Kultur der Gier, als Cheerleader eines nicht nachhaltigen Wohlstands. Ökonomen hingegen betrachten Umweltschützer als romantische Reaktionäre, die auf die Bremse des wirtschaftlichen Motors treten wollen, der endlich die globale Armut zu mindern beginnt.

Dieses Buch vertritt die These, dass Umweltschützer und Ökonomen einander brauchen. Sie brauchen einander, weil sie in einem Krieg, den sie zu verlieren drohen, auf derselben Seite stehen. Die Natur wird geplündert; die natürlichen Ressourcen werden weniger, und natürliche Verbindlichkeiten werden auf eine Art akkumuliert, die Umweltschützer genau wie Ökonomen als unethisch beurteilen würden. Doch die Notwendigkeit einer Allianz zwischen Umweltschützern und Ökonomen erwächst nicht nur aus der praktischen Notwendigkeit, eine Niederlage abzuwenden. Sie brauchen einander auch intellektuell.

2009 untersuchte Sir Partha Dasgupta, ein Ökonom aus Cambridge, umfassend, welche Rolle Natur in den Analysen der Wirtschaftswissenschaft einnimmt. Er kam zu dem Schluss, sie bleibe »isoliert vom Hauptstrom des zeitgenössischen ökonomischen Denkens«. Selbst wenn Ökonomen die Natur in ihre Überlegungen einbeziehen, behandeln sie sie wie jeden anderen Vermögenswert: Natürliches Kapital ist für sie einfach Teil des Grundkapitals und dazu da, zum Wohle der Menschheit ausgebeutet zu werden.

Seit dem *Stern-Report über die wirtschaftlichen Folgen des Klimawandels* aus dem Jahr 2006 ist ein Aspekt unserer Umwelt – ihre Erwärmung – plötzlich in den ökonomischen Mainstream eingedrungen. Lord Nicholas Stern ist so angesehen, dass die Wirtschaftswissenschaft gezwungen war, den Kosten der globalen Erwärmung und den Möglichkeiten, diese zu vermeiden, größere Aufmerksamkeit zu schenken. Dies führte zu einem erbitterten Kampf unter Ökonomen, da unterschiedliche Modelle zu weit auseinanderliegenden Ergebnissen geführt haben. Wie Stern aber betont, sind die Kernfragen nicht technischer, sondern ethischer Natur. Politische Entscheidungen sollten von der Verantwortung der heutigen Generation gegenüber der Zukunft ausgehen. Doch der Mainstream der Wirtschaftswissenschaft hat sich dem Klimawandel mit einem ethischen Rahmen genähert, der gegenüber der Natur schlicht unzureichend ist, weil er Rechte ignoriert. Rechte sind für die Ethik der Natur von zentraler Bedeutung; die Rechte der Gegenwart gegenüber der Zukunft und meine Rechte gegenüber deinen. Umweltschützer bringen eine fundamentale Einsicht mit, die Ökonomen bislang ignoriert haben. Die Natur ist etwas *Besonderes*: Unsere Rechte über die Natur sind nicht dieselben wie über die menschengemachte Welt. Ökonomen benötigen diese Einsicht, wenn sie die ethischen Voraussetzungen ihrer Modelle überdenken.

Es wird die meisten Menschen nicht überraschen, dass Ökonomen eine Dosis Ethik gut gebrauchen könnten. Umfragen zufolge haben Wirtschaftsstudenten ein ausgeprägteres Eigeninteresse als andere Studenten. Entweder ziehen Wirtschaftswissenschaften die Egoisten an, oder, schlimmer noch, sie lehren Habgier. Ökonomen setzen tatsächlich voraus, dass Menschen nur am eigenen Konsum interessiert sind, aber paradoxerweise beurteilen Ökonomen die Welt nach einem ethischen Maßstab, der extrem selbstlos ist: dem Utilitarismus. In der Form, wie ihn die Ökonomen adaptiert haben, ist der Utilitarismus ein strenges, universales Wertsystem mit unerfüllbaren Ansprüchen; er bewertet sogar Nichtökonomen als egoistisch. Angesichts des Abgrunds zwischen den Werten, nach denen Ökonomen die Welt beurteilen, und den Werten, die sie gewöhnlichen Menschen zuschreiben, kommen viele Ökonomen zu dem Schluss, man könne gewöhnlichen Menschen nicht zutrauen, die Interessen der Zukunft angemessen zu schützen, denn sie steckten den Kopf in den Sand. Ökonomen teilen Platons Überzeugung, dass die ideale Regierung aus weisen Wächtern bestehen sollte, obwohl sie in der Rolle der Wächter natürlich lieber Ökonomen als Philosophen sehen würden. Aber indem sie fordern, die Demokratie außer Kraft zu setzen, geraten Ökonomen nur noch tiefer in ethische Schwierigkeiten. Außerdem ist ihre Haltung unrealistisch. Die Prioritäten von Regierungen spiegeln unausweichlich die Präferenzen ihrer Bürger wider.

Doch auch hierin kann der Ökonom viel vom Umweltschützer lernen. Einer der Grundtexte des modernen Umweltdenkens ist *Unsere ausgeplünderte Erde* von Fairfield Osborn. Osborn, der damals Präsident der Zoologischen Gesellschaft in New York war, veröffentlichte sein Buch 1948 (auf Deutsch 1950), um gewöhnlichen Bürgern die Ausbeutung der Natur vor Augen zu führen.

Das vorliegende Buch plädiert für eine Synthese der praktischen Wertesysteme von Umweltschützern und Ökonomen. Umweltschützer haben recht darin, dass jede Generation für die natürlichen Ressourcen (im Gegensatz zu anderen Vermögenswerten) eine besondere Verantwortung trägt. Ökonomen hingegen haben darin recht, dass die Natur ein Vermögenswert ist, der für das Wohl der Menschheit genutzt werden sollte. Wie sind keine *Wächter* der Natur, die die Natur als Selbstzweck erhalten. Wir sind nicht ethisch verpflichtet, jeden Tiger oder jeden Baum zu schützen. Wir sind *Bewahrer* des Werts natürlicher Ressourcen. Wir sind ethisch verpflichtet, an künftige Generationen einen gleich großen Wert an natürlichen Vermögenswerten weiterzugeben, wie wir ihn selbst von vorangegangenen Generationen erhalten haben. Die Natur überträgt uns tatsächlich Verpflichtungen, aber diese sind im Wesentlichen ökonomisch.

In der vorgeschlagenen Allianz von Umweltschützern und Ökonomen sind die gemeinsamen Feinde die Ignoranten und die Romantiker. Die Ignoranten plündern die Natur. Manchmal ist diese Plünderung sofort als unethisch erkennbar, häufiger jedoch verstecken sich die wahren Folgen eines scheinbar legitimen Handelns in einer Kette von Entscheidungen. Infolgedessen wird die Plünderung als solche kaum erkannt. In den Ländern der untersten Milliarde existiert eine komplexe Entscheidungskette, die dazu führt, dass die natürlichen Ressourcen gefördert werden, ohne einen nachhaltigen Nutzen für die einfachen Bürger zu erzeugen. In den reichen Ländern entstehen aus Handlungen, die bis vor kurzem harmlos schienen, natürliche Verbindlichkeiten. In beiden Fällen sind sich die Täter ihrer Schuld kaum bewusst. Die Romantiker wollen das Potenzial der Natur nicht anzapfen; sie soll bewahrt, nicht genutzt werden. Die Rettungsleine für die unterste Milliarde kann so nicht ergriffen werden.

Die ärmsten Länder brauchen rasches Wirtschaftswachstum, und das erzeugt eine potenzielle Spannung zwischen der Armutsbekämpfung einerseits und dem Naturschutz andererseits. Umweltschützer hatten recht, wenn sie betonten, wirtschaftliche Entwicklung müsse nachhaltig sein, aber Ökonomen tragen die Einsicht bei, dass Nachhaltigkeit etwas anderes ist als die Erhaltung der Natur. Wenn Umweltschützer darauf beharren, jeder Aspekt der Natur müsse erhalten bleiben, werden sie sich im Kampf gegen die globale Armut auf der falschen Seite wiederfinden.

Die Befürworter von Plünderung und Romantik sind gerade deshalb so lautstark, weil normale Bürger zu wenig über die Chancen und Bedrohungen der Natur informiert sind, um Regierungen zu wirksamer Regulierung zu zwingen. Um die Bürger gut zu informieren, muss man auf einer Ethik der Natur aufbauen, die Menschen in Gesellschaften mit sehr unterschiedlichen Wertesystemen verstehen und akzeptieren können. Weder die romantische Variante des Umweltschutzes, die die Natur als Selbstzweck ansieht, noch der strenge Universalismus des ökonomischen Utilitarismus kann eine solche ethische Grundlage liefern. Die schwierigsten Kriege sind die, bei denen man an zwei Fronten zugleich kämpfen muss. Es ist direkter, dramatischer und psychologisch befriedigender, nur einen Feind zu haben. Meinungen können dann auf einem Spektrum angeordnet werden, mit dem Guten und Wahren am einen Ende und dem Bösen und Falschen am anderen. Die Romantiker unter den Umweltschützern und die utilitaristischen platonischen Wächter unter den Ökonomen sehen die Natur als einen Einfrontenkrieg. Die Romantiker sehen das Wirtschaftswachstum als Feind, die platonischen Wächter sehen die Werte der gewöhnlichen Bürger als Feind. Die meisten Kämpfe in der Entwicklungspolitik verlaufen aber entlang anderer Frontlinien: Die Vernunft liegt eher in der Mitte als an den Extrempunkten. Die Entwicklungshilfe ist ein Beispiel, denn sie ist weder ein Allheilmittel noch eine Bedrohung.

In diesem Buch versuche ich, die Ausbeutung der Natur und ihrer Ressourcen als Zweifrontenkrieg darzustellen, und das, was gegenwärtig Niemandsland ist, in einen Ort zu verwandeln, wo sich alle außer Romantikern und Ignoranten heimisch fühlen können. Romantiker und Ignoranten appellieren an starke Emotionen, Erstere an Schuld, Furcht und Nostalgie, Letztere an Habgier und Optimismus. Aber diese Auseinandersetzung muss nicht zwangsläufig sein: Wirksame Lösungen für drängende, scheinbar unlösbare Probleme liegen dort, wo sie immer liegen – in der Mitte.

KAPITEL 2

Hat die Natur einen Preis?

DIE ZORNIGEN TRÄNEN EINES KINDES verlangen Aufmerksamkeit. Der achtjährige Daniel hat gerade vom brasilianischen Regenwald erfahren, und das hat seinen ersten Ausdruck politischer Entrüstung hervorgerufen. Sie richtet sich gegen mich, nicht als sein Vater, sondern als Repräsentant der Generation von Erwachsenen, die etwas Wertvolles zerstören, bevor er alt genug ist, um uns aufzuhalten. Zwischen zornigen Schluchzern ruft er: »Sag's dem Präsidenten!« Da er mich einmal im Fernsehen gesehen hat, hat Daniel eine etwas übertriebene Vorstellung von meinen Einflussmöglichkeiten. Achtjährige sind im Allgemeinen kein Maßstab für vernünftiges Verhalten, und Daniel ist keine Ausnahme. Aber zufällig richtet sich sein Zorn an die richtige Adresse. Auf dem Schlachtfeld um natürliche Vermögenswerte haben Sohn und Vater ethisch klar Stellung bezogen.

Zunächst die linke Flanke. Ich stimme mit den Umweltschützern überein, dass die Natur etwas ganz Besonderes ist; in irgendeiner Form erkennen das die meisten von uns an. Aber warum ist die Natur etwas Besonderes? Mainstream-Umweltschützer wie Stewart Brand haben darauf eine Antwort. Die Natur ist besonders verletzlich, und das ist von Bedeutung, weil die Menschheit von ihr abhängig und daher ebenfalls verletzlich ist. Doch wie Brand sagt, tragen viele Umweltschützer ideologisches Gepäck mit sich herum, das sie abwerfen müssen. Romantische Umweltschützer können die Natur nicht mit dem profanen Geschäft der Wirtschaft in Einklang bringen, sie betrachten sie als ethisch höherwertig. In Anknüpfung an Baron d'Holbachs Diagnose der modernen Angst meinen sie, dass der Industriekapitalismus uns von der Natur entfernt hat, die er rasch zerstört. Man spürt das Unbehagen der Umweltschützer an der modernen Industriegesellschaft in ihrer Sprache, die voller Wörter ist wie »organisch« und »ganzheitlich«.

Eine aktuelle Variante des Themas ist die renommierte Dimbleby-Lecture der BBC, die 2009 von Prinz Charles gehalten wurde.

Vielleicht muss der Mensch zu einer einfacheren, nichtindustriellen Lebensweise zurückkehren. Prinz Charles produziert Bio-Lebensmittel und hat ein Dorf namens Poundsbury im Stil des 18. Jahrhunderts gegründet – des letzten Zeitalters vor der Industrialisierung. Am extremen Ende der romantischen Umweltschützer ist die Diagnose noch radikaler: Die Menschheit selbst ist zum Feind des wahrhaft Guten geworden. Diese Gefühle spiegeln sich in einem Kult, der mit wohligem Grusel die Auslöschung der Menschheit erwartet. Denn erst dann kann die Natur sich wieder erholen. Geschichten über die Erde nach dem Ende der Menschheit finden ein großes Publikum. Der romantische Flügel der Umweltschützer scheint bereit zu sein, die Industriegesellschaft zu opfern, um die Natur zu erhalten; der extreme Flügel scheint bereit, die Menschheit zu opfern.

Wem gehört die Natur?

ICH BEZWEIFLE, DASS MEIN SOHN Daniel ein romantischer Umweltschützer ist. Die Quelle seines Zorns lässt sich nicht plausibel darauf zurückführen, dass er sich in der modernen Industriegesellschaft unwohl fühlt. Ich wünschte sogar, er fühlte sich etwas weniger wohl darin, denn ihre Bruchstücke sind über sein ganzes Zimmer verstreut. Natürlich machte er sich Sorgen um den Regenwald, weil er unersetzlich ist. Doch er war zornig, weil er das Gefühl hatte, dass seine Besitzrechte angegriffen wurden. Kinder haben ein deutliches Besitzempfinden; sie wissen, was ihnen gehört, und wollen es für gewöhnlich auch behalten. Aber warum hat Daniel das Gefühl, Rechte am brasilianischen Regenwald zu haben? Schließlich hat er ihn noch nie gesehen. Er erhebt keine Ansprüche dieser Art auf das neue Auto unseres Nachbarn, das er jeden Tag sieht und im Vergleich zu dem unser altgedientes Exemplar so unvorteilhaft aussieht. Der Grund liegt darin, dass der brasilianische Regenwald eine besondere Art von Vermögenswert ist: ein natürlicher Vermögenswert. Und das Besondere an natürlichen

Vermögenswerten ist ihr Eigentumsstatus. *Natürliche Vermögenswerte haben keine natürlichen Eigentümer*. Diese These hat weitreichende Implikationen, etwa beim Nachdenken über den Klimawandel. Zuallererst rückt sie aber die Regierung ins Zentrum des Handelns.

Alle Eigentumsrechte an Vermögenswerten sind soziale Konstrukte, aber bei menschengemachten Vermögenswerten folgt das ursprüngliche Eigentumsrecht direkt aus ihrer Herstellung: die Firma, die das Auto baut, besitzt es auch, kann es mir aber verkaufen. Da alle Besitzrechte soziale Konstrukte sind, können wir natürlich die Eigentümerschaft begrenzen und tun das auch. Obwohl das Auto der Firma gehört, die es verkauft, führt sie einen Teil des Profits an die Regierung ab, wenn sie es mit Gewinn verkauft. Die Idee, dass die Schaffung eines Vermögenswerts Eigentumsrechte verleiht, ist ethisch wie praktisch sinnvoll. Ethisch, weil der Erzeuger Anstrengung und Kapital in die Schaffung des Vermögenswerts gesteckt hat, und praktisch, weil es keinen Anreiz zur Schaffung neuer Vermögenswerte gäbe, wenn sie sofort enteignet würden. Aus diesem Grund werden die ursprünglichen Eigentumsrechte des Erzeugers des Vermögenswerts fast vom ganzen politischen Spektrum akzeptiert, mit Ausnahme radikaler Kommunisten.

So viel zu menschengemachten Vermögenswerten. Natürliche Vermögenswerte sind etwas anderes. Per definitionem sind sie nicht von Menschen gemacht. Manche Menschen glauben, sie wurden von Gott gemacht, andere glauben, vom Zufall. In jedem Fall gibt ihre Entstehung keinen Hinweis darauf, wem sie gehören sollten. Wenn man sich erinnert, dass natürliche Substanzen erst durch technische Entdeckungen ihren Wert gewinnen, sollten dann die Erfinder dieser Technologie einen Anspruch auf die daraus entstehenden natürlichen Vermögenswerte haben? Sollte etwa die finnische Firma Nokia, die die ersten Handys entwickelte, die Rechte am afrikanischen Coltan besitzen? Sollten die Autofirmen das Öl der Welt besitzen? Das klingt nicht nach einer vernünftigen ethischen Forderung. Natürliche Vermögenswerte haben einfach keine natürlichen Eigentümer, daher können Gesellschaften die Rechte so vergeben, wie sie wollen. Der Prozess, durch den Eigentumsrechte an natürlichen Vermögenswerten erworben werden, hat wichtige ökonomische Implikationen für die Einkommensverteilung und für die Effizienz. Stellen wir uns eine Gesellschaft ohne Regierung vor. Keine Autorität wäre dazu in der Lage, Eigentumsrechte an natürlichen Vermögenswerten festzulegen und durchzusetzen.

In dieser Gesellschaft kommt es nur auf die physische Kontrolle über den Vermögenswert an. Das führt zu drei Problemen: ungleiche Verteilung, Einflussnahme (rent-seeking) und Unsicherheit. Ungleiche Verteilung entsteht zum Teil, weil die Starken gegenüber den Schwachen im Vorteil sind, sie wird aber vom Zufall noch verschärft: Manche Regionen sind wohlhabender als andere. Wenn wir uns vorstellen, dass die Bevölkerung sich in den beiden Kategorien Stärke und Glück unterscheidet, so werden sich die Starken und vom Glück Begünstigten überproportional viel von den natürlichen Vermögenswerten aneignen. »Rent-seeking«, das Anstreben von Renten, ist der Fachbegriff für Methoden der Besitzaneignung, einschließlich der Gewalt. Die ökonomischen Grundregeln besagen, dass der Wert natürlicher Ressourcen, die formal als unverdiente »Renten« bezeichnet werden, durch die Kosten ihres »Anstrebens« ausgeglichen wird, so dass ihr potenzieller sozialer Wert durch die entstehenden Kosten aufgefressen wird. Wenn es keine wirksamen Regeln gibt, wird zwangsläufig Unsicherheit herrschen, ob die aktuelle Kontrolle über einen natürlichen Vermögenswert aufrechterhalten werden kann. Wird die Kontrolle als nur vorübergehend angesehen, so besteht der private Anreiz, die Vermögenswerte so schnell wie möglich auszubeuten, auch wenn das höhere soziale Kosten erfordert als nötig. Aus diesem Grund werden natürliche Ressourcen, die leicht zu finden sind, rasch geplündert. Amerikaner wissen das nur zu gut. Als der Westen besiedelt wurde, wurden trotz niedriger Bevölkerungsdichte die riesigen Bisonherden so stark gejagt, dass sie fast ausstarben.

2008 sah ich ein anderes Beispiel für Plünderung, als ich in einem russischen Hubschrauber die Insel Hispaniola überflog. Columbus gab der Insel, die er vor Amerika zuerst erreichte, ihren Namen. Heute verläuft in ihrer Mitte die Grenze zwischen der Dominikanischen Republik und Haiti. Während die Dominikanische Republik gut regiert wurde, ist Haiti seit langem ein Synonym für schwache und korrupte

Regierungspraxis. In ländlichen Gebieten ist die Regierung nur minimal präsent. Die Nordküste Haitis, über die ich flog, ist ein beliebtes Ziel für Kreuzfahrtschiffe, aber viele Touristen wissen nicht einmal, dass sie dort ankern; in den Prospekten wird die Insel immer noch Hispaniola genannt. Ich war dort, weil UN-Generalsekretär Ban Ki-Moon mein Buch *Die unterste Milliarde* gelesen hatte. Da er erkannte, dass Haiti unter vielen der Probleme litt, die ich zu analysieren versucht hatte, schickte er mich in der Hoffnung dorthin, ich könnte nützlich sein. Haiti besaß einmal eine natürliche Ressource – seine Wälder. Aber die sind verschwunden. Während ich die Landschaft überflog, sah ich unter mir kahle Hügel. Kahle Hügel und noch mehr kahle Hügel, dann plötzlich Bäume, Bäume, Bäume. Der Hubschrauber hatte die Grenze zur Dominikanischen Republik überflogen. Auf der Seite Haitis sind noch zwei Prozent des Landes von Bäumen bedeckt, auf der Seite der Dominikanischen Republik sind es 37 Prozent. Hispaniola ist keine große Insel, und die Verteilung des Waldes lässt sich nicht auf ein unterschiedliches Klima zurückführen. Tatsächlich waren in den zwanziger Jahren über 60 Prozent Haitis von Bäumen bedeckt. Der entscheidende Unterschied lag in der Regierungsführung. Mangels gesicherter Eigentumsrechte waren die Bäume auf Haiti geplündert worden.

Bisons und Bäume sind gefährdet, weil sie gut sichtbar sind. Verborgene natürliche Vermögenswerte leiden unter dem Gegenteil: Sie werden ignoriert. Weil Entdeckungen nicht geschützt werden, gibt es keinen Anreiz für die Suche. Es ist effizienter, so lange zu warten, bis andere etwas finden, und ihnen die Kontrolle dann durch größere Stärke zu entreißen. Also bleiben diese Ressourcen unentdeckt. Da der Kontrollverlust über einen natürlichen Vermögenswert, den man gefunden hat, wahrscheinlich unangenehm sein wird, besteht sogar ein Anreiz zu ignorieren, was vorhanden sein könnte.

Wertvolle natürliche Ressourcen wie Öl und Metalle liegen bis zu ihrer Entdeckung unter der Erde. Man nennt sie auch unterirdische Vermögenswerte. Im Jahr 2000 stellte die Weltbank ein globales Verzeichnis dieser Bodenschätze zusammen. Für jedes Land trug sie die Entdeckungen zusammen, Mineral für Mineral. Angola beispielsweise hatte schon viele Millionen Barrel Öl auf seinem Territorium entdeckt. Die Weltbank multiplizierte dann die bekannten Reserven jedes Minerals mit seinem Weltmarktpreis und addierte sie, um die natürlichen Vermögenswerte jedes Landes zu bewerten. Zwangsläufig waren manche Länder dabei begünstigter als andere. Länder wie Brunei und Kuwait hatten gewaltige natürliche Ressourcen und sehr wenige Menschen; diese glücklichen Bürger sind natürliche Millionäre. Allgemein zeigt dieses Bild aber, dass natürliche Vermögenswerte auf der Welt offenbar sehr ungleich verteilt sind.

Glück spielt hier natürlich eine große Rolle. Winzige Länder können auf Ölvorkommen sitzen oder völlig ohne Bodenschätze sein. Wenn das Gebiet groß genug ist, gleicht sich das Glück aber tendenziell aus. Erinnern wir uns an die vier Quadranten des Planeten. Wenn wir diese riesigen Quadranten zusammengefasst haben, wären sehr große Unterschiede zwischen ihnen überraschend. Selbst wenn ein natürlicher Vermögenswert vor allem in einem Quadranten vorkommt, würden wir erwarten, dass die anderen Quadranten im Durchschnitt reicher mit anderen natürlichen Vermögenswerten gesegnet sind. Das Glück sollte sich also ausgleichen, aber das stimmt nicht. Als meine Kollegin Anke Hoeffer und ich die Aufsummierung der natürlichen Ressourcen von 2000 analysierten, stießen wir auf eine einfache, aber höchst wichtige Erkenntnis. Bevor ich sie verraten, möchte ich aber noch einmal kurz zur Eroberung des amerikanischen Westens zurückkehren.

Als der Westen erobert wurde, war der amerikanische Staat kaum präsent. Die US-Regierung wählte darum eine sehr eigenständige Methode bei der Entdeckung natürlicher Vermögenswerte. Sie lässt sich am besten durch die Regel »Wer es findet, darf es behalten« beschreiben. Die Regierung überschrieb das Land an Prospektoren, die dann behalten durften, was sie darauf fanden.

Die Regel »Wer es findet, darf es behalten« mag in wichtiger Hinsicht ein Fortschritt gegenüber der Gesetzlosigkeit sein, erzeugt aber unnötige Ungleichheit und ist wahrscheinlich auch ineffizient. Die Implikationen für die Ungleichheit sind ziemlich deutlich. Der Ururgroßonkel meiner Frau fand Gold, und seine Nachfahren leben immer noch gut davon; andere Goldsucher starben bei der Suche. Der Wert der natürlichen Ressourcen oder zumindest der Überschuss ihres Werts über die Förderkosten wird von den Prospektoren eingesteckt, statt breiter verteilt zu werden.

Die Ineffizienz ist weniger augenfällig. Sie entsteht, weil die Chancen auf einen Fund steigen, wenn die Besitzer der benachbarten Landstücke Glück gehabt haben. Die profitabelste Strategie besteht darin, so viel Land wie möglich zu erwerben und brachliegen zu lassen, bis jemand anderes etwas auf seinem Land findet. Besitzer von brachliegenden Grundstücken profitieren so von den Anstrengungen anderer. Das führt zur Ökonomie des Goldrauschs. Ganze Landstriche können viele Jahre lang vernachlässigt werden und werden nach dem ersten Fund alle auf einmal untersucht. Sowohl die Zeit der Vernachlässigung als auch die der plötzlichen Suche sind ineffizient. Die Phase der Vernachlässigung entsteht aus einem Standardproblem öffentlicher Güter. Wissen ist ein öffentliches Gut, darum ist das Ergebnis ein Patt, in dem niemand die Kosten des Wissenserwerbs riskiert. Irgendwann hat dann jemand Glück, und auf einmal suchen die Menschen in Massen nach Rohstoffen und vermindern gegenseitig ihre Chancen auf einen Fund. Denken wir an die üble Voraussage des ökonomischen Basiswissens: Die Menschen werden so lange Zeit und Geld für die Suche aufwenden, wie der erwartete Gewinn die Kosten übersteigt. Wenn viele Menschen zusammenströmen und gegenseitig ihre Chancen vermindern, ist der größte Teil der Suche verschwendete Arbeit. Die Regel »Wer es findet, darf es behalten« erzeugt also eine lange Zeitspanne, in der die privaten Gewinne der Suche unter ihrem sozialen Wert liegen, gefolgt von einer kurzen Zeitspanne, in der sie ihren sozialen Wert übersteigen.

Um das Schicksal des Bisons zu vermeiden oder die Ineffizienz und Ungleichheit, die bei einem Goldrausch entsteht, haben andere Gesellschaften entschieden, das ursprüngliche Eigentumsrecht an natürlichen Vermögenswerten kollektiv auszuüben. An der Spitze des kollektiven Handelns steht die Regierung, daher entscheiden Regierungen über die natürlichen Vermögenswerte. Das macht diese Werte zu etwas Besonderem. Die moderne Produktionsökonomie, wie sie sich in den Standardwerken zur Wirtschaftslehre findet, hat wenig für Regierungen übrig. Die Produktion entsteht durch Arbeit und Kapital, das von Firmen gemanagt wird. Die Regierung bleibt außen vor, weil sie für die Analyse irrelevant ist. Im Gegensatz dazu steht die Regierung bei der wirksamen Verwaltung natürlicher Vermögenswerte im Mittelpunkt.

Die Regierung spielt also eine wichtige Rolle, aber was genau soll sie tun? Sie muss natürliche Ressourcen verwalten, weil sie sich dem ursprünglichen Eigentumsrecht nicht entziehen kann. Obwohl natürliche Vermögenswerte in dieser Hinsicht speziell sind, sind sie in zwei anderen Aspekten genau wie andere Vermögenswerte: Sie können zur Neige gehen, und ihr Preis schwankt. Den Abbau und die Wertschwankungen natürlicher Vermögenswerte zu managen ist nicht einfach. Die analogen Entscheidungen über finanzielle Vermögenswerte ernähren eine gewaltige Industrie, aus der New York und London einen Großteil ihres Einkommens beziehen. Im Gegensatz dazu stellt das Management natürlicher Vermögenswerte zwar vor mindestens ebenso komplexe Probleme, aber die Entscheidungen liegen nicht bei einer Elite von Experten (sosehr wir zurzeit auch ihre Kompetenz anzweifeln mögen), sondern bei Regierungen, darunter viele der inkompetentesten Regierungen der Welt.

Die soziale Konstruktion von Rechten an natürlichen Ressourcen ist eine Aktivität, die zwangsläufig Werte überträgt und damit das Risiko birgt, zum Anstreben von Renten oder, einfacher gesagt, zu Klientelpolitik zu führen. Diese Art von Politik kann so problematisch werden, dass eine Gesellschaft letztlich schlechter dasteht, als wenn sie gar nicht versucht hätte, ihre natürlichen Vermögenswerte zu managen. Die Schlüsselfrage ist, wie man eine solche Art von Politik vermeidet.

Natürlich ist die Regierung in einer Demokratie den Wählern verantwortlich. Damit man aber wählen kann, muss man ein Staatsbürger sein, und zwar ein erwachsener. Bei der Mitsprache über das Schicksal des brasilianischen Regenwalds wäre mein Sohn Daniel also doppelt benachteiligt: Er hat die falsche Nationalität und das falsche Alter. Ich meine zwar nicht, dass Daniel das Wahlrecht in Brasilien bekommen sollte, aber ich verstehe seine Position. Besitzt die heutige Generation brasilianischer Wähler den brasilianischen Regenwald?

Die Frage so zu stellen vermischt zwei unterschiedliche Kategorien: Brasilianer im Gegensatz zu allen anderen und die gegenwärtige Generation von Erwachsenen im Gegensatz zu den künftigen. Beide Kategorien sind wichtig. Sollen die brasilianischen Wähler die Entscheidungsgewalt über den Regenwald haben? Potenziell sollte die Entscheidungsgewalt entweder weiter oben oder weiter unten sitzen. Sie sollte weiter oben sitzen – nicht auf Brasilien beschränkt –, wenn wir glauben, dass der Regenwald für die ganze Welt wertvoll ist. Das war offensichtlich Daniels Position, als er spürte, dass seine Rechte nicht gewahrt würden. Manche treten aber auch leidenschaftlich dafür ein, dass die Entscheidungsgewalt weiter unten angesiedelt wird; dann gehört der Regenwald seinen Bewohnern, die ihn kollektiv erhalten haben und von ihm abhängig sind. Wo sollen die Besitzrechte also angesiedelt sein: lokal, national oder global? Dafür brauchen wir einen ethischen Rahmen. Als Ökonom habe ich gelernt, den ethischen Rahmen des Utilitarismus anzuwenden.

Das größte Glück der größten Zahl

DIE ZENTRALE IDEE DES UTILITARISMUS ist es, ethisches Handeln am »größten Glück der größten Zahl« auszurichten. Die moderne Wirtschaftswissenschaft ist ein immens komplexes Gebäude, das die Frage, wie Gesellschaften sich am besten ihre Ziele setzen sollen, intensiv untersucht hat. Versucht die Ökonomie aber praktische Probleme anzugehen, lässt sie all diese Komplexität beiseite. Wirtschaftswissenschaftler sind nur dazu ausgebildet, Probleme zu lösen, bei denen irgendetwas maximiert werden muss. Der Utilitarismus passt zu diesem Ansatz: Maximiere das Glück der Menschheit. Gegenüber einem Problem wie der Vergabe von Eigentumsrechten an natürlichen Vermögenswerten addiert die utilitaristische Ökonomie einfach das Glück – oder den »Nutzen« – jedes Einzelnen. Um diesen Nutzen zu addieren, muss man bestimmte Annahmen treffen. Die wichtigste ist, dass jedes bestimmte Einkommen, sagen wir 4000 Dollar im Monat, dasselbe Maß an »Nutzen« für jeden Einzelnen bringt, und dass jeder Dollar darüber hinaus weniger Nutzen schafft als der Dollar davor.

Dieser ethische Rahmen ist eigentlich ziemlich radikal: Bei einer vorgegebenen Gesamtgröße des Kuchens wäre die ideale Verteilung der Stücke die völlige und universale Gleichheit. Das würde das »größte Glück der größten Zahl« herstellen oder »die Summe aller Einzelnutzen maximieren«, wie ein Ökonom es ausdrücken würde. Der Grund ist, dass der letzte Dollar, den eine reiche Person ausgibt, weniger Nutzen erzeugt als der letzte Dollar einer ärmeren Person. Brillant entwickelt der bedeutende utilitaristische Philosoph Peter Singer in seinem aktuellen Buch *Leben retten* aus diesem Gedanken die Folgerungen für die Wohltätigkeit. Wie kann man es rechtfertigen, sein Geld für sich selbst auszugeben, statt für andere, die viel größeren Nutzen daraus ziehen würden? Der Utilitarismus ist auch die Basis der Umverteilung durch Steuern. Die Einkommensteuer sollte so hoch wie möglich sein, bis zu jener Grenze, bei der sie Anreize zerstört und damit den Kuchen kleiner macht. Die ethischen Antriebskräfte sind Universalismus und Bedürfnisse, wenn auch durch praktische Einschränkungen gemildert.

Bei Entscheidungen über die Ausbeutung natürlicher Vermögenswerte wie Regenwald oder Erdöl und über natürliche Verbindlichkeiten wie Kohlendioxid sind die zentralen Verteilungsfragen generationsübergreifend. Der utilitaristische Ökonom wendet genau dieselben ethischen Normen von Universalismus und Bedürfnissen an, wenn er zwischen heutigen und künftigen Generationen entscheidet. Menschen, die noch nicht geboren sind, zählen genauso viel wie Menschen, die jetzt leben. Diese künftigen Menschen haben kein Wahlrecht, aber für den Utilitaristen ist das nur ein Konstruktionsfehler der Demokratie. Künftige Menschen zählen nur deshalb weniger, weil sie reicher sein werden als wir, und in diesem Fall wäre es keine gute Idee, ihnen mehr Geld zu geben. Das Gleichgewicht zwischen dem Sparen für die Zukunft und dem sofortigen Ausbeuten der Natur hängt von der Abwägung der Tatsache ab, dass gespartes Geld in der Zukunft mehr wert ist, gegenüber der Tatsache, dass zusätzlicher Konsum in der Zukunft weniger Nutzen schafft. Der Utilitarist wird genau dasselbe über jeden zeitlich begrenzten Geldsegen sagen, ob er nun aus der Ausbeutung natürlicher Ressourcen oder zum Beispiel aus Entwicklungshilfe stammt.

Um gegenüber utilitaristischen Ökonomen fair zu bleiben, gibt es noch einen weiteren Grund, warum sie akzeptieren würden, dass zukünftige Menschen weniger zählen sollten als gegenwärtige: Vielleicht werden sie gar nicht existieren. Ein Meteor könnte die Erde treffen und für uns denselben Effekt haben wie ein früherer Einschlag für die Dinosaurier. Diese theoretisch mögliche Auslöschung der Menschheit ist in die Kalkulationen von Utilitaristen einberechnet, die sich mit dem Klimawandel beschäftigen. Wenn die Zukunft vielleicht nicht stattfindet, reduziert das den Wert einer Übertragung von Glück beziehungsweise Nutzen an künftige Generationen.

In mancher Hinsicht ist der Utilitarismus in der Hand von Ökonomen eine hehre Vorstellung. Entscheidungen auf der Grundlage von Universalismus und Bedürfnissen zu treffen ist sicherlich gerecht. Doch der Utilitarismus hat zwei große Nachteile. Er steht in radikalem Gegensatz zu der Ethik, die in den meisten Gesellschaften vorherrscht, und hat daher keine Chance, dort demokratisch legitimiert zu werden. Außerdem bietet er keinen Raum für Variationen. Die eine ethische Regel gilt immer und überall. Wenn Sie nun das Gefühl haben, der ökonomische Utilitarismus eigne sich höchstens für Disneyland, stimme ich Ihnen zu. Ich bin zu der Überzeugung gelangt, dass er ein ungeeigneter Rahmen ist, um über natürliche Vermögenswerte und Verbindlichkeiten nachzudenken.

Die Ethik des Bewahrens

ES GIBT EINE ALTERNATIVE. Die Umweltschutzbewegung hat erkannt, dass gewöhnliche Menschen bereit sind, Verpflichtungen gegenüber der Natur zu akzeptieren. Das geschieht nicht, weil sie vom Segen des ökonomischen Utilitarismus überzeugt sind. Sie folgen ethischen Regeln, die zugleich reicher und vielgestaltiger sind, als es der Utilitarismus erlaubt, und innerhalb dieser ethischen Regeln betrachten die meisten Menschen die Natur als etwas Besonderes. Ihre Haltung gegenüber der Natur kann dieselbe sein, auch wenn ihre Ethik sich unterscheidet. Der Versuch, Gesellschaften mit radikal unterschiedlichen Werten eine einheitliche utilitaristische Ethik aufzuzwingen, wird kaum Erfolg haben. Zum Glück ist das auch nicht nötig.

In der populären Ethik ist der Feind des utilitaristischen Universalitätsprinzips die *Nähe*. Das bedeutet, Menschen, die einem näher stehen, bedeuten einem mehr. Angehörige und Freunde sind einem wichtiger als Menschen, denen man nie begegnet ist. Doch selbst der Begründer des Utilitarismus, Jeremy Bentham, akzeptierte die Nähe als legitimes Prinzip. Er erkannte, dass sie sowohl über Zeiträume hinweg existiert wie innerhalb einer bestimmten Zeitspanne. Umfragen bestätigen, dass uns Menschen, die in der Zukunft leben werden, weniger wichtig sind als wir selber. Je weiter entfernt die Zukunft, desto schwächer sind unsere Sympathien für sie.

Es ist leicht zu verstehen, warum wir einen Instinkt für Nähe entwickelt haben. In allen möglichen Situationen wachsen unsere Überlebenschancen, wenn wir unserer Familie und unseren Angehörigen helfen. Sollen wir das als psychologischen Makel betrachten? Sollen wir versuchen, Engel zu sein, denen alle Menschen gleich wichtig sind? Nicholas Stern, ein Pionier bei der ökonomischen Analyse des Klimawandels, akzeptiert, dass Gefühle der Nähe entwickelt wurden, weil sie funktional waren. In der Vergangenheit waren unsere Bedürfnisse rein lokal. Die neuen Herausforderungen durch die Umwelt sind hingegen global, darum reichen unsere historischen Instinkte für die jetzt notwendige globale Kooperation nicht aus.

Doch das Verständnis, warum Gefühle der Nähe entstanden sind, gibt Ökonomen oder Regierungen nicht das Recht, sie einfach beiseitezuschieben. Sie sind fest im menschlichen Wesen verankert. Der ökonomische Utilitarismus eignet sich tatsächlich viel besser für einen Staat von Ameisen als von Menschen. Ameisen sind vorbehaltlos bereit, sich für das allgemeine Wohl zu opfern. So hat sich ihre Spezies entwickelt. Doch es bringt nichts, sich zu wünschen, dass Menschen sich so gut in das ökonomische Modell fügen würden wie Ameisen. Wir müssen den Menschen mit all seinen Fehlern so akzeptieren, wie er ist.

Es gibt eine Institution, die über den konkurrierenden Ansprüchen von Universalismus und Nähe steht: der Nationalstaat. Eine Nation gibt Menschen eine gemeinsame Identität, eine mentale Gemeinschaft, innerhalb welcher der Staat in wechselndem Maße für Universalismus sorgt. Jenseits der Grenzen dominiert das Prinzip der Nähe. Die dramatischste Demonstration, wie heftig der Übergang zwischen rivalisierenden ethischen Werten sein kann, ist Europa. Europäische Staaten akzeptieren die höchsten Steuersätze auf der Welt: rund 40 Prozent des Einkommens. Außerdem haben sich die meisten Nationen Europas im Laufe der letzten 40 Jahre zu einer Gemeinschaft zusammengeschlossen, die zum Besteuern und Umverteilen ermächtigt ist. Doch obwohl die Einkommen in den verschiedenen Nationen stark voneinander abweichen, ist die Umverteilung zwischen den Mitgliedsstaaten sehr gering. Die paneuropäischen Steuern betragen nur 1 Prozent des Einkommens, und fast alles davon wird innerhalb des Landes umverteilt, das die Steuern ursprünglich bezahlt hat. Tatsächlich wurde das zu einer ethischen Streitfrage für die britische EU-Mitgliedschaft. Wenn die Steuern, die Großbritannien an die EU zahlt, eine niedrige Schwelle übersteigen, kann dieses Geld nur für Zahlungen an England benutzt werden. So führt uns sogar der Übergang vom Nationalstaat zur gemeinsamen Souveränität unter den Demokratien der EU über den Bereich hinaus, wo das utilitaristische Prinzip des Universalismus als akzeptabel gilt. In der EU stößt man dauernd auf das Prinzip der Nähe.

In der Popularethik ist der Feind des utilitaristischen Bedürfnisprinzips aber nicht die Nähe, sondern das *Eigentumsrecht*. 2009 untersuchte die Rowntree-Stiftung, eine Wohltätigkeitsorganisation der Quäker mit einer langen Tradition erhellender sozialer Untersuchungen, die Haltung der Engländer gegenüber der Ungleichheit. Die Ergebnisse überraschten sie. Einfache Menschen betrachteten Ungleichheit nicht notwendigerweise als unfair. Arme, die Pech gehabt hatten, verdienten Hilfe von denen, die mehr Glück gehabt hatten. Aber wer sorglos gewesen war, verdiente keine Hilfe von denen, die vorgesorgt hatten. Menschen, die hart gearbeitet hatten und sorgsam mit ihren Einkünften umgingen, sollten die Früchte ihrer Arbeit genießen. Der ökonomische Utilitarismus ist bereit, das als praktische Notwendigkeit zu akzeptieren. Wenn Menschen den Lohn ihrer Arbeit nicht behalten dürften, würden sie sich nicht mehr die Mühe machen zu arbeiten. Die Popularethik geht aber noch einen Schritt weiter: Anstrengung verleiht das Recht auf Eigentum.

Wenn natürliche Vermögenswerte keine natürlichen Eigentümer haben, sind unsere Besitzrechte über sie viel schwächer als unsere Rechte über menschengemachte Vermögenswerte. Menschengemachte Vermögenswerte sind ein Produkt unserer Kreativität, und das schafft starke Eigentumsrechte. Was ich geschaffen habe, kann ich frei verschenken oder verkaufen. Schöpfungsakte sind die Grundlage der meisten Eigentumsrechte. Selbst innerhalb von Nationen kann das utilitaristische Prinzip des Universalismus mit dem Eigentumsrecht, das aus Kreativität erwächst, koexistieren, wenn auch zu unterschiedlichen Anteilen. Fast alle Nationen besitzen ein umverteilendes Steuersystem, aber individuelle Steuerraten werden nicht nur durch praktische, sondern auch durch ethische Überlegungen beeinflusst. Natürliche Ressourcen entstehen aber nicht aus Kreativität. Wer soll von ihnen profitieren, wenn es bei ihnen keine Eigentumsrechte gibt, die sich auf Kreativität gründen? Nach den utilitaristischen Prinzipien des Universalismus und der Bedürfnisse sollte jeder profitieren. Diesen Prinzipien steht nur das Prinzip der Nähe entgegen. Also soll profitieren, wer der natürlichen Ressource am nächsten ist.

Die Anziehungskraft der Nähe ist aber nicht wie die der Schwerkraft, die mit jedem Kilometer gleichmäßig abnimmt. Die gemeinsame Identität einer Nation und die organisatorischen Möglichkeiten des Staates schaffen einen steilen Abgrund. Meist sind sie stark genug, um die Unterschiede der Nähe innerhalb der Grenzen zu überwinden; der Staat erzwingt ein universales Eigentum an natürlichen Vermögenswerten. Erst an der Grenze siegt das Prinzip der Nähe: Menschen aus anderen Ländern haben keinen Anspruch auf diese natürlichen Vermögenswerte.

Hier wird das Gefühl der Nähe verstärkt durch das Fehlen einer dem Staat entsprechenden Institution, die die Umverteilung natürlicher Vermögenswerte zwischen Nationen erzwingen könnte. Diese

Einschränkung des Universalismus verschärft die Ungleichheit. Weil beispielsweise Afrika in so viele Länder zerfällt und das Besitzrecht an natürlichen Vermögenswerten bei den einzelnen Staaten liegt, ist ihre Pro-Kopf-Verteilung höchst ungleich. Die Bürger von Äquatorialguinea besitzen zum Beispiel sehr viel mehr natürliche Ressourcen als die Bürger Äthiopiens, obwohl beide Bevölkerungsgruppen Afrikaner sind. Dennoch sollten wir dankbar sein, dass es Nationalstaaten gibt, die noch engeren Ansprüchen aus dem Prinzip der Nähe entgegenwirken. Wenn Gruppen innerhalb eines Staates aufgrund von Nähe Eigentumsrechte an natürlichen Vermögenswerten für sich reklamieren würden, wäre die Verteilung noch ungerechter. So hat zum Beispiel die winzige Inselnation Sao Tomé und Príncipe im Golf von Guinea vor der Küste Westafrikas vor kurzem Öl entdeckt, das ihren 100 000 Bürgern zugutekommen soll. Das Öl liegt aber näher bei Príncipe als bei Sao Tomé, deshalb haben die 8000 Bewohner Príncipes erwartungsgemäß gefordert, das Öl solle ihnen allein gehören.

Wenn Sie nun denken, die Bewohner von Príncipe seien ein wenig egoistisch, gibt es noch schlimmere Beispiele. Sobald man wertvolle Rohstoffe entdeckt, verschieben sich plötzlich die Grenzen. Der Konflikt zwischen Nähe und Universalismus wird gegenwärtig in der Arktis ausgefochten. Geologen vermuten, dass bis zu 90 Milliarden Barrel Öl unter dem Eis liegen könnten. Wem sollen sie gehören? Ein sicheres Zeichen für habgierigen Egoismus ist es, wenn die Entdeckung wertvoller natürlicher Ressourcen die Forderung nach Grenzveränderungen nach sich zieht. Im Moment ist die Arktis internationales Territorium, aber seit der Entdeckung des Öls haben die Anrainerstaaten damit begonnen, ihre Ansprüche zu verkünden.

Wo das Prinzip der Nähe herrscht, brauchen die Ansprüche nicht auf nationaler Ebene zu enden. Habgier führt dazu, dass die Identität lokalisiert wird. Grönland, das zu Dänemark gehört, strebt jetzt nach größerer Unabhängigkeit. Und die Ansprüche aus dem Prinzip der Nähe gehen noch weiter. Auch die Inuit, deren Heimat von der Nordostspitze Russlands über Alaska und Nordkanada bis Grönland reicht, beanspruchen das Öl unter ihren Kajaks.

Bis zur Entdeckung des Öls vor der schottischen Nordseeküste

Mitte der sechziger Jahre fand die Scottish National Party kaum Unterstützung für ihre Forderung nach Unabhängigkeit von Großbritannien. Als dann der Ölpreis 1973 in die Höhe schoss, stieg auch der Anteil an Wählerstimmen für die Partei, ein Jahr später erhielt sie 30 Prozent der Stimmen in Schottland. Mit dem sinkenden Ölpreis ging auch die Unterstützung der SNP wieder zurück. Als der Ölpreis Ende der neunziger Jahre bei 10 Dollar pro Barrel lag, schien die SNP am Ende zu sein, doch sie wurde vom globalen Ressourcenboom gerettet. Als der Ölpreis 2007 auf die 100-Dollar-Marke zuging, hatte die SNP ihren großen Durchbruch und wurde stärkste Partei in Schottland. Die walisische Welsh National Party versuchte das Gleiche mit Regenwasser, aber wie jeder Tourist weiß, herrscht in Großbritannien kein Mangel an Regen.

Wenn ich glaube, dass bei Rohstoffvorkommen nationale Rechte respektiert werden sollten, so gibt es einen scharfen Unterschied zwischen den historisch entstandenen Grenzen von Nationen und denen, die durch Habgier entstehen. Die natürlichen Ressourcen jenseits der historischen Grenzen einer Nation sollten ihren Bürgern jedoch nicht gehören, schließlich erhält man auch nicht das Recht auf ein Ölvorkommen, indem man mit einem Kanu darüber hinwegpaddelt. Obwohl die meisten natürlichen Ressourcen der Welt innerhalb nationaler Grenzen liegen, sollten die auf internationalem Territorium liegenden auch international bleiben. Sie gehören uns allen.

Die Aneignung der natürlichen Ressourcen innerhalb der Grenzen einer Nation wird durch die Prinzipien der Nähe und Praktikabilität verstärkt, doch es gibt keine entsprechende ethische Begründung, die es der Gegenwart erlauben würde, sie sich auf Kosten der Zukunft anzueignen. Natürliche Ressourcen sind ortsgebunden: Wenn sie in meinem Land liegen, liegen sie nicht in Ihrem. Doch da sie Vermögenswerte sind, haben sie mehr als einen zeitlichen Standort. Unseren Nachbarn können wir fröhlich über die Grenze zuwinken und ohne Schuldgefühl rufen: »Das gehört alles uns, nicht euch.« Doch wir können zukünftigen Generationen nicht ohne Schuldgefühle die gleiche Botschaft hinterlassen: »Das gehörte alles uns, nicht euch.« So etwas wie eine Staatsgrenze, die eine Gesellschaft von einer anderen trennt, gibt es in der zeitlichen Dimension nicht. Für den Einzelnen gibt es zugegebenermaßen eine (unglückliche) Grenze zwischen Leben und Tod, aber die ist individuell: Wir werden nicht alle gleichzeitig sterben. Natürliche Vermögenswerte gehören kollektiv der Gesellschaft, und die Gesellschaft existiert immer weiter.

Wir sind bei einer Ethik der Natur angelangt, wo Plünderung zwei unterschiedliche Formen annehmen kann. Bei der einen eignen sich wenige Bürger zu ihrem persönlichen Profit natürliche Ressourcen an, die allen Bürgern eines Staates gehören sollten. Bei der anderen eignen sich die gegenwärtig lebenden Bürger zu ihrem persönlichen Profit natürliche Ressourcen an, die allen Generationen gehören sollten.

Einzelne Menschen und sogar ganze Gesellschaften können einander bei allgemeineren ethischen Fragen radikal widersprechen: dem Vorrang von Nähe oder Universalismus, von Bedürfnis oder Eigentumsrecht. Diese Differenzen drehen sich im Grunde darum, wie Gesellschaften ihre geschaffenen Vermögenswerte verteilen. Alle jedoch können die beiden genannten Formen der Plünderung als unethisch anerkennen. Meist ist die nationale Identität so stark, dass die natürlichen Ressourcen innerhalb des Staates gemeinsam besessen werden. Wenn etwas allen gehört, begründet das aber kein Recht auf Eigentum, sondern ein Recht auf Bewahrung. Wir haben kein größeres Recht darauf, diese Vermögenswerte zu genießen, als künftige Generationen unserer Nation. Wenn wir also einen natürlichen Vermögenswert aufbrauchen, müssen wir künftige Generationen entschädigen.

Der Nahe Osten hat eine andere Kultur und ethische Werte als die westliche Tradition, aber auch er erkennt an, dass natürliche Ressourcen bewahrt werden sollten. Vor drei Jahrzehnten besaß Kuwait Öl und sonst kaum etwas. Diese Generation von Kuwaitern war der Überzeugung, sie dürften die Öleinnahmen nicht einfach für den Konsum verbrauchen. Stattdessen schufen sie mit dem Geld einen Fonds für künftige Generationen. Die Kuwaiter der Zukunft werden kein Öl mehr haben, aber andere Vermögenswerte. In Sambia, wo eine ganz andere Kultur vorherrscht, wird der Abbau des Kupfers nicht durch das Sammeln von Vermögenswerten für künftige Generationen ausgeglichen. Das ist jedoch kein Hinweis für eine unterschiedliche

Sicht auf die Ethik der Natur. Ein sambischer Freund von mir drückte es so aus: »Wenn das Kupfer alle ist, was werden unsere Kinder von uns denken?«

Fassen wir zusammen. Wir sind nicht verpflichtet, jede natürliche Ressource zu erhalten, aber wir dürfen auch nicht den natürlichen Reichtum ohne Gedanken an die Zukunft plündern. Wir haben eine ethische Verpflichtung, den noch nicht geborenen Generationen entweder die natürlichen Ressourcen zu vererben, die uns vererbt wurden, oder andere, gleichwertige Vermögenswerte. Unsere ethische Verantwortung für die natürlichen Vermögenswerte ist daher grundlegend ökonomisch: Natur ist eine wertvolle Ressource. Natürliche Vermögenswerte sind etwas Besonderes, aber nicht so besonders, dass sie nicht genutzt werden dürften. Wir sind frei, sie zu nutzen. Wenn wir das aber tun, ohne einen gleich großen Wert zu hinterlassen, machen wir uns der Plünderung schuldig. Die Pflicht zur Bewahrung liegt nicht in einem komplizierten utilitaristischen Kalkül begründet, wie ein Nutzen maximiert werden könnte. Sie gründet sich in unserer Anerkennung der Rechte anderer.

Das Prinzip der Bewahrung ist nicht so restriktiv wie die Erhaltung. Für den romantischen Flügel der Umweltschützer ist die Natur etwas so Besonderes, dass wir nur ihre Wächter sein können, doch diese Vorstellung lehne ich ab. Biologische Vielfalt ist etwas Gutes, aber im Kontext unseres Überlebens kein Zweck an sich. Wir sind nicht dazu da, der Natur zu dienen; die Natur ist dazu da, uns zu dienen. Wem das allzu materialistisch klingt, kann auf das christliche Denken zurückgreifen, das mit dem das Konzept der »Haushalterschaft« zu einem ganz ähnlichen Ergebnis kommt. Die Menschheit macht sich die Natur »untertan«, wir sollen etwas daraus machen, sie nicht nur in Watte packen und aufbewahren. Eine der Parabeln, die Jesus im Lukas-Evangelium erzählt, handelt von dem reichen Mann, der fortgeht und jedem seiner Diener Geld hinterlässt. Der eine bewahrt es nur auf und wickelt es in ein Tuch. Bei der Rückkehr des Besitzers wird er gescholten. Gelobt werden die, die das Geld gut verwendet haben. Wir können mit der Natur dasselbe tun. Vor allem können wir die Natur dazu nutzen, das Schicksal der untersten Milliarde zu verbessern.

Ich teile mit Umweltschützern eine weniger pessimistische Sicht der menschlichen Natur als unter Ökonomen üblich. Ökonomische Modelle charakterisieren Menschen meist als egoistisch und habgierig. Der Zwiespalt zwischen einem ethischen System, nach dem Menschen sich wie Heilige benehmen sollen, und einer Sicht der menschlichen Natur, nach der sie sich mehr wie Psychopathen benehmen, führt bei Ökonomen häufig dazu, dass sie die Demokratie eher skeptisch sehen. Lieber wäre ihnen eine autoritäre Regierung, die den Menschen sagt, was sie tun sollen, und dabei auf den Rat von Ökonomen hört. Während Ökonomen auf die politische Beratung der richtigen Regierungsvertreter setzen, mobilisieren Umweltschützer immer wieder gewöhnliche Bürger zu Massenprotesten, die Regierungen und Firmen ins Wanken bringen. Gewöhnliche Menschen müssen nicht erst die Ethik selbstloser Ameisen übernehmen, um von ihren Regierungen zu verlangen, Bewahrer und nicht Plünderer der Natur zu sein.

Sollten brasilianische Wähler über den Regenwald bestimmen?

WAS FOLGT DARAUS FÜR DIE HEUTIGE Generation brasilianischer Wähler? In einer echten Demokratie muss die Regierung den Wählern verantwortlich sein, und jeder wahlberechtigte Bürger hat eine Stimme. Künftige Generationen hingegen haben keine Stimme und können auch keine haben. Doch die brasilianischen Wähler sollten ihre ethischen Verpflichtungen gegenüber den Brasilianern der Zukunft anerkennen. Sie dürfen den Regenwald nicht abholzen, ohne einen gleichwertigen Vermögenswert für künftige Generationen zu hinterlassen. Wenn sie diese Verantwortung nicht übernehmen, kann man ihnen zu Recht vorwerfen, die Natur zu plündern.

Damit sind die ethischen Verpflichtungen der brasilianischen Wähler jedoch noch nicht zu Ende. Ich habe zwar die Ansprüche der Inuit auf das Öl unter der Eiskappe abgelehnt, aber ich erkenne die Interessen der Bewohner des Regenwalds an. Der Regenwald ist ihre Heimat und uns nur deshalb erhalten geblieben, weil sie ihn nicht geplündert haben. Wenn der Wald gerodet wird, verschwindet ihre gesamte Kultur. Das Abholzen würde anderen Brasilianern vielleicht nutzen, aber es hätte dramatische Auswirkungen für die Waldbewohner. Obwohl sie keine Rechte auf das Öl unter dem Wald haben sollten, haben sie als Gemeinschaft sicherlich Eigentumsrechte an dem Wald, der ihre Heimat ist.

Ich meine nicht, dass die Gemeinschaften im Regenwald notwendigerweise auf ewig konserviert werden sollten. Damit würde man diese Menschen verurteilen, nie in Kontakt zum Rest der Menschheit zu treten und zu anthropologischen Kuriositäten zu werden. Doch der Kontakt zwischen den Bewohnern des Regenwalds und der Moderne ist sehr schwierig und muss schrittweise und vorsichtig bewerkstelligt werden; die Geschichte solcher Begegnungen ist voller Tragödien. Ich vermute, dass die Waldbewohner im Lauf der Zeit mit den Füßen abstimmen werden, ob sie Teil der brasilianischen Gesellschaft sein möchten, ebenso wie die letzten Aborigines jetzt beschlossen haben, die Isolation des australischen Buschs zu verlassen. Doch eine erzwungene Vertreibung dieser Menschen durch die Zerstörung ihres Lebensraums ist ethisch falsch. Obwohl viele der Brasilianer, die vom Roden des Regenwalds profitiert haben, arm waren und Land brauchten, die Rodungen also nach dem utilitaristischen Bedürfniskalkül gerechtfertigt waren, verletzt die Umverteilung des Landes doch die Eigentumsrechte der Waldbewohner.

Brasilianische Wähler tragen noch eine weitere ethische Verantwortung, da CO_2 entsteht, wenn der Wald gerodet und verbrannt wird. Während die Einkünfte aus dem Holz und dem gerodeten Land Brasilien heute zugutekommen, erben künftige Generationen das CO_2 als Verbindlichkeit. Auch wenn also die gegenwärtige Generation von Brasilianern adäquate Vermögenswerte als Ersatz für künftige Brasilianer hinterlässt, macht sie sich schuldig, die Bürger der übrigen Welt auszuplündern, um ihren Landsleuten zu nützen. Umweltschützer auf der ganzen Welt sind zu Recht besorgt, und Daniel hat allen Grund, zornig zu sein.

TEIL II

Natur als Ressource

KAPITEL 3

Ein Fluch der Natur? Die politische Seite natürlicher Ressourcen

SIND NATÜRLICHE RESSOURCEN EIN FLUCH? In meinem Buch *Die unterste Milliarde* habe ich erläutert, warum ich glaube, dass Rohstoffvorkommen für die ärmsten Länder oft mehr Schaden als Nutzen gebracht haben. Das ganze Ausmaß wird jedoch erst dann klar, wenn man nicht nur den Schaden betrachtet, den sie anrichten, sondern den Schaden im Verhältnis zu ihrem Potenzial sieht. Natürliche Ressourcen sind die größten Vermögenswerte dieser Gesellschaften. Der Wert ihres bekannten natürlichen Kapitals ist auf das Doppelte ihres produzierten Kapitals geschätzt worden. Dass man bei der Nutzbarmachung des natürlichen Kapitals bislang gescheitert ist, ist die größte verpasste Gelegenheit bei der wirtschaftlichen Entwicklung dieser Länder. Seit ich *Die unterste Milliarde* schrieb, haben ich und andere weiter über dieses Thema geforscht. Ob Rohstoffreichtum für ein Land ein Segen oder ein Fluch ist, wird gegenwärtig unter Ökonomen heftig debattiert.

Es gibt ein paar überdeutliche Beispiele dafür, dass natürliche Ressourcen ein Land anscheinend ruinieren können. Sierra Leones Diamanten haben den sozialen Zusammenhalt der Gesellschaft zerstört; Nigerias Öl hat die Korruption der politischen Klasse genährt. Aber sind das bloß Ausnahmen? Schließlich ist Botswana dank seiner Diamanten zur am schnellsten wachsenden Volkswirtschaft der Welt geworden, und Norwegen hat durch sein Öl den höchsten Lebensstandard der Welt erreicht. Die Frage verändert sich also dahin, ob es wirklich so etwas wie einen »Ressourcenfluch« gibt, und wenn ja, ob er sich auf Länder mit tiefergehenden Problemen beschränkt.

Die Ausbeutung der natürlichen Ressourcen ist für mich inzwischen zum wichtigsten Aspekt im Kampf um die wirtschaftliche Transformation der ärmsten Gesellschaften geworden. Die Einkünfte, die sie aus natürlichen Ressourcen erzielen könnten, sind gewaltig und stellen jede potenzielle Entwicklungshilfe weit in den Schatten. Die Einkünfte aus Rohstoffen würden mit Sicherheit transformierend wirken. Doch wenn sie so große Auswirkungen haben können, ist jeder Versuch, die ärmsten Länder an der Rohstofferschließung zu hindern, nicht nur kontraproduktiv, sondern unverantwortlich, weil er den Weg aus der Armut versperrt. Falls natürliche Ressourcen aber schaden, spräche das dafür, sie nicht zu erschließen. Dann hätten die Umweltlobby, die für ihre Erhaltung eintritt, und die Entwicklungslobby, die für ein Ende der Massenarmut kämpft, tatsächlich einen Grund, sich zu verbünden.

Die Existenz des Ressourcenfluchs ist umstritten. Als ich gerade mit diesem Kapitel begann, rief mich ein Journalist von der *New York Times* an, der einen Artikel darüber schrieb. Er hatte gerade mit Robert Conrad von der Duke University gesprochen, der vor kurzem nachgewiesen hat, dass rohstoffreiche Länder im Durchschnitt höhere Einkommen haben als rohstoffarme. Wie Bob habe ich statistisch untersucht, ob ein Ressourcenfluch existiert. Obwohl er beim Durchschnittseinkommen der rohstoffreichen Länder recht hat, ist das jedoch noch nicht die ganze Wahrheit.

Ich arbeitete mit dem jungen holländischen Ökonomen Benedikt Goderis zusammen, der seine potenziell lukrative Nische als Forscher im Bereich Finanzwirtschaft in Cambridge verließ, um mit mir in Oxford die Wirtschaft der ärmsten Länder zu analysieren. Da er die folgenden Erkenntnisse ermöglicht hat, liegt es an Ihnen zu entscheiden, ob dieser Wechsel ein Verlust für die Gesellschaft war. Wir legten unserer Analyse die Wirtschaftsleistung aller ressourcenexportierenden Länder in den letzten 40 Jahren zugrunde. Die Arbeit dauerte drei Jahre, und als wir gerade fertig zu sein glaubten, entdeckten wir, dass wir einen Fehler gemacht hatten, und mussten wieder zurück an den Computer, um alles von Neuem zu analysieren. (Ich erinnere mich, dass Benedikt sagte: »Ich geh' mich mal eben umbringen.« Zum Glück ging er stattdessen doch lieber in den Pub.) Zu neuen Resultaten zu kommen forderte unsere Geduld und unsere Kompetenz bis aufs Äußerste. Weder Bob Conrads Arbeit noch unsere sind die ersten statistischen Untersuchungen des Fluchproblems. Es existiert eine frühere Studie, welche die Wachstumsraten von Ländern mit und ohne natürliche Ressourcen vergleicht. Sie kommt zu dem Ergebnis, dass rohstoffreiche Länder langsamer wachsen als rohstoffarme, was auf einen Ressourcenfluch zu deuten scheint. Diese sogenannte »Querschnittsanalyse« ist aber in ihrer Aussagekraft sehr begrenzt und wird von den meisten Ökonomen mit großer Skepsis betrachtet. Im Grunde kann sie nicht interpretieren, was wovon bewirkt wird. Wenn es nämlich einen Ressourcenfluch gibt, muss er über einen Zeitraum wirksam werden; die Entdeckung natürlicher Ressourcen sollte dann in irgendeiner Form die Wirtschaft schädigen. Man braucht also keinen Vergleich zwischen Ländern, sondern einen Vergleich desselben Landes vor und nach einem Anstieg seiner Rohstoffeinkünfte.

Eine verbreitete Kritik an der Hypothese eines Ressourcenfluchs besagt, dass die Verbindung zwischen Ressourcenabhängigkeit und langsamem Wachstum auch ohne sie entstehen kann. Angenommen, wir beginnen mit einer zufälligen Zumessung von Rohstoffvorkommen. Manche Länder bekommen viele Rohstoffe, andere wenige. Nehmen wir weiter an, dass manche Länder aus Gründen, die mit der ursprünglichen Ressourcenverteilung gar nichts zu tun haben, schneller wachsen als andere. Nach wenigen Jahrzehnten werden wir sehen, dass die Länder, die nun am meisten von natürlichen Ressourcen abhängig sind, jene sind, die am langsamsten wachsen. Das kommt einfach daher, dass die Länder mit raschem Wachstum aus ihrer Rohstoffabhängigkeit herausgewachsen sind: Sie haben ein hohes Einkommen aus Nichtressourcen. Auf den ersten Blick sieht das wie ein Ressourcenfluch aus, aber das wäre eine Fehlinterpretation. Ökonomen nennen dieses Problem »Endogenität«. (Sie hätten es auch das »Horse and Cart«-Problem nennen können, angelehnt an die Frage, wie herum man ein Pferd aufzäumen sollte, aber das hätte nicht so eindrucksvoll geklungen. Beim beliebten Spiel des Erfindens raffinierter Namen für bestimmte Berufsgruppen hat noch niemand je die »Bescheidenheit der Ökonomen« vorgeschlagen.)

In diesem besonderen Fall ist die Lösung einfach. Statt die Ressourcenabhängigkeit an den Ressourceneinkünften eines Landes im Verhältnis zum Einkommen zu messen, misst man sie durch Ressourcen pro Person. Manchmal ist das tatsächlich ein Unterschied. Die

USA besitzen zum Beispiel viele Ressourcen pro Person, aber weil der Rest der Wirtschaft so stark gewachsen ist, ist der Anteil der Ressourceneinkünfte am Einkommen nicht besonders hoch.

Benedikt und ich benutzten schließlich die relativ neue statistische Technik der »Kointegration«, die auf diese Frage bis dahin noch nicht angewandt worden war. Dieser Ansatz erlaubte es uns, sowohl die kurzfristige Wirkung der Rohstoffpreise auf das Wachstum, als auch ihre längerfristige Wirkung auf das Einkommensniveau zu betrachten. Dadurch waren wir in der Lage, einen scheinbaren Widerspruch zwischen früheren Querschnitts- und Zeitreihenanalysen aufzulösen. Beide Arten der Untersuchung waren richtig, aber innerhalb unterschiedlicher Zeitrahmen. Unsere vorläufigen Ergebnisse waren verstörend genug, dass ich vom US-Finanzministerium eingeladen wurde, sie bei einem G20-Treffen der Finanzminister zu präsentieren.

Rohstoffbooms: Top oder Flop?

KURZFRISTIG IST DER ABBAU VON natürlichen Ressourcen wunderbar. Er steigert die Wachstumsraten spürbar. Beispielsweise kann während eines Booms die Verdoppelung des Weltpreises für einen einzigen exportierten Rohstoff die gesamte Wirtschaft eines Landes über die nächsten drei Jahre um rund 5 Prozent wachsen lassen. Die Wirtschaftsleistung des Landes steigt auf allen Gebieten. In einer Hinsicht ist diese Steigerung das Sahnehäubchen auf dem Kuchen eines Rohstoffbooms. Selbst wenn die Wirtschaftsleistung konstant bliebe, würden die Einkommen steigen, weil die gleiche Menge an Exporten nun eine größere Menge von Importen finanzieren kann. Öl, das 1998 nur 10 Dollar pro Barrel einbrachte, konnte zehn Jahre später für über 140 Dollar verkauft werden, darum konnten die Ölexporteure mehr importieren, obwohl die Fördermenge konstant blieb. Bob Conrad kam zu folgendem Ergebnis: Die Ausbeutung natürlicher Ressourcen steigerte gewöhnlich das Einkommen, auch wenn sie die Wirtschaftsleistung nicht steigerte. In der Wirtschaft eines Entwicklungslands ist dieser Extraanstieg aber nicht das Sahnehäubchen, er ist der Kuchen selbst. Ohne zusätzliche Wirtschaftsleistung ist der Boom nicht nachhaltig. Trotzdem beschert der Anstieg des Weltmarktpreises für einen Rohstoff den Exporteuren zumindest kurzfristig einen doppelten Boom: Einkommen wie Wirtschaftsleistung steigen.

So viel zum kurzfristigen Effekt, doch wie sieht es langfristig aus? John Maynard Keynes, der Erfinder des »Keynesianismus«, pflegte solch eine Frage mit dem Spruch »Langfristig sind wir alle tot« beiseitezuwischen. Das beschreibt treffend, was Rohstoffexporteuren nach unseren Ergebnissen langfristig droht. Wir untersuchten den langfristigen Effekt von Booms bei drei unterschiedlichen Typen von Rohstoffen: Öl, anderen Nichtagrarprodukten und Agrarprodukten. Offensichtlich hängt der Effekt davon ab, wie wichtig der Rohstoff für die Volkswirtschaft ist. Beginnen wir mit Öl, dem wichtigsten aller Rohstoffe. Bei einem Land wie Nigeria, dessen Ölexporte rund ein Drittel seiner Wirtschaft ausmachen, gilt: Wenn der Ölpreis sich in 25 Jahren verdoppelt, sinkt die Wirtschaftsleistung auf nur rund zwei Drittel dessen, was sie sonst hätte sein können. Für die Wirtschaft Angolas ist Öl noch wichtiger, es macht rund zwei Drittel der gesamten Wirtschaftsleistung aus. Dementsprechend ist der schädliche Effekt noch stärker. Wenn der Ölpreis sich verdoppelt, ist das langfristige Niveau der gesamten Wirtschaftsleistung nur halb so hoch, wie es sonst möglich gewesen wäre.

Aus diesen Auswirkungen auf die Wirtschaftsleistung kann man eine beunruhigende Botschaft herauslesen. Aber gilt sie nur für Öl? Vielleicht hat der Ölboom besonders schlimme Folgen durch das Verhalten internationaler Ölfirmen oder einheimischer Politiker, die vom Größenwahn erfasst werden und die Einkünfte für Luxus und Renommierprojekte verschwenden. Wir kommen aber zu dem Schluss, dass die schädlichen Konsequenzen von Öl sich nicht sehr von denen anderer nichtagrarischer Rohstoffe unterscheiden. Kupfer, Bauxit, Coltan – die Exporteure dieser Rohstoffe teilen das langfristige Schicksal der Ölexporteure: ein massives Absinken der Wirtschaftsleistung. Diese Ergebnisse legen die Existenz eines Ressourcenfluchs bei der Wirtschaftsleistung nahe, der seinerseits einen massiven Verlust von potenziellem Einkommen impliziert. Denn eigentlich sollte die Rohstoffförderung die Wirtschaft wachsen lassen und sie nicht zum Schrumpfen zwingen.

Die Frage ist, wie weit sich der Ressourcenfluch vom Öl auf nichtagrarische Rohstoffe wie Kupfer verallgemeinern lässt. Und gilt er auch für agrarische Rohstoffe, deren Preise ebenso stark schwanken können wie die für Öl und Kupfer? Wir fanden einen großen Unterschied zwischen agrarischen und nichtagrarischen Rohstoffen: Die langfristige Wirkung höherer Preise bei agrarischen Rohstoffen ist positiv. Dieses Ergebnis ist der Schlüssel zum Verständnis des Ressourcenfluchs.

Zunächst möchte ich aber noch über mein Hauptinteresse sprechen, Afrika. Im Moment machen Rohstoffexporte 30 Prozent des afrikanischen Bruttoinlandsprodukts aus, sind also äußerst wichtig. Ich wollte herausfinden, ob Afrikas Verhältnis zwischen Rohstoffpreisen und dem Wachstum rohstoffexportierender Länder einzigartig sei. Das ist eine wichtige Frage: Afrika ist in einer besonderen Situation, weil es mehr als andere Regionen vom Rohstoffexport abhängig ist, abgesehen vom Nahen Osten. Die Frage ist, ob Afrika mit seinen natürlichen Ressourcen anders umgeht und sie für die Steigerung der Wirtschaftsleistung einsetzt.

Letztlich fanden wir keine großen Unterschiede, was mich nicht überrascht. Ich habe mehrere Fragen untersucht, bei denen Afrika eine Sonderstellung einzunehmen scheint, und meist komme ich zu dem Schluss, dass seine Staaten sich gegenüber Herausforderungen und Chancen weitgehend so verhalten wie die meisten anderen Länder. Afrikas Resultate unterscheiden sich deswegen von anderen Staaten, weil die Struktur seiner Volkswirtschaften und Gesellschaften eine andere ist. Es sind die Probleme, vor denen Afrikaner stehen, nicht ihre Lösungen für diese Probleme, die Afrika zu einem Sonderfall gemacht haben.

Wir mussten herausfinden, ob Afrika anders war, weil wir wissen wollten, ob wir die Folgen der aktuellen Rohstoffbooms für Afrika voraussagen konnten, wenn wir Ergebnisse aus dem Rest der Welt verwendeten. Da wir nun festgestellt hatten, dass Afrika kein Sonderfall war, konnten wir die Auswirkungen des Booms für diese Länder simulieren. Wir nahmen die 14 größten rohstoffexportierenden Länder

Afrikas. Zwischen 1996 und 2006 stiegen der Ölpreis um mehr als das Dreifache und die Preise anderer nichtagrarischer Rohstoffe durchschnittlich um mehr als das Doppelte. Die Konsequenzen dieser Preissteigerungen sind sowohl in sich als auch zum Verständnis der allgemeinen Schlussfolgerungen unserer Analyse wichtig.

Wir kommen zu dem Ergebnis, dass Rohstoffbooms kurzfristig stark zum Wachstum der rohstoffexportierenden Länder Afrikas beigetragen haben. Nach unserer Schätzung würde die Wirtschaftsleistung dieser Länder 2009 etwa 10 Prozent höher liegen, als wenn die Preise auf dem Stand der späten neunziger Jahre geblieben wären. Natürlich sind die Einkommen viel stärker gestiegen, weil jeder Barrel Öl oder alle anderen Rohstoffe gegen mehr Importe getauscht wurden; diesen Effekt nennt man einen Gewinn beim Einfuhrtauschverhältnis. Bei einem Land, das ursprünglich 30 Prozent seines Bruttoinlandsprodukts exportierte, kamen durch eine Verdopplung der Exportpreise direkt 30 Prozent zur Kaufkraft des Einkommens hinzu, sodass die kombinierten quantitativen und Einfuhrtauschverhältnis-Effekte einen Gewinn von etwa 40 Prozent gegenüber dem Gewinn bei unveränderten Exportpreisen ausmachten. Es war also offensichtlich, dass die kurzfristigen Folgen ganz wunderbar waren.

Unsere Voraussage der langfristigen Folgen sah hingegen ganz anders aus. Wenn Afrika dem globalen historischen Muster folgen würde, würden die negativen Effekte des Rohstoffbooms nur langsam einsetzen, aber bis 2024 würde die Wirtschaftsleistung um ein Viertel gegenüber der früheren *sinken*. Das ist ein düsteres Ergebnis. Ein großer Rohstoffboom besitzt das Potenzial zur Transformation. Er ist eine Einkommensspritze, die die kühnsten Träume von Hilfsorganisationen übertrifft. Richtig eingesetzt, kann er Wachstum und Einkommen auf ein Niveau heben, auf dem das Risiko von Gewalt und sozialen Unruhen gegen null tendiert.

Der gegenwärtige Rohstoffboom könnte vielen zuvor instabilen Ländern Frieden bringen. Man sollte meinen, das Schlimmste, was geschehen könnte, wäre eine komplette Verschwendung der Einkünfte. Doch es könnte weit schlimmer kommen, wie unsere Studien zeigen. Langfristig schrumpft die gesamte Volkswirtschaft. Das ist nicht dasselbe wie die Aussage, der Gesellschaft wäre es ohne die Einkünfte besser gegangen. Wie zuvor ist der dramatische Abfall der langfristigen Wirtschaftsleistung nur ein Teil der Gesamtwirkung auf das Einkommen. Solange die Preise hoch bleiben, gibt es immer noch den Gewinn durch das Einfuhrtauschverhältnis. Die Wirtschaft produziert viel weniger, als sie es ohne die hohen Exportpreise getan hätte, aber was sie produziert, ist mehr wert. Das Endergebnis ist also, dass das Einkommen mehr oder weniger so bleibt wie ohne den Rohstoffboom. Mit anderen Worten, der Ressourcenfluch ist vor allem eine verpasste Gelegenheit.

Das ist also die Prognose. Wenn die Geschichte sich wiederholt, wird der jüngste Rohstoffboom langfristig bestenfalls verpasste Gelegenheiten erzeugen und schlimmstenfalls Gesellschaften zerreißen. Es ist darum von allergrößter Bedeutung, dass die Geschichte sich nicht wiederholt. Der erste Schritt, solch eine Wiederholung zu vermeiden, besteht darin, die Mechanismen zu verstehen, durch die frühere Gelegenheiten ungenutzt blieben. Dafür müssen wir von der Prognose zur Diagnose übergehen.

Diagnose

AN KONKURRIERENDEN ERKLÄRUNGEN für den Ressourcenfluch herrscht kein Mangel. Benedikt und ich suchten nach ihnen in der relevanten ökonomischen und politologischen Literatur und unterteilten sie in sechs Gruppen. Die meisten Erklärungen klangen recht plausibel, und jede wurde durch Daten belegt. Es schien aber keinen Weg zu geben, die wirklich überzeugenden herauszufinden; jeder Forscher war auf sein ganz eigenes, plausibles Steckenpferd getiegen und davongeritten. Darum beschlossen wir, systematisch vorzugehen. Wir wollten nicht nur eine Prognose erstellen, sondern unter konkurrierenden Diagnosen auswählen.

Eine wichtige Methode der Unterscheidung betraf die unterschiedlichen Folgen von Preisbooms bei agrarischen und nichtagrarischen Rohstoffen. Beide Rohstoffgruppen erleben Preisbooms, aber die langfristigen Folgen der Agrarbooms sind positiv. Der Ressourcenfluch beschränkt sich ausschließlich auf nichtagrarische Rohstoffe. Agrarische Rohstoffe sind erneuerbar, während nichtagrarische sich erschöpfen. Warum ist das wichtig? Weil fast jede erneuerbare Produktion bereits erneuert worden ist und darum die Ernte aus früheren Investitionen darstellt. Kaffeeexporte stammen aus früheren Investitionen in Kaffeepflanzen. Die Konkurrenz sorgt dafür, dass die Rendite dieser Investition nicht nennenswert höher ist als bei anderen Aktivitäten. Kaffee lässt sich an vielen Orten anbauen, darum ist der Standort kein entscheidender Faktor. Die Einkünfte aus Agrarrohstoffen sind also weitgehend eine Rendite auf frühere Investitionen und gegenwärtige Arbeit. Im Gegensatz dazu übersteigt der Wert von Bodenschätzen die Investition und die Arbeit, die zu ihrer Förderung nötig sind. Kurz gesagt, agrarische Rohstoffe sind weniger durch Plünderung gefährdet als Bodenschätze.

Ich will kein übertrieben rosiges Bild davon malen, wie man mit natürlichen erneuerbaren Rohstoffen umgeht. Manchmal werden auch sie geplündert. Doch die Umstände, unter denen sie geplündert werden, sind sehr speziell. Im Moment konzentriere ich mich auf die Ressourcen, die nur einmal benutzt werden können, und darauf, warum diese sich erschöpfenden natürlichen Vermögenswerte Opfer von Plünderungen werden. Die Plünderung sich natürlich erneuernder Rohstoffe werde ich in Teil III betrachten.

Der Wert sich erschöpfender natürlicher Ressourcen, der über ihre Förderungskosten hinausgeht, gehört den Bürgern; Regierungen sollten ihn sich für sie aneignen. Typischerweise versuchen Regierungen, sich zumindest einen Teil des Wertes anzueignen, egal ob sie ihn zum Nutzen der Bürger verwenden. Die einzige Gesellschaft auf der Welt, die entschieden hat, den Wert fast ausschließlich dem zu überlassen, der das Glück hat, das Rohstoffvorkommen zu finden, sind die USA, die das Prinzip »Wer es findet, darf es behalten« eingeführt haben. Überall sonst geht zumindest ein Teil der Erlöse aus der Rohstoffförderung an die Regierung (während die Erlöse aus Agrarrohstoffen weitgehend als Rendite für ihre Investition und Arbeit an die Landwirte gehen). Das deutet darauf hin, dass der Ressourcenfluch mit etwas verbunden sein könnte, das für das öffentliche Management von Einkünften spezifisch ist: die Regierungsführung.

Regierungsführung ist ein schwer zu fassendes Konzept. Um sie zu messen, griffen Benedikt und ich auf ein kommerzielles Rating namens International Country Risk Guide (ICRG) zurück, das jedes Jahr aufgestellt und gegen eine Gebühr von internationalen Firmen genutzt wird. Wir hofften, da ICRG seit vielen Jahren existierte, würden seine Bewertungen auf stichhaltigen Kriterien beruhen. Andernfalls hätte das Rating von kollektiver Selbsttäuschung profitiert. (Angesichts der jüngsten Leistungen anderer großer Risikobewertungsagenturen ist das nicht auszuschließen.) Wenn die Agentur aber bloß zufällige Zahlen als Information verpackt verkaufte, hätten die Daten keinen nennenswerten Effekt. Durch das Hinzufügen zufälliger Zahlen zu einer Analyse fügt man bloß »statistisches Rauschen« hinzu: Die Statistik wird einem sagen, dass man seine Zeit verschwendet hat. Als wir aber die ICRG-Daten über Regierungsführung zu unseren Daten hinzufügten, zeigten uns die Resultate, dass wir auf eine Goldader gestoßen waren. Für ein Land mit ordentlicher Regierungsführung gibt es keinen Ressourcenfluch, vielmehr verstärken in solch einem Land die langfristigen Effekte hoher Rohstoffpreise noch die kurzfristigen. Der Ressourcenfluch beschränkt sich auf Länder mit schwacher Regierungsführung.

An diesem Punkt begannen wir uns wieder Sorgen wegen des Problems der Endogenität zu machen. Vielleicht verschlechterte sich Regierungsführung einfach als Reaktion auf die Entdeckung von Ressourceneinkünften, statt vorher schon schlecht zu sein. Das untersuchten wir auf zwei Arten, eine einfache und eine ausgefallene. Der einfache Weg bestand darin, die Regierungsführung nur im ersten Jahr zu messen, für das der ICRG-Index zur Verfügung stand. Das war 1985. Jede Verschlechterung der Regierungsführung aufgrund von Ressourceneinkünften nach diesem Jahr wurde aus der Analyse ausgeschlossen. Unsere Ergebnisse änderten sich nicht: Schwache Regierungen waren äußerst schädlich, dagegen hatten Ressourceneinkünfte bei guter Regierungsführung positive langfristige Wirkungen. Auf der Basis dieser Diagnose sind es vorhergehende Unterschiede der Regierungsführung, die erklären, warum das Öl die norwegische Wirtschaft gestärkt und die nigerianische ruiniert hat.

Wie schwach ist »schwach«, und wie gut ist »gut«? Die Trennlinie liegt dort, wo Portugal 1985 stand. Zu diesem Zeitpunkt, nur elf Jahre nach dem Ende der Diktatur durch die Nelkenrevolution, war Portugal das am schlechtesten regierte Land in Europa, aber dennoch eine funktionierende Demokratie. Botswana lag etwas über dieser Trennlinie. Seine Regierungsführung ist ehrlich, auch wenn sie unter den OECD-Standards liegt. Beispielsweise trägt die Regierung viele demokratische Züge, jedoch hat es noch nie einen Machtwechsel gegeben. Botswana wird aber besser regiert als andere Rohstoffexporteure mit niedrigen Einkommen. Nachdem wir das Problem der Endogenität gelöst hatten, unterzogen wir die Ergebnisse einer Reihe von Tests, um die nicht stichhaltigen Resultate aufzuspüren. Diese Tests änderten aber nichts. Soweit wir sagen können, ist eine vorher schon schwache Regierungsführung die wichtigste Ursache für den Ressourcenfluch.

Doch »Regierungsführung« ist immer noch ein sehr schwammiges Konzept. Auf welche Weise vergeudet schlechte Regierungsführung die Chancen, die durch Ressourceneinkünfte entstehen? Erneut half uns der statistische Ansatz, einige Antworten zu finden. Die Methode bestand darin, plausible Erklärungen hinzuzufügen, bis wir welche fanden, die in sich signifikant waren und zusammen die Bedeutung der Regierungsführung eliminierten.

Wenn Ökonomen über den Ressourcenfluch nachdenken, denken sie an die »Holländische Krankheit«, die so heißt, weil die holländische Wirtschaft der erste beschriebene Fall war. Die Entdeckung des Nordseegases ließ in den Niederlanden die übrigen Exporte schrumpfen, während die holländische Währung stärker wurde. Ein Boom bei den Rohstoffexporten tendiert dazu, den Wechselkurs ansteigen zu lassen, und dies wiederum schwächt das Wachstum. Zumindest qualitativ sah die Holländische Krankheit also wie eine plausible Erklärung aus, darum beschlossen wir, sie zu testen, indem wir den Wechselkurs in unsere Analyse einbezogen. Er hatte tatsächlich eine Wirkung, hing aber erneut von der Regierungsführung ab. In einem gut regierten Land führen die Ressourceneinkünfte nicht zu einem starken Anstieg des Wechselkurses, in schlecht regierten Ländern schon.

Trotz des Geweses, das Ökonomen seit 30 Jahren darum machen, ist das Eintreten der Holländischen Krankheit nicht unausweichlich. So lassen sich Einkünfte aus Rohstoffen beispielsweise für die Infrastruktur verwenden, die andere Exporte konkurrenzfähiger macht. Malaysia benutzte seine Einkünfte aus dem Rohstoffexport, um seine Wirtschaft zu diversifizieren, und exportiert jetzt ein breites Spektrum an Gütern. Inzwischen zieht es mehr ausländische Investitionen pro Kopf an als jedes andere Entwicklungsland. Botswana hat seine Diamanten dazu benutzt, die am schnellsten wachsende Volkswirtschaft der Welt zu werden. Norwegen ist durch sein Öl zur reichsten Volkswirtschaft Europas geworden.

Zusätzlich zum Wechselkurs entfaltet der Ressourcenfluch seine Wirkung durch aufgeblähten öffentlichen und privaten Konsum bei unzureichenden Investitionen. Obwohl Konsum und Investitionen statistisch weitgehend den Effekt der Regierungsführung ausmachen, sind beide Effekte nicht völlig deckungsgleich. Es ist schwierig, gute empirische Variablen zu finden, die für viele Länder über einen Zeitraum von vielen Jahren zur Verfügung stehen, darum ist unser statistischer Ansatz zwangsläufig stark eingeschränkt. Am wahrscheinlichsten ersetzen die messbaren Entwicklungen andere Prozesse, die wir nicht präzise erfassen können. Bei der Datenbasis für unseren Ansatz waren wir recht anspruchsvoll: Um etwas als Erklärung einzubeziehen, brauchten wir einen Maßstab, der in den meisten Ländern der Welt über viele Jahre vergleichbar war. Aus diesem Grund konnten wir beispielsweise nicht die Umverteilungen zugunsten bevorzugter Gruppen als Faktor miteinbeziehen, obwohl das eine ziemlich plausible Erklärung für das ist, was passiert, wenn Ressourceneinkünfte auf schwache Regierungsführung treffen.

Politik: Ein Test der neokonservativen Agenda

VORAUSGESETZT, WIR WISSEN, DASS schlechte Regierungsführung der Schlüssel zum Ressourcenfluch ist, muss die Geschichte sich dann wiederholen? Wenn wir dies durch unsere Forschung verhindern könnten, hätte unsere Arbeit ihren Zweck erfüllt.

Es ist Zeit, die Politik in die Analyse zurückzubringen. Die eben beschriebene Arbeit basierte auf Daten aus den Jahren von 1963 bis 2003, und für den größten Teil dieser Zeitspanne war Politik in den Ländern der untersten Milliarde gleichbedeutend mit Diktatur. Die verpufften Booms der siebziger Jahre fanden meist unter der Regierung von Autokraten statt. Die Ausbreitung der Demokratie nach dem Zerfall der Sowjetunion 1991 änderte das. Die Vergangenheit ist darum vielleicht keine gute Anleitung, um die Rohstoffbooms des neuen Jahrtausends zu managen. Die Ausbreitung der Demokratie hat die Regierungsführung vielleicht so sehr verbessert, dass der Ressourcenfluch der Vergangenheit angehört. Dies schien uns die wichtigste Frage für die Gesellschaften der untersten Milliarde in diesem Jahrzehnt zu sein.

Ich begann mich mit dieser Frage zu beschäftigen, als ich *Die unterste Milliarde* schrieb und dort meine Zwischenergebnisse kurz darstellte. Die Arbeit ist jetzt bis zu einem Punkt fortgeschritten, an dem ich sie für belastbarer halte. Meine Kollegin bei dieser wie bei vielen anderen Forschungen war Anke Hoeffer. Wir nannten unseren Aufsatz »Ein Test der neokonservativen Agenda«. Das meinten wir nicht ironisch. Eine vernünftige Interpretation der neokonservativen Rechtfertigung des Einmarschs im Irak war, dass er die Demokratie in den rohstoffreichen Nahen Osten bringen würde. Wie wir heute wissen, wurde die Begründung für den Einmarsch weit weniger sorgfältig geprüft als die militärischen Mittel zu seiner Durchführung. Die Frage, die ich untersuchen wollte, war, ob Demokratie für ein rohstoffreiches Land tatsächlich das Beste ist, zumindest nach dem Kriterium der Wirtschaftsleistung.

Demokratie schafft Verantwortlichkeit. Durch das Wahlrecht sollen Bürger dazu ermächtigt werden, Regierungen so zu disziplinieren, dass sie ihr Bestes für den Durchschnittswähler tun. Ich untersuchte die allgemeinere Frage, ob Wahlen Regierungen zu einer besseren Wirtschaftspolitik zwingen, mit Lisa Chauvet, einer jungen französischen Ökonomin. Ermutigenderweise fanden wir heraus, dass Wahlen funktionierten. Wenn Regierungen gezwungen waren, sich den Wählern zu stellen, verbesserten sie ihre Wirtschaftspolitik. Es gibt eine wichtige Einschränkung, aber auf den ersten Blick deutete das Ergebnis darauf hin, dass die Demokratisierung den Standard der Regierungsführung in rohstoffreichen Ländern so weit heben kann, dass sie dem Ressourcenfluch entkommen.

Dennoch fragte ich mich, ob die Disziplinierung durch Wahlen in rohstoffreichen Gesellschaften wirkungslos sein könnte. Ein Grund dafür ist der besondere Charakter von Ressourceneinkünften. Erinnern wir uns, dass natürliche Vermögenswerte keine natürlichen Eigentümer haben und sich normale Bürger und Firmen vielleicht nicht als ihre Miteigentümer verstehen. Ressourceneinkünfte werden nicht auf dieselbe Art als Einkommen wahrgenommen wie das Arbeitseinkommen. Allzu oft werden diese Einkünfte sogar überhaupt nicht wahrgenommen und fließen unbemerkt der Regierung zu. Wenn der Staat versucht, das Einkommen von Arbeitern oder Firmen zu besteuern, provoziert er Widerstand, denn die Menschen wollen wissen, wofür ihr Geld verwendet wird. Doch das Geld, das dem Staat aus natürlichen Ressourcen zufließt, ruft höchstwahrscheinlich keinen solchen Widerstand hervor. Tatsächlich ist der Staat in vielen Gesellschaften der untersten Milliarde nie als eine Instanz gesehen worden, die den Bürgern öffentliche Güter bereitstellt. Seit seinen kolonialen Ursprüngen ist der Staat in diesen Ländern etwas Fremdes gewesen, häufig eine Macht, die man fürchten muss. In einer Sprache, auf die ich in einem Land der untersten Milliarde gestoßen bin, bedeutet »Regierung« wörtlich übersetzt »Job des Weißen«. Die Aneignung der Ressourceneinkünfte durch den Staat provoziert daher keine Forderungen nach Transparenz.

Die Macht der Wirtschaftswissenschaft beruht zum Teil darauf, dass sie die Annahme eines »Maximierungsverhaltens« benutzt, um die Folgen einer Veränderung in der Welt vorauszusagen. Der Ökonom untersucht einfach, wie die Veränderung die »Maximierungsstrategie«

beeinflussen würde. Wir werden das jetzt mit der Frage tun, wie Ressourceneinkünfte das Verhalten politischer Führer verändern. Nehmen wir an, dass der politische Führer – oh Schreck! – kein Heiliger ist. Stattdessen versucht er so viel vom Staatsvermögen zu unterschlagen, wie er kann. Falls die einzige Quelle der staatlichen Einkünfte aber die Besteuerung ist, steht er vor einem Dilemma. Wenn er die Steuern erhöht, werden die Menschen immer zorniger darüber, dass sie keinen Gegenwert bekommen; Besteuerung provoziert Forderungen nach Transparenz und ehrlicher Regierungsführung. Also würde der Politiker lieber keine Steuern erheben. Aber ohne Steuern bleibt das Staatssäckel natürlich leer, und er kann nichts unterschlagen. Der Politiker muss die Gewinne für das Staatssäckel durch höhere Steuern gegen die genauere Überprüfung abwägen, die sie provozieren. Er wählt also das Steuerniveau, bei dem sich die Unterschlagung maximieren lässt.

Stellen wir uns vor, wie das Entscheidungsproblem des Staatschefs sich verändert, wenn er Einkünfte aus natürlichen Ressourcen wie Öl hat. Ohne Ressourceneinkünfte hat er die Steuern so angesetzt, dass er vom letzten kleinen Steuerbrocken gerade noch seinen Anteil bekam. Die zusätzliche Überprüfung, die er provozierte, entsprach genau dem, was er durch die zusätzliche Besteuerung gewann. Nun hat sich die Lage verändert. Die Ressourceneinkünfte geben ihm eine Einkommensbasis, die nicht viel Überprüfung nach sich zieht. Wenn er darüber hinaus auch das Arbeitseinkommen der Menschen besteuert, würde das stärkere Kontrollen hervorrufen, und das schadet nicht nur seinen Möglichkeiten zur Unterschlagung von Steuergeldern, sondern auch zur Unterschlagung der Ressourceneinkünfte. Jede Überprüfung erstreckt sich auf die gesamten Staatsausgaben und berührt deshalb alle Arten von Einkünften. Der korrupte Staatschef hat darum einen viel stärkeren Anreiz, die Steuern niedrig zu halten. Tatsächlich könnte er beschließen, gar keine Steuern zu erheben; auf diese Weise kann er den größtmöglichen Anteil der Ressourceneinkünfte für sich abzweigen.

In unserem Modell ergab sich, dass der korrupte Politiker die Ressourceneinkünfte völlig aufbraucht, um die Besteuerung der Arbeitseinkommen zu reduzieren. Dieses Resultat ist nicht zwangsläufig. Ein komplizierteres Modell könnte die Besteuerung um mehr oder weniger als die Ressourceneinkünfte fallen lassen. Doch das einfache Modell hat eine weitreichende Konsequenz. Wenn die Gesamteinkünfte des Staates durch die Ressourceneinkünfte nicht steigen, was geschieht dann mit dem Geld, das zur Verbesserung des Lebens der Normalbürger ausgegeben wird? Da das Gesamteinkommen unverändert bleibt, geht das zusätzliche Geld, das vom korrupten Politiker unterschlagen wird, dank der laschen Kontrollen vollständig auf Kosten der öffentlichen Ausgaben. Wir würden also erwarten, dass all die guten Dinge, die man mit richtig verwendeten Staatsausgaben finanzieren kann, etwa Bildung und Gesundheitsversorgung, sich durch die Ressourceneinkünfte verschlechtern. Wir können das sowohl als Parabel ansehen, was einer Gesellschaft im Lauf der Zeit geschieht, nachdem natürliche Ressourcen entdeckt worden sind, als auch als Prophezeiung, wie ein rohstoffreiches Land sich von einem rohstoffarmen unterscheidet. Obwohl ich diese Überlegungen als eine Geschichte über Geld erzählt habe, könnten wir es uns auch als eine Geschichte über »Anstrengung« vorstellen. Der Politiker nutzt die fehlenden Kontrollen nicht nur, um Geld zu unterschlagen, sondern auch, um die schwierige Arbeit einer wirtschaftspolitischen Reform zu vermeiden.

So viel zur ökonomischen Analyse. Bestenfalls bietet sie Parabeln. Sie liefert aber auch ein Gegenszenario zu der Vorstellung, das Wahlrecht würde die Menschen automatisch in die Lage versetzen, ihre Regierung zu disziplinieren. Unsere Vorhersage war, dass Demokratie in rohstoffreichen Ländern schlechter funktioniert als in rohstoffarmen.

Meine Arbeit mit Benedikt über den Ressourcenfluch konzentrierte sich darauf, wie sich Rohstoffeinkünfte langfristig auf das Wirtschaftswachstum eines Landes auswirken. Obwohl es verschiedene Maßstäbe gibt, nach denen man die Leistung eines politischen Systems beurteilen kann, schien uns das Wachstum immer noch der zentrale Aspekt zu sein. Wachstum ist das, was der untersten Milliarde gefehlt hat und was Rohstoffeinkünfte hervorbringen sollten. Die Frage, der Anke und ich uns widmeten, war, wie Demokratie die wirtschaftliche Aktivität rohstoffreicher Länder beeinflusste. Wir beschlossen, das durchschnittliche jährliche Wachstum über einen Vierjahreszeitraum zu betrachten, um kurzfristige Schwankungen auszugleichen. Wir bezogen möglichst viele Länder über einen möglichst langen Zeitraum in die Studie ein und untersuchten, wie Ressourcen und Demokratie das Wachstum beeinflussten. Insbesondere wollten wir wissen, was geschah, wenn beide Faktoren zusammenwirkten, wie in den rohstoffreichen Demokratien. Das klingt einfacher, als es war. Unsere ersten Ergebnisse waren entmutigend. Wenn es keine Ressourcen gab, verstärkte eine Demokratie das Wirtschaftswachstum deutlich, wenn es welche gab, reduzierte sie es deutlich. Ressourceneinkünfte schienen also demokratische Politik zu korrumpieren. Statt die Verhältnisse im Vergleich zur Autokratie zu verbessern, verschlimmerte sie die Demokratie noch. Das passte zu der ziemlich deprimierenden Analyse, wie Ressourceneinkünfte die Verantwortlichkeit untergraben können.

Dieses Resultat war noch keineswegs endgültig. Bei empirischen Forschungen dieser Art gibt es viele mögliche Fallen, und die Frage, die Ökonomen heutzutage am meisten beschäftigt, ist die Interpretation der Kausalität. Potenziell kann Demokratie eher durch die Wirtschaftsleistung beeinflusst werden als andersherum, oder ein ganz anderer Faktor könnte ausschlaggebend sein, ob eine Gesellschaft demokratisch ist und ob ihre Wirtschaft wächst. Darüber hinaus schuf unser Maßstab dafür, ob ein Land rohstoffreich sei, ernsthafte Probleme. Es war einfach der Anteil der Einkünfte aus Rohstoffexporten am Nationaleinkommen. Das mag korrekt klingen, aber ein Land, das wegen schlechter Regierungsführung nicht wächst, hat ein niedriges Einkommen und darum einen hohen Anteil an Rohstoffexporten. Dies wiederum würde zu dem »Ergebnis« führen, dass ein hoher Anteil an Rohstoffexporten langsames Wachstum »verursacht«. Doch dieses Ergebnis wäre falsch.

Im Jahr 2000 veröffentlichte die Weltbank ein Inventar der weltweit bekannten Bodenschätze. Die bekannten natürlichen Ressourcen eines Landes hängen vom Entdeckungsprozess ab. Ein Land mit schlechter Regierungsführung neigt dazu, nicht nach Rohstoffvorkommen zu suchen, und besitzt darum eine kleinere Pro-Kopf-Menge an bekannten Rohstoffen. Die Pro-Kopf-Menge an bekannten Rohstoffen wird also in Ländern mit schlechter Regierungsführung niedrig sein.

Wir besitzen somit zwei Maßstäbe für den Rohstoffreichtum eines Landes, die beide von der Regierungsführung beeinflusst werden, aber auf entgegengesetzte Weise. Schlechte Regierungsführung steigert tendenziell den Rohstoffanteil am Nationaleinkommen, senkt aber die Pro-Kopf-Menge an Rohstoffen. Das hilft uns weiter, denn wenn unser Ergebnis bei beiden Messweisen Bestand hat, beruht es wohl nicht darauf, dass wir die Kausalität der Regierungsführung falsch gedeutet haben.

Weit schwieriger ist es hingegen, verschiedene kausale Möglichkeiten für den Bereich der Demokratie einzubeziehen. Wir folgten der Methode anderer Forscher, indem wir versuchten, verschiedene unabhängige Aspekte zu benutzen, die beeinflussten, ob ein Land demokratisch war, aber keinen Bezug zum Vorhandensein oder Fehlen von Rohstoffen hatten. Beispielsweise benutzten wir die historische Sterberate der Siedler. Diese Rate beeinflusste stark, wie viele Siedler ein Land anzog, und das wiederum, ob es demokratisch wurde. Wir machten mehrere solcher Belastungstests und kamen immer zum selben Ergebnis: Demokratie und Rohstoffeinkünfte vertrugen sich nicht gut. Zum Glück wurde die Geschichte dann aber weniger bedrückend. Wenn wir an Demokratie denken, denken wir sofort an Wahlen. Schließlich sind sie ein Ereignis, das es in die Nachrichten schafft, der Moment, wenn gewöhnliche Bürger über das Schicksal ihrer Regierung bestimmen. In Wahrheit denken die von uns, die das Glück haben, ihr Leben lang in einer funktionierenden Demokratie zu leben, nur deshalb an Wahlen, weil wir so viel anderes für selbstverständlich halten. Demokratie besteht nicht nur aus Wahlen; sie besteht aus einem ganzen Spektrum an Regeln, die das Handeln der Regierung einschränken. In einer reifen Demokratie kann die Regierung nicht die Staatskasse plündern, weil der ganze Prozess zur Verabschiedung und Kontrolle des Staatshaushalts sehr transparent ist. In Ländern mit korrupter Regierung ist das Gegenteil der Fall. Bevor Ellen Johnson-Sirleaf Präsidentin von Liberia wurde, befahlen die Minister einfach der Zentralbank, Geld auf ihre Privatkonten zu überweisen. Sie wussten, dass es kein Kontrollsystem gab, das diesen dreisten Diebstahl verhindern konnte, und die Beamten der Zentralbank wussten, dass sie keine andere Wahl hatten, als diese

Anordnungen zu befolgen. Es gab keinen Mechanismus, um diese Überweisungen zu verhindern, und wenn sie es versuchten, riskierten sie ihr Leben.

In einer reifen Demokratie kann die Regierung ihre Gegner nicht verfolgen (auch wenn sie es möchte) oder ihnen den Zugang zu den Medien verwehren. Sie kann sie nicht bei Einstellungen und öffentlichen Aufträgen diskriminieren. Sie kann sie nicht einsperren. Jeder Versuch dieser Art geht nach hinten los. Außerdem werden in einer reifen Demokratie saubere Wahlen veranstaltet, oder zumindest sind Unregelmäßigkeiten selten so gravierend, dass sie den Wählerwillen auf den Kopf stellen. Bei Regelverstößen empört sich die Öffentlichkeit so sehr, dass das Problem untersucht wird. Insgesamt sind diese Machtbeschränkungen der Regierung grundlegend für die Demokratie.

Politologen versuchen diese gegenseitigen Kontrollen zu messen. Ein möglicher Maßstab ist die Anzahl unabhängiger Vetostellen, die die Anweisung eines hochrangigen Regierungsmitglieds blockieren können, etwa die Zahlungen durch die liberianische Zentralbank. Anke und ich führten diesen Maßstab in unsere Analyse ein und sahen, dass er eine dramatische Wirkung hatte. In rohstoffreichen Gesellschaften wirkten sich diese gegenseitigen Kontrollen äußerst positiv aus. Wenn eine Gesellschaft genügend davon besaß, funktionierte die Demokratie gut. In Ländern ohne größeren Rohstoffreichtum schienen gegenseitige Kontrollen die Wirtschaftsleistung nicht zu beeinflussen; Wahlen funktionierten recht gut. Der Schaden für die Demokratie in rohstoffreichen Ländern stammte aus der Konkurrenz um Wähler. Während in Gesellschaften ohne natürliche Ressourcen die Regierungen anscheinend durch Wahlen zu guter Wirtschaftspolitik gezwungen wurden, untergruben in ressourcenreichen Ländern die Einkünfte daraus offenbar die Wahlen, falls dem nicht starke Kontrollen entgegenwirkten.

Rohstoffreiche Länder brauchen also besonders starke wechselseitige Kontrollen. Leider bekommen sie genau das Gegenteil. Wir fanden heraus, dass im Laufe mehrerer Jahrzehnte die Rohstoffeinkünfte allmählich die Kontrollen zersetzten. Der Grund dafür ist nicht schwer zu finden: Wechselseitige Kontrollen hindern die Politiker am Plündern.

Wahlen sind ein potenziell starkes Instrument gegen Machtmissbrauch. Aber was an ihnen funktioniert in rohstoffreichen Ländern nicht? Die Suche nach einer Antwort auf diese Frage hat meine neuesten Forschungen bestimmt, wieder gemeinsam mit Anke. Wir bauten einen globalen Datensatz von über 700 Wahlen auf, bei denen wir die mehr oder weniger ordentlich durchgeführten vom Rest unterschieden. Rechtswidrige Wahltaktiken können viele Formen annehmen, vom Ausschluss von Kandidaten über Bestechung und Einschüchterung von Wählern bis zur falschen Auszählung der Stimmen. Zuerst stellten wir die Frage, ob es für das Ergebnis wichtig war, wie die Wahl durchgeführt wurde. Wenig überraschend war die Antwort positiv. Politiker, die auch andere wichtige Einflüsse auf das Ergebnis kontrollierten, konnten eine fast dreimal so lange Amtszeit erwarten, wenn sie auf illegale Wahlpraktiken zurückgriffen.

Es ist also sehr verlockend, bei Wahlen zu betrügen. Damit stellt sich die Frage, welche Faktoren darüber entscheiden, ob Wahlbetrug möglich ist. Wir fanden heraus, dass wenige strukturelle Merkmale einer Gesellschaft bestimmten, ob Wahlen schmutzig oder sauber waren. Zusammengenommen führten Unterschiede bei diesen Merkmalen zu massiven Unterschieden in der Wahrscheinlichkeit einer fairen Wahl. So hat die typische afrikanische Gesellschaft strukturelle Merkmale, welche die Wahrscheinlichkeit sauberer Wahlen auf nur rund 3 Prozent senken, während Indien Merkmale besitzt, die eine rund achtzigprozentige Wahrscheinlichkeit sauberer Wahlen bieten. Eines der zentralen strukturellen Merkmale ist die Zahl der wechselseitigen Kontrollen – erneut anhand von Vetostellen gemessen. Jede Vetostelle steigert die Wahrscheinlichkeit einer sauberen Wahl deutlich. Die Einführung von Wahlen in einer Gesellschaft, bevor wechselseitige Kontrollen etabliert sind, provoziert daher Unheil. Die Gefahr liegt darin, dass der Kandidat die erste Wahl mit rechtswidrigen Mitteln gewinnt und dann ein starkes Interesse daran hat, die Einführung wirksamer Kontrollen zu verhindern.

In Bezug auf den Ressourcenfluch war aber die wichtigste Entdeckung, dass Rohstoffeinkünfte die Chance auf eine saubere Wahl radikal verminderten. Unglücklicherweise war der Effekt sehr stark. Stellen wir uns zwei hypothetische Länder vor, die in jeder Hinsicht globaler Durchschnitt sind, bis auf ihre Rohstoffvorkommen. Das eine dieser völlig durchschnittlichen Länder, die Republik Mittelwert, hat keine Einkünfte aus Rohstoffexporten. Beim anderen, Mittelwertistan, sorgen Rohstoffe für die Hälfte des Staatseinkommens – ein hoher, aber keineswegs bemerkenswerter Anteil. Was sagt unsere Analyse über den Verlauf von Wahlen in diesen Ländern aus? Die Wahl in der Republik Mittelwert ist wahrscheinlich ein bisschen langweilig, die Wahrscheinlichkeit, dass sie sauber verläuft, liegt bei 95 Prozent. Die Wahl in Mittelwertistan ist die, die international für Aufsehen sorgt. Hier sinkt die Wahrscheinlichkeit einer sauberen Wahl auf nur 34 Prozent. Reiche Rohstoffvorkommen höhlen die Chancen auf eine saubere Wahl aus.

Man könnte sich fragen, ob es wirklich wichtig ist, wenn eine Wahl nicht sauber verläuft. Im politischen Sinne ist die Antwort zu offensichtlich, als dass man die Frage stellen müsste. Der Grundgedanke der Demokratie, nämlich durch eine Wahl einer Regierung Verantwortung und dadurch Legitimität zu übertragen, wird untergraben. Aber haben unsaubere Wahlen auch Auswirkungen auf die Wirtschaft?

Erinnern wir uns, dass Lisa Chauvet und ich untersuchten, ob Wahlen die Wirtschaftspolitik eines Landes verbesserten. Unsere Resultate waren ermutigend. Wir fanden deutliche Hinweise, dass Wahlen Regierungen dazu zwangen, wichtige Aspekte ihrer Wirtschaftspolitik zu verbessern. Nun ist es Zeit für die schon erwähnte Einschränkung. Wie in meiner Arbeit mit Anke unerschieden wir zwischen sauberen und nicht sauberen Wahlen. Diese Unterscheidung erwies sich als wichtig. Die disziplinierende Wirkung von Wahlen trat nur ein, wenn sie fair waren. Unsaubere Wahlen hatten (bestenfalls) keinerlei positive Wirkung auf die Wirtschaftspolitik.

Kurz gesagt, die Manipulation von Wahlen führt zu einer schlechteren Wirtschaftspolitik und kommt viel wahrscheinlicher in einer Gesellschaft mit großen Rohstoffvorkommen vor. Das mag der Grund dafür sein, dass sich in diesen Ländern die Demokratie mangels wechselseitiger Kontrollen so enttäuschend auf die Wirtschaft auswirkt.

Kommen wir schließlich zur Frage zurück, wie man eine Wahl gewinnt. Eines unserer übrigen Ergebnisse hilft bei der Erklärung, warum sich Regierungen in Ländern mit fairen Wahlen so anstrengen, um die Wirtschaftspolitik zu verbessern: Eine gute Wirtschaftsleistung erhöht die Chance auf einen Wahlsieg erheblich. Wenn beispielsweise die Wirtschaft in den vier Jahren vor der Wahl um je 5 Prozent gewachsen ist, statt zu stagnieren, verlängert sich die Amtszeit des Amtsinhabers um 60 Prozent. Wenn dagegen die Wahl nicht fair ist, ist der Unterschied aufgrund einer guten Wirtschaftsleistung marginal; die Amtszeit verlängert sich um weniger als 20 Prozent. Die Wirtschaftspolitik ist dann eher darauf ausgerichtet, alte Freunde zu belohnen, statt der Mehrheit der Bürger zugutezukommen.

Eines der Rätsel der wirtschaftlichen Entwicklung ist Botswana. Das Land hat viele Merkmale, die auf eine Katastrophe zu deuten scheinen. Es ist eine kleine Gesellschaft und darum anfällig für eine autokratische Herrschaft; es ist rohstoffreich und darum anfällig für Vetternwirtschaft; es hat keinen Zugang zum Meer und darum kaum andere Wirtschaftschancen als die Diamantenförderung. Dennoch ist Botswana eine der erfolgreichsten Volkswirtschaften der Welt.

Eine Antwort auf das Rätsel Botswana findet sich in einer letzten Überraschung aus unseren Forschungsergebnissen. In ihren hochgelobten Studien fragten Benjamin Jones und Benjamin Olken, ob es auf den Staatschef ankommt. Ihr Ergebnis war positiv. Der Wechsel des Staatschefs führte zu einer spürbaren Veränderung der Wirtschaftsleistung. Anke und ich knüpften an diese Forschungen an und nahmen noch den Unterschied zwischen sauberen und schmutzigen Wahlen hinzu. Wir fragten, ob faire Wahlen Staatschefs überflüssig machen würden. Bei sauberen Wahlen ist es egal, was ein Staatschef am liebsten tun möchte: Wenn er die Wahl gewinnen will, muss er sein Bestes geben. Wir fanden heraus, dass folgenreiche Führungswechsel in jenen Ländern stattfanden, wo unfaire Wahlen es den vorigen Staatsführern erlaubt hatten, ihre eigenen Ziele zu verfolgen. In solchen Fällen kann es enorm wichtig sein, welche Ziele das sind. Wir vermuten, das Geheimnis von Botswanas Erfolg liegt darin, dass seine ersten Staatsführer eher das Wohl des Staates als persönliche Vorteile anstrebten. Wären sie egoistischer gewesen, so wären Botswanas Institutionen zunächst wohl nicht stark genug gewesen, sie daran zu hindern. Botswana verdankt diesen Staatsführern sehr viel; andersherum stehen die Führer rohstoffreicher Gesellschaften wie Angola, die in Armut steckengeblieben sind, als Schuldige da.

Eine Schlussfolgerung aus unserer Arbeit ist, dass die neokonservative Agenda naiv war. Ob Regierungen durch Wahlen zu guten Entscheidungen gezwungen werden können, hängt von einer Reihe von Institutionen ab, die Zeit brauchen, um Vertrauen zu gewinnen. Rohstoffreiche Länder brauchen gute Regierungen noch mehr als andere Gesellschaften. Aber eben diese Reichtümer machen es schwieriger, die benötigten Institutionen aufzubauen. Die Neokonservativen wünschten sich ein Ziel, das mit ihrer Strategie nicht zu erreichen war.

Entscheidungen über Entscheidungen …

WAS MACHEN WIR MIT DIESEN ERKENNTNISSEN? Regierungsführung und wertvolle natürliche Ressourcen beeinflussen sich gegenseitig. Rohstoffeinkünfte können die Regierungsführung zersetzen, und dadurch der Gesellschaft potenziell mehr schaden, als wenn sie gar keine Rohstoffe hätte. Aber damit sie zum Wohl der Gesellschaft genutzt werden können, brauchen natürliche Ressourcen eine gute Regierungsführung. Tony Venables und ich haben versucht, ein Modell für dieses Wechselspiel zu konstruieren. In Übereinstimmung mit den früheren empirischen Ergebnissen aus meiner Arbeit mit Benedikt kommen wir zu dem Schluss, dass es Schwelleneffekte geben kann. Worauf es ankommt, ist die Qualität der Regierungsführung im Verhältnis zum Wert der natürlichen Ressourcen. Über einem bestimmten Niveau sind die Wirkungen natürlicher Ressourcen meist positiv und führen das Land zu Wohlstand, darunter halten sie es in Armut.

Die »Qualität der Regierungsführung« ist nur ein vornehmer Ausdruck dafür, dass Entscheidungen rational gefällt und gut umgesetzt werden. Um sich erschöpfende natürliche Ressourcen für das Wohl der Normalbürger zu nutzen, bedarf es keiner einzelnen zentralen Entscheidung, sondern einer Entscheidungskette. Man könnte annehmen, die erste und grundlegendste Entscheidung sei, ob man die Ressource überhaupt nutzen soll. Obwohl natürlich auch diese Entscheidung gefällt werden muss, hängt die richtige Antwort von allen anderen Entscheidungen ab und wird am besten bis zuletzt aufgeschoben.

Die erste Entscheidung in der Kette betrifft die Entdeckung der Ressourcen, die unter dem Staatsgebiet liegen. In Kapitel 4 werde ich zeigen, warum wahrscheinlich an diesem Punkt schon riesige Fehler gemacht werden. Als Nächstes ist zu entscheiden, wer den Wert der Ressourcen bekommen soll. Die richtige Antwort sollte sein: die Regierung. Ob das normalerweise auch geschieht, ist das Thema von Kapitel 5. Angenommen, die Regierung hat wirklich den Löwenanteil des Rohstoffwerts bekommen, dann ist die nächste Entscheidung in der Kette, wie viel von den Einkünften konsumiert und wie viel zum Erwerb von Vermögenswerten benutzt werden soll. Die richtige Antwort ist, dass die Gesellschaft zwar einen Teil dieser Einkünfte konsumieren darf und selbst entscheiden kann, wie viel davon auf öffentlichen und privaten Konsum entfällt, doch der Anteil sollte weit geringer sein als bei anderen Staatseinkünften. Ob das in der Realität tatsächlich geschieht, wird in Kapitel 6 betrachtet. Nehmen wir an, die Gesellschaft hat nur einen angemessen bescheidenen Teil ihrer Rohstoffeinkünfte konsumiert, dann ist die letzte Entscheidung in der Kette, was sie mit den nicht konsumierten Einkünften tun sollte. Die richtige Wahl der Vermögenswerte hängt von den Chancen der Volkswirtschaft ab und ist Thema von Kapitel 7. Jede dieser Entscheidungen stellt eine Herausforderung dar und tritt speziell beim Management natürlicher Ressourcen auf. Bei den meisten reichen Ländern machen Rohstoffe nur einen kleinen Teil der Einkünfte aus. Entsprechend wenig Aufmerksamkeit haben sie diesen Entscheidungen gewidmet. Diese Vernachlässigung hat Folgen für die unterste Milliarde, für die natürliche Ressourcen viel wichtiger sind.

Der dominierende Diskurs über die Wirtschaftspolitik in den Ländern der untersten Milliarde spiegelt heute weitgehend jenen in den reichen Ländern wider. Dieses Problem wurde mir im März 2009 bewusst, als ich eingeladen war, vor einer Konferenz der rohstoffreichen Länder Afrikas zu sprechen. Eine Vertreterin des Internationalen Währungsfonds sollte ebenfalls sprechen. Während ich ihrer gut ausgearbeiteten PowerPoint-Präsentation lauschte, wurde mir klar, dass sie ihren Vortrag vor fast jedem beliebigen Publikum von Regierungsvertretern aus der ganzen Welt hätte halten können. Haushaltsdefizite sollten moderat sein; das Wirtschaftsklima sollte Investitionen fördern usw. Daran war nichts Falsches, aber es bezog nicht den besonderen Charakter der Entscheidungen mit ein, vor denen ein rohstoffreiches Land mit niedrigem Einkommen steht. Jede dieser Entscheidungen ist schwierig. Beispielsweise ist es einfach, zu sagen: »Die Regierung muss den Wert der natürlichen Ressourcen erhalten«, aber das schafft komplizierte Probleme des Anreizes. Die Regierung kann dabei leicht etwas falsch machen, sodass sie letztlich womöglich die Gans schlachtet, die goldene Eier legt. Die politischen Aspekte der Aneignung von Rohstoffen sind ebenso schwierig; es ist oft wahrscheinlich, dass Regierungsmitglieder, gemeinsam mit den natürlichen Ressourcen, von privaten Interessen vereinnahmt werden.

Ob sich natürliche Ressourcen für den Wohlstand nutzen lassen, hängt von der Entscheidungskette ab. Wie bei einer echten Kette ist sie insgesamt wertlos, wenn ein Glied gebrochen ist. Der Einsatz natürlicher Ressourcen ist daher ein Problem des schwächsten Glieds.

Die letzte Schwierigkeit ist, dass keine dieser Entscheidungen nur einmal gefällt wird. Der Prozess, durch den die Förderung von Rohstoffen Armut in Wohlstand transformiert, braucht Zeit, gewöhnlich etwa eine Generation. Selbst wenn Entscheidungen anfänglich klug getroffen werden, lassen sie sich später umkehren. Plünderung ist eine ständige Bedrohung. Die gesamte Entscheidungskette muss immer wieder richtig ablaufen.

Jede Entscheidung ist schwierig, folgenschwer und umkehrbar, was es nur allzu wahrscheinlich macht, dass die Rohstoffförderung keinen Wohlstand garantieren wird. Die Entscheidung zur Förderung sollte auf einem vernünftigen Urteil beruhen, ob die Gesellschaft zu einer richtigen Entscheidungskette auf Dauer fähig ist. Um das zu garantieren, gibt es meiner Meinung nach nur eine einzige Möglichkeit, die ich im letzten Kapitel darstellen werde. Wenn man aber zu dem Ergebnis kommt, dass in einem Land die Bedingungen für eine erfolgreiche Förderung nicht erfüllt sind, dann sind diejenigen, die sich trotzdem daran beteiligen, Komplizen der Plünderung. Die rechtmäßigen Eigentümer der natürlichen Ressourcen werden dann nicht davon profitieren. Viele kriminelle Handlungen bestehen aus einer Entscheidungskette, bei der jede Entscheidung ihre moralische Färbung durch den Blick aufs Ganze erhält. Genau wie ein Hehler, der gestohlene Güter verkauft, ohne auf ihre Herkunft zu achten, in den Diebstahl verstrickt ist, so entscheidet sich auch der moralische Wert der Ressourcenförderung nicht an der Frage, ob sie legal ist, sondern wer von ihr profitieren wird.

Um diese Profiteure erkennen zu können, muss man die Entscheidungskette verstehen. Wir werden sie deshalb Glied für Glied untersuchen.

KAPITEL 4

Die Entdeckung natürlicher Ressourcen

NATÜRLICHE RESSOURCEN LEBEN gefährlich. Da sie keine natürlichen Eigentümer haben, besteht das Risiko, dass sie geplündert werden. Weil die Menschheit in ihrer Geschichte viel Zeit zum Plündern gehabt hat, existieren heute vor allem noch solche nicht nachwachsenden Ressourcen, die schwierig zu fördern sind. Sie liegen unter der Erde, aber wo?

Der Planet in Quadranten

GEGENWÄRTIG BESTEHT DIE WELT aus 194 Staaten, die man, wie wir gesehen haben, recht gut in vier etwa gleich große Quadranten aufteilen kann: die reichen Länder der OECD, die Länder der untersten Milliarde, Russland und China mit ihren Satellitenstaaten sowie die Schwellenländer wie Indien und Brasilien. Jede Gruppe nimmt etwa ein Viertel der Erdoberfläche ein.

Gelegentlich haben Bodenschätze bestimmt, entlang welcher Linien Staatsgrenzen gezogen wurden. So bekamen beispielsweise britische Kolonialpioniere Wind von den Kupfervorkommen in Zentralafrika und bauten darum eine Eisenbahn von Südafrika nach Norden. Sie fanden den Kupfergürtel im heutigen Sambia. Allerdings verpassten sie bei diesem über 3000 Kilometer weiten Vorstoß die viel reicheren Vorkommen in der Südostecke der Demokratischen Republik Kongo um 50 Kilometer. Normalerweise spiegeln Staatsgrenzen aber nicht die Verteilung von Bodenschätzen wider. Es wäre darum vernünftig, Bodenschätze als zufällig zwischen Ländern verteilte unterirdische Rohstoffe anzusehen.

Außerdem sind die Länder der vier Quadranten über den Planeten verstreut. Obwohl jede Gruppe etwa ein Viertel der Landmasse der Erde ausmacht, ist sie kein echter Quadrant wie etwa das Viertel einer globalen Orange. Da Bodenschätze unter den 194 Staaten zufällig verteilt und alle vier Gruppen recht zufällig über die Erde verteilt sind, könnten wir erwarten, dass sich die Verteilung von Bodenschätzen unter den vier Gruppen im Durchschnitt ausgleicht. Das heißt, die zufällige Verteilung zwischen 194 Staaten schafft zwar ein paar spektakuläre Unterschiede zwischen glücklichen und weniger glücklichen Ländern, aber sobald wir sie zu vier großen Gruppen zusammenfassen, sollten die Unterschiede viel geringer sein.

Eine Einschränkung würde entstehen, wenn ungewöhnlicher Rohstoffreichtum es wahrscheinlicher machen würde, dass eine Gesellschaft zu einer bestimmten Gruppe gehört. Wenn Rohstoffreichtum automatisch rasche Entwicklung bedeutete, hätten die reichen Länder tendenziell mehr Bodenschätze; wenn Rohstoffreichtum umgekehrt die Entwicklung meistens behindern würde, könnten wir erwarten, dass die unterste Milliarde mehr davon hat. Wie ich im vorigen Kapitel darstellte, deuten die Daten darauf hin, dass sich Rohstoffvorkommen auf verschiedene Weise auswirken können, abhängig vom bereits herrschenden Niveau der Regierungsführung in einem Land. Wir erwarten also keine extreme Massierung der Rohstoffvorkommen, bei der alle Länder mit reichen Ressourcen in der OECD sind und die Länder ohne Vorkommen generell der untersten Milliarde angehören oder umgekehrt. Wenn überhaupt, könnten wir angesichts der schwierigen Förderung von Bodenschätzen sogar erwarten, dass die ressourcenreichen Länder überproportional der untersten Milliarde angehören. Folgerichtig sollte der Quadrant der untersten Milliarde mehr Rohstoffe besitzen als der OECD-Quadrant.

Es gibt noch einen Grund, warum wir ein solches Muster erwarten könnten. Die OECD-Länder bauen ihre Bodenschätze seit zwei Jahrhunderten der Industrialisierung ab, während die Förderung in den Ländern der untersten Milliarde gerade erst in Gang gekommen ist. So hat Großbritannien seit dem Beginn der Förderung im 19. Jahrhundert den Großteil seiner Kohle abgebaut und das meiste Öl, das in den 1960er Jahren entdeckt wurde, bereits gefördert. Bei der untersten

Milliarde sollten darum noch mehr Bodenschätze übrig sein als in den reichen Ländern, die sich mithilfe der nichterneuerbaren Rohstoffe industrialisierten. Diese Erwartungen passen zu der Wahrnehmung, dass die meisten Gesellschaften der untersten Milliarde rohstoffreich sind: Die arme Welt hat die Natur, die reiche Welt hat die Industrie.

Ich habe erwähnt, dass die Weltbank im Jahr 2000 eine globale Momentaufnahme der Bodenschätze in allen Ländern erstellte. Anke und ich ordneten die Daten so, dass sie für jedes Land die durchschnittlichen Bodenschätze pro Quadratkilometer zeigten. Wir begannen mit dem Club der reichen Länder, der OECD. In diesem Quadranten lag der Wert der Bodenschätze im Jahr 2000 bei 114 000 Dollar pro durchschnittlichem Quadratkilometer Land. Sogar nach zwei Jahrhunderten Förderung ist zum Glück also noch einiges übrig.

Mit der Zahl 114 000 Dollar pro typischem Quadratkilometer in der reichen Welt wandten wir uns Afrika und den übrigen Ländern der untersten Milliarde zu. In den Medien gilt Afrika als ungeheuer rohstoffreich; in vielen Szenarien sieht die angebliche wirtschaftliche Entwicklung des 21. Jahrhunderts so aus, dass Afrika seinen Rohstoffreichtum exportieren wird, damit er von der Industrie Asiens verarbeitet wird. Tatsächlich könnten wir annehmen, dass Afrika über besonders reiche Rohstoffvorkommen verfügt, denn obwohl es schon schreckliche Beispiele für Plünderung gegeben hat, ist die Ausbeutung der afrikanischen Bodenschätze viel später in Gang gekommen als in den Industrieländern. In meinen letzten Vorlesungen habe ich meine Zuhörer aufgefordert zu raten, ob Afrika mehr oder weniger Bodenschätze pro Quadratkilometer besitzt als die reichen Länder. Die Umfrage ergab etwa 99 zu 1 für mehr Bodenschätze. Aber der durchschnittliche Quadratkilometer in Afrika hat nur Bodenschätze im Wert von 23 000 Dollar. In Wahrheit ist Afrika überraschend arm an Bodenschätzen. Es erscheint nur reich an natürlichen Ressourcen, weil ihm andere fehlen: Im Verhältnis zu seinen menschengemachten Vermögenswerten besitzt es tatsächlich viele natürliche Ressourcen. Afrika hat sogar weniger Bodenschätze als die asiatischen und südamerikanischen Länder der untersten Milliarde; der Durchschnittswert für die gesamte Gruppe sind 29 000 Dollar, immer noch weit weniger als für die OECD-Länder.

Die Frage ändert sich also dahingehend, warum die Länder der untersten Milliarde so viel weniger Bodenschätze haben als die reichen. Wie die reiche Welt bilden sie eine gewaltige Landmasse. Aus Sicht des statistischen Zufalls würden wir nicht erwarten, dass zwei sehr große, geologisch zufällig verteilte Viertel des Planeten so große Unterschiede aufweisen. Was von der Weltbank gemessen wurde, waren aber nicht die Bodenschätze eines Landes, sondern seine *bekannten* Bodenschätze. Die noch unentdeckten Vorkommen konnten natürlich nicht einbezogen werden: Wovon man nicht sprechen kann, darüber muss man schweigen. (Hat das nicht schon einmal jemand anderes gesagt?)

Für diese große Differenz gibt es zwei mögliche Erklärungen. Entweder haben die Länder der untersten Milliarde ungewöhnlich großes Pech gehabt. Wenn wir diesen Weg der Analyse einschlagen, könnten wir zu dem Schluss kommen, ein Grund, warum die reiche Welt reich ist, liege darin, dass sie bei der Verteilung von natürlichen Ressourcen Glück hatte. Eine andere Erklärung ist die, dass die Länder der untersten Milliarde ebenso viele, wenn nicht mehr Bodenschätze besitzen wie die reichen Länder, die Ressourcen aber noch nicht entdeckt sind. Eine Möglichkeit, der richtigen Erklärung auf die Spur zu kommen, besteht darin, die Daten über Rohstoffsuche zu betrachten. So können wir in Gebieten, in denen nach Öl gesucht wird, die Häufigkeit der Probebohrungen zählen. In den Ländern der untersten Milliarde hat es viel weniger Probebohrungen gegeben als in der reichen Welt.

Dass die Erklärung für den scheinbaren Mangel an Bodenschätzen in der fehlenden Suche liegt, erscheint mir am wahrscheinlichsten. Die deutlich kürzere Geschichte der Förderung sollte bereits darauf hindeuten, dass noch viel mehr da ist und auf die Entdeckung wartet.

Wenn die Länder der untersten Milliarde nur rund ein Viertel der bekannten Bodenschätze der reichen Länder besitzen, weil die restlichen drei Viertel noch nicht entdeckt sind, ergeben sich daraus drei wichtige Schlussfolgerungen. Zum Ersten, und das ist das allgemeine Thema dieses Buches, stellen die Rohstoffe der untersten Milliarde eine gewaltige Chance dar. Sie sind so wertvoll, dass sie, richtig genutzt, eine große Transformation herbeiführen könnten. Schon jetzt ist Afrikas Einkommen aus Rohstoffexporten weit höher als aus Entwicklungshilfe und anderen Einkommensquellen. Im Jahr 2008 nahm allein Angola aus Ölexporten mehr als doppelt so viel Geld ein, wie die gesamte unterste Milliarde an Entwicklungshilfe erhält. Wir können diese Einkünfte mit vier multiplizieren, um sie auf das wahrscheinlich gleiche Niveau mit den OECD-Ländern zu bringen. Natürlich haben auch die OECD-Länder noch längst nicht ihr gesamtes Territorium durchsucht. Rohstoffsuche ist teuer, und von Zeit zu Zeit werden neue Probebohrungen durch den technischen Fortschritt bei der Suche profitabel. Außerdem macht der Fortschritt manchmal Rohstoffvorkommen wertvoll, deren Förderung sich zuvor nicht lohnte. Ein Anstieg der bekannten Bodenschätze in den Ländern der untersten Milliarde um das Vierfache ist nur die Untergrenze des wahren Wertes der noch unentdeckten Ressourcen.

Eine zweite Folgerung ist, dass man natürliche Ressourcen von nun an proportional viel häufiger in den politisch schwierigen Gebieten der untersten Milliarde entdecken wird, denn die einfacher zu fördernden Ressourcen sind bereits entdeckt. Der Entdeckungsprozess in diesen Gebieten wird für die künftige Versorgung mit unverzichtbaren Rohstoffen weltweit von Bedeutung sein. Diese Verschiebung zeichnet sich bereits ab. Im Jahr 2000 kamen nur 7 Prozent der Welterdölförderung aus den Ländern der untersten Milliarde, 2008 waren es bereits über 10 Prozent.

Ich möchte hier der dritten Folgerung nachgehen. Wenn die Länder der untersten Milliarde im Vergleich zu den reichen Ländern nur rund ein Viertel an Bodenschätzen entdeckt haben, muss beim Entdeckungsprozess etwas ziemlich schiefgegangen sein.

Probleme der Rohstoffsuche

WIE SOLL DIE SUCHE ALSO GEMANAGT werden? Man muss einerseits eine lange Periode der Vernachlässigung, andererseits einen Goldrausch vermeiden. Mit der heutigen Technologie ist es sehr teuer herauszufinden, was genau unter der Erde liegt, jedoch werden technische Fortschritte diese Suche in Zukunft vielleicht billiger machen. Das wiederum wäre ein guter Grund, nicht alle Informationen über die Bodenschätze eines Landes gleichzeitig zu sammeln. Ein Goldrausch findet statt, weil Informationen ein öffentliches Gut sind: Der erste Erfolg bei der Suche gibt anderen nützliche Informationen. In der Wirtschaftswissenschaft nennt man solche Effekte »externe Effekte«; es sind Vorteile, die durch die Handlungen einer Person ungewollt anderen Personen zugutekommen.

Externe Effekte klingen gut, sind aber ein Problem. Der Person, die zuerst aktiv wird, kann es völlig egal sein, welche Vorteile dadurch anderen entstehen können, aber eine Entscheidung, die zum Wohle der Gesellschaft ausfällt, sollte diese Vorteile in Betracht ziehen. Die Herausforderung, solche Vorteile in Betracht zu ziehen, nennen Ökonomen die Internalisierung der externen Effekte in den Entscheidungsprozess, und es gibt dafür zwei Methoden. Bei beiden wird ein Monopol geschaffen. Die erste schafft ein privates Monopol. Die Regierung könnte beispielsweise die exklusiven Schürfrechte im ganzen Land an eine einzige Firma verkaufen. Die Alternative liegt darin, dass die Regierung selbst schürft. Sie kann das entweder direkt tun, oder indem sie eine Firma damit beauftragt, die Geologie des Landes zu untersuchen.

Unter besonderen Umständen können beide Methoden zum selben positiven Ergebnis führen. Eine große Privatfirma könnte der Regierung für die exklusiven langfristigen Schürfrechte genau denselben Wert zahlen, den diese erwartet hätte, wenn sie das Schürfen selbst betrieben hätte. Unter normalen Umständen ist dies aber für die Gesellschaft ein schlechtes Geschäft. Eine Analogie wäre die wissenschaftliche Forschung, auf deren Grundlagen praktischere Entdeckungen aufbauen. Auch diese Forschung ist voller externer Effekte, darum könnte man einer einzigen Firma ein Monopol geben. In der Praxis wird aber ein großer Teil der Forschung von der Regierung oder von Stiftungen finanziert, statt von gewinnorientierten Firmen. Mit den gleichen Argumenten ist es meist besser, die ersten geologischen Untersuchungen staatlich zu finanzieren. Solche Untersuchungen zeigen, wo sich eine lokal beschränktere Suche lohnt.

Die noch nicht untersuchten Teile der Geologie der Erde liegen weitgehend in den Ländern der untersten Milliarde, zum Beispiel in Sierra Leone, Liberia und der Demokratischen Republik Kongo. Was denken Sie, warum eine Privatfirma wahrscheinlich zu wenig für ein hundertjähriges Monopol auf die Schürfrechte in so einem Land bezahlt?

Der offensichtlichste Grund ist Korruption. Die Firma verhandelt mit einer Person oder einer kleinen Gruppe, die die Interessen der jetzigen und künftigen Bürger vertreten soll. Obwohl die Aufgabe dieser Repräsentanten die Wahrung der öffentlichen Interessen ist, haben sie auch private Interessen, und die Bürger haben vielleicht wenig Kontrolle über sie. Normalbürger können vielleicht nicht die Verträge überprüfen, und selbst wenn einer fragwürdig erscheint, gibt es keine Einspruchsmöglichkeit. Da Firmen das wissen, besteht für sie ein Anreiz, Bestechungsgelder anzubieten, und für staatliche Vertreter besteht ein Anreiz, diese anzunehmen. Die Summen, um die es geht, sind gewaltig, und die Kontrollen so gering, dass jedes andere Verhalten naiv wäre. Korruption nützt den staatlichen Vertretern, die den Vertrag aushandeln, und der Firma, die sie besticht; Korruption senkt den Preis. Beides geht auf Kosten der Bürger.

Ein etwas weniger offensichtlicher Grund ist das, was Ökonomen asymmetrische Information nennen. Wenn Sie nicht verstehen, was das bedeutet, ist das bereits ein Beispiel dafür: Ich weiß etwas, was Sie nicht wissen. Angenommen, die fiktive Firma Global Copper Incorporated verhandelt mit einem Minister der Regierung von Guinea-Bissau. Global Copper Incorporated hat seit vielen Jahren Erfahrung mit der Kupfersuche, besitzt die weltweit besten Experten, um die Chancen einzuschätzen, wertvolle Vorkommen zu finden und ihre Profitabilität im Hinblick auf die wahrscheinliche künftige Preisentwicklung zu prüfen. Die Regierung von Guinea-Bissau hat keine Erfahrung mit dem Kupferabbau. Vielleicht hat sie eine internationale Anwaltskanzlei angeheuert, die ihr Bestes tun wird, die Regierung auf scheinbar harmlose Vertragsklauseln hinzuweisen, die sich als Fußangeln erweisen könnten. Wer weiß wohl mehr über den wahrscheinlichen Wert der Schürfrechte für Kupfer in diesem Land für die nächsten hundert Jahre? Asymmetrische Information führt dazu, dass die besser informierte Seite auf Kosten der schlechter informierten profitiert. Das Ergebnis ist immer dasselbe: Die Firma zahlt zu wenig.

Ein weniger offensichtliches, aber weit wichtigeres Problem ist die sogenannte »Zeitinkonsistenz«, die entsteht, wenn eine Regierung einen Vertrag nicht glaubhaft erfüllen kann. Regierungen sind souverän, darum haben sie große Schwierigkeiten, sich rechtlich zu binden. Jeder Vertrag, den eine Regierung unterzeichnet, kann von den Gerichten des Landes zerrissen werden. Wenn das Unternehmen klug ist, wird es merken, dass der angebotene Deal zu gut ist, um lange zu halten. Nehmen wir an, das Management von Global Copper ist nicht dumm. In diesem Fall verliert die Regierung als Folge des Zeitkonsistenz-Problems. Kein Unternehmen ist so dumm, dass es Verträge eingeht, die gebrochen werden, auch wenn sie potenziell noch so vorteilhaft für beide Seiten sind. So verliert die Regierung ihren Anteil an diesen potenziellen Vorteilen. Indem sie nach der Taube auf dem Dach greift, verliert sie den Spatz in der Hand. Den spektakulärsten zeitinkonsistenten Vertrag über Schürfrechte, den ich gefunden habe, schloss Kolumbus mit der spanischen Krone ab. Als er in See stach, besaßen er und seine Nachkommen auf ewig das Recht auf ein Viertel von allem, was man in den Ländern, die er auf seinen Reisen entdeckte, finden würde. Kolumbus segelte los und fand Amerika. Natürlich machte die spanische Krone einen Rückzieher. Wahrscheinlich war Kolumbus aber auch nicht so clever wie Global Copper Incorporated.

Das Problem der Zeitkonsistenz wird im nächsten Kapitel wieder auftauchen, wo ich die Besteuerung des Abbaus von bereits entdeckten Bodenschätzen diskutiere. Die Souveränität verschwindet nicht, darum bleibt auch das Problem der Zeitkonsistenz bestehen. Sobald Bodenschätze aber entdeckt sind, wird es weniger drängend. Es gibt einen zentralen Unterschied zwischen dem Verkauf der Rechte für den Abbau bekannter Ressourcen und der Rechte, danach zu suchen: das Element des Glücks. Natürlich kann man Glück aus dem Geschäftsleben nicht ausschließen, aber bei der Suche nach einer wertvollen natürlichen Ressource sind zwei Ergebnisse möglich: Entweder wird nichts Wertvolles gefunden, oder es wird genug gefunden, um das Unternehmen höchst profitabel zu machen. Das mittlere Ergebnis, dass man gerade genug findet, um eine normale Rendite für das eingesetzte Kapital zu bekommen, ist bei den meisten anderen Unternehmungen am wahrscheinlichsten, aber beim Schürfen höchst unwahrscheinlich. Diese Bimodalität verstärkt das Problem der Zeitkonsistenz.

Das Problem entsteht dort, wo die Regierung einen Anreiz hat, einer Privatfirma wie Global Copper etwas zu versprechen, aber einen Rückzieher macht, nachdem die Firma eine unwiderrufliche Entscheidung getroffen hat. Angenommen, man weiß so wenig über die Geologie einer Region, dass eine Chance von 90 Prozent besteht, nichts zu finden, und eine Chance von 10 Prozent, Rohstoffe zu finden, deren Abbau einen Gewinn von 5 Milliarden Dollar über den Förderkosten erbringt. Aus diesen Zahlen werden die Ökonomen von Global Copper etwas kalkulieren, das man den »erwarteten Wert« nennt, nämlich die Summe jedes Ergebnisses multipliziert mit der Wahrscheinlichkeit seines Eintretens. Der erwartete Wert des Schürfens sind 500 Millionen Dollar: 10 Prozent von 5 Milliarden. Angenommen, die Kosten des Schürfens liegen bei 200 Millionen Dollar. Diese Kosten entstehen sofort und können nicht wieder hereingeholt werden, wenn man nichts findet; ein Bohrloch ins Nichts hat für niemanden einen Wert. Im Prinzip sollte die Firma also bereit sein, der Regierung rund 300 Millionen Dollar für die Schürfrechte zu bezahlen: sie stellen den erwarteten Wert aus dem Schürfen minus der Kosten dar. Die Regierung kann diese Zahlung von 300 Millionen Dollar unterschiedlich strukturieren, aber nehmen wir einfach an, dass sie sich für eine Einmalzahlung entscheidet. Sie verspricht Steuerfreiheit und hofft, die gesamten 300 Millionen Dollar bei Vertragsunterzeichnung zu erhalten, was man eine »Abschlussprämie« nennt.

Warum könnte die Firma zögern, 300 Millionen für diese Rechte zu bezahlen? Weil es nur zwei Ergebnisse gibt: Wenn die Firma nichts findet, hat sie Pech gehabt und 200 Millionen für die nutzlose Suche ausgegeben, das kommt vor. Aber angenommen, sie findet etwas und könnte 5 Milliarden Dollar am Abbau verdienen. Nun hat die Regierung einen großen Anreiz, ihr Versprechen zurückzunehmen: Die Firma verdient 4,5 Milliarden mehr, als sie ausgegeben hat. Selbst wenn die Firma sich zurückzieht, kann die Regierung die Förderrechte für etwa denselben Preis an eine andere Firma verkaufen. Vielleicht fühlt die Regierung sich verpflichtet, sich an ihr Versprechen zu halten, aber in diesem Fall wird eine Oppositionspartei ihr wahrscheinlich vorwerfen, die wertvollen Ressourcen des Landes zu verschleudern. Schließlich hat die Firma nur 300 Millionen Dollar für etwas bezahlt, das 4,8 Milliarden wert ist.

Der Vorstand von Global Copper spielt diese Szenarien durch und erkennt, dass das Versprechen der Steuerfreiheit zeitinkonsistent ist. Er wird reagieren, indem er die Summe, die er für die Schürfrechte bezahlen will, stark senkt. Entsteht das Problem nur durch den Versuch der Regierung, alles auf die Abschlussprämie zu setzen? Angenommen, sie hätte zur Zeit der Ressourcensuche ein Steuersystem, das über den ganzen Zeitraum der Förderung Einkünfte bringt. Nun muss die Firma der Regierung nur etwas bezahlen, wenn sie wirklich Kupfer findet. Trotzdem würde das Steuersystem der Firma immer noch genügend Rendite lassen, um die Schürfkosten zu decken. Aber die Schürfkosten – die 200 Millionen Dollar – sind sicher, dagegen gibt es nur eine Erfolgschance von 10 Prozent, also muss das Steuersystem der Firma einen Profit von 2 Milliarden übriglassen, um die Kosten zu decken. Wenn die Firma Kupfer findet, macht sie immer noch ein gutes Geschäft; die 200 Millionen Schürfkosten sind immer noch weit weniger als die 2 Milliarden Kupfereinkünfte nach Steuern. Die 2 Milliarden sind aber politisch zu riskant, als dass man sich darauf verlassen könnte.

Natürlich habe ich mir die genannten Zahlen ausgedacht. Aber in der kurzen Zeit zwischen dem Schreiben des Textes und der Fahnenkorrektur des Buches hat ein Streit zwischen Kosmos Oil und der Regierung von Ghana sie in der Realität wiederholt. Das Problem der Zeitkonsistenz ist keine bloße Hypothese.

Suche als öffentliches Gut

WO STEHEN WIR ALSO NUN BEIM PROBLEM der Rohstoffsuche? Dass der Suchprozess ein öffentliches Gut ist, macht es effizient, die externen Effekte zu internalisieren, indem man die Suche einer einzigen Körperschaft überträgt. Eine Möglichkeit, dies zu tun, wäre es, wenn die Regierung die Förderrechte für alle gefundenen natürlichen Ressourcen an ein Monopol verkauft. Doch diese Idee wird vom Problem der Zeitkonsistenz durchkreuzt. Rohstoffsuche gilt allgemein als zu riskant, als dass die Regierung eines armen Landes ihre Kosten übernehmen könnte, sie sollten besser von ausländischen Unternehmen getragen werden. Der Irrtum bei dieser Analyse ist, dass ein großer Teil des Risikos bei der Rohstoffsuche nicht geologisch, sondern politisch ist: Die Regierung selbst ist die Unbekannte, die die Firma einberechnen muss. Die Firma muss vom Wert der Schürfrechte das Risiko abziehen, dass die Regierung sich nicht an ihre Versprechen hält. Wenn die Regierung selbst die Suche finanziert, trägt sie diese Risiken natürlich nicht und ist darum kosteneffektiver. Daraus folgt nicht, dass die Regierung selbst nach Ressourcen suchen sollte. Der typischen Regierung in den Ländern der untersten Milliarde mangelt es stark an Managementkapazität, und die Rohstoffsuche ist eine hochspezialisierte Tätigkeit. Stattdessen sollte man seriöse Firmen damit beauftragen, eine geologische Bestandsaufnahme zu erstellen.

Sobald die Regierung zuverlässige geologische Informationen besitzt, kann sie diese als öffentliches Gut veröffentlichen. Solche Informationen können keine Garantien schaffen, aber spätere Rohstoffsuchen stark beschleunigen. Wenn die Erfolgschance nicht 1 zu 10, sondern 1 zu 2 beträgt, schwächt sich das Problem der Zeitkonsistenz ab. Falls Global Copper etwas findet, verdient die Firma immer noch gut daran, aber das Verhältnis von Kosten und Gewinn sieht nicht mehr so obszön aus, und die Wahrscheinlichkeit, dass die Schürflizenz von einer opportunistischen künftigen Regierung zerrissen wird, ist viel geringer.

Die geologischen Informationen klären also nicht nur, was die Förderrechte an jedem bestimmten Standort wert sind, sondern reduzieren auch das politische Risiko. Indem sie die Unsicherheit der Rohstoffsuche verringern, reduzieren sie außerdem die externen Effekte bei der individuellen Suche an einem Ort nach dem anderen. Erinnern wir uns, dies waren die externen Effekte, die es für die Regierung profitabler machten, die Schürfrechte als nationales Monopol zu verkaufen, statt für einzelne Orte. Ein großer Vorteil des Einzelverkaufs der Schürfrechte liegt darin, dass nicht alle gleichzeitig verkauft werden müssen. Eine Regierung kann hierdurch das Tempo kontrollieren, in dem die Rohstoffe des Landes erschlossen werden. Sie nicht auf einmal zu verkaufen, hat noch einen weiteren Vorteil. Entdeckungen an einem Standort liefern ständig weitere Informationen, was an anderen Orten gefunden werden könnte, womit der schrittweise Verkauf nach und nach die Unsicherheit über den Wert der Grundstücke reduziert. Das steigert tendenziell den Preis, den Firmen für Schürfrechte zu zahlen bereit sind. Durch den schrittweisen Verkauf stellt die Regierung sicher, dass mehr geologische Informationen öffentlich werden, und steigert so den Wert der verbleibenden Verkäufe.

Trotzdem könnte es für die Regierung von Vorteil sein, die Rechte zu großen Paketen zu bündeln. Grundstücke müssen vielleicht groß sein, um attraktiv zu sein. Das ist so, weil die Bergbautechnologie meist Größe favorisiert: Je größer die Mine, desto geringer die Förderkosten pro Einheit des Rohstoffs. Das zeigte sich beim Goldrausch in Südafrika. Die Regierung verkaufte Grundstücke in winzigen Einheiten, weil sie vielleicht meinte, so am meisten einzunehmen. Um aber das Gold an die Oberfläche zu bringen, brauchte jedes winzige Grundstück seinen eigenen schmalen Schacht. Cecil Rhodes erkannte als Erster, dass eine Fusion dieser Kleingrundstücke die Förderkosten senken und die Rechte wertvoller machen würden. Die Fusionen führten bis zum Monopol; als Rhodes fertig war, gehörten seiner Firma De Beers alle Minen. Ein Großteil des Werts der Schürfrechte ging so an denjenigen, der die Minen fusionierte, statt an die Regierung, die die Rechte an den zu kleinen Einheiten verkauft hatte.

Weil die Suche trotz allem noch hohe Risiken birgt, wird sie im Idealfall durch Entwicklungshilfe finanziert. Geldgeber sind in einer besseren Position, diese Risiken zu tragen, als Regierungen. Ein großer Geber wie die Weltbank kann das Risiko streuen, indem er die Ressourcensuche in vielen Ländern der untersten Milliarde finanziert. Ein Risiko von 1 zu 10 in jedem Land sinkt auf ein vernachlässigbares Gesamtrisiko, wenn die Suche in zehn Ländern zugleich stattfindet.

In den Ländern der untersten Milliarde sollte Rohstoffsuche als öffentliches Gut durchgeführt und weitgehend von Geldgebern finanziert werden. Gegenwärtig ist das nicht der Fall; wir sind sogar weit davon entfernt. So erzählten mir staatliche Geologen in Sambia, die aktuellsten öffentlichen Informationen über die Ressourcen des Landes stammten aus den fünfziger Jahren. Es hat dort nie einen größeren Fund von Bodenschätzen gegeben, der weiter als 15 Kilometer von einer öffentlichen Straße entfernt war. Vor kurzem sprach ich auf einer internationalen Konferenz für Bodenschatzförderung, an der viele große Firmen teilnahmen. Als ich vorschlug, die Rohstoffsuche solle stattfinden, bevor die Förderrechte den Firmen angeboten würden, stieß mein Vorschlag auf eine Mischung aus Hohn und Schrecken. Vielleicht hatte ich etwas Grundsätzliches missverstanden, das schließe ich nicht aus. Aber vielleicht erkannten die Firmen die Konsequenzen meiner Idee und mochten sie nicht.

Was die Finanzierung öffentlicher Rohstoffsuche durch Geldgeber betrifft, so haben diese es bis jetzt vorgezogen, ihr Geld für fotogenere Dinge wie Dorfschulen und ländliche Krankenhäuser auszugeben. Würde ein Geber die Kosten einer geologischen Untersuchung tragen, könnte er von einer Allianz aus Wohltätigkeits- und Umweltschutzorganisationen kritisiert werden – eine so beängstigende Aussicht, dass die meisten Entwicklungshilfeorganisationen davor zurückschrecken. Aber gerade weil die Ressourcensuche hoch riskant ist, ist eine hohe Rendite wahrscheinlich. Bis jetzt bietet meines Wissens nur China kostenlose geologische Untersuchungen an.

So viel zum ersten Glied in der Entscheidungskette, der Entdeckung, welche natürlichen Ressourcen vorhanden sind. Es ist kein Kettenglied, dem man viel Aufmerksamkeit gewidmet hat, aber die Fehler, die man gemacht hat, sind gewaltig. Rein quantitativ gesehen, liegt das Schlüsselproblem für die unterste Milliarde nicht darin, dass ihre natürlichen Ressourcen geplündert wurden. Es liegt darin, dass sie noch gar nicht entdeckt sind.

KAPITEL 5

Die Aneignung natürlicher Ressourcen

SOBALD NATÜRLICHE RESSOURCEN entdeckt worden sind, folgt das zweite Glied in der Entscheidungskette. Wie soll die Gesellschaft sich ihren Wert aneignen? »Aneignung durch die Gesellschaft« bedeutet, dass der Wert der Ressourcen an die Regierung als Repräsentanten der Gesellschaft fließen sollte.

In den Ländern der untersten Milliarde klafft oft ein Abgrund zwischen dem, was passieren sollte, und dem, was passiert. Jemand eignet sich den Wert der natürlichen Ressourcen an, aber das ist nicht immer die Regierung. Manchmal kommt es zur Plünderung in ihrer gröbsten Form, wenn etwa ein korrupter Minister einen Deal mit einer unseriösen Förderfirma macht. Der Minister wird fürstlich belohnt und deponiert seinen Anteil am Profit bei einer ausländischen Bank. Die Firma macht ein Vermögen, und das nützt ihren Aktionären, von denen niemand aus dem Land kommt, wo die Rohstoffe abgebaut worden sind.

Solche Geschichten entstehen aus zwei unterschiedlichen Problemen. Das offensichtlichste Problem ist die Korruption, wie wir es schon auf der Ebene der Ressourcenförderung gesehen haben. Die Interessen des Landes und seiner Bürger werden bei Verhandlungen von seiner Regierung vertreten, und zwar nicht von der ganzen Regierung, sondern von einer Handvoll Menschen: vielleicht dem Präsidenten, dem Bergbauminister und ein paar hohen Beamten. Die Förderfirma besticht diese Vertreter und bringt sie dazu, ihre Verantwortung gegenüber ihrem Volk zugunsten ihrer persönlichen Interessen zu ignorieren. Bestechungsgelder werden natürlich niemals als solche bezeichnet; häufig kommt es zu Zahlungen für nicht näher benannte Leistungen an einheimische Firmen mit unklarer Eigentümerschaft.

Korruptionsbekämpfung

ES GIBT ZWEI WAFFEN GEGEN KORRUPTION: Transparenz und ein funktionierender Rechtsstaat. Weil Regierungen die eine beteiligte Partei bei der Korruption sind, zögern sie oft, Transparenz herzustellen und juristische Ermittlungen einzuleiten. Zum Glück lassen sich beide Waffen durch internationalen Druck verstärken.

Die Kampagne »Publish What You Pay« übt zum Beispiel Druck auf Förderfirmen aus, ihre Zahlungen an Regierungen offenzulegen. Sobald diese Zahlungen öffentlich sind, wird es sehr viel schwieriger für korrupte Beamte und Politiker, sich an ihnen zu bereichern. Bürger vergleichen das Geld, das die Firmen zahlen, mit den Einkünften im Staatshaushalt. Sobald das Geld im Haushalt auftaucht, kann das Parlament es verfolgen; vorher ist das nicht möglich. Die Kampagne begann als kleine Nichtregierungsorganisation, ist nun aber zu einer internationalen Organisation angewachsen, der Initiative für Transparenz in der Rohstoffwirtschaft (Extractive Industries Transparency Initiative, EITI).

Transparenz reicht keineswegs aus, um Korruption zu verhindern, aber ohne sie ist Plünderung sehr wahrscheinlich. Vor mehreren Jahren wurde ich eingeladen, in Kamerun vor afrikanischen Regierungsvertretern über das Management natürlicher Ressourcen zu sprechen. Wie bei solchen Anlässen üblich, wurde die Konferenz vom Präsidenten eröffnet, der für seine großen Anstrengungen, das Land zu entwickeln, mit Lob überschüttet wurde. Das Hotel, in dem die Konferenz stattfand, war sicherlich sehr schön, angeblich das beste im Land. Ich merkte aber, dass es keinen Internetzugang hatte. Nach der Konferenz fuhr ich von der Hauptstadt Jaunde in die Hafenstadt Doula. Die Straße, auf der ich fuhr, war nicht nur die Haupttransportader für Kamerun, sondern auch für die Zentralafrikanische Republik, die keinen Zugang zum Meer hat. Am Ende meiner Fahrt kam ich zu dem Schluss, dass der Präsident das Ölgeld, wohin es auch immer geflossen sein mochte, jedenfalls nicht in Telekommunikation oder Straßen gesteckt hatte. 2009 erstellten der Ökonom Albert Zeufack von der Elfenbeinküste und Bernard Gauthier aus Kanada eine Studie darüber, was mit den Öleinnahmen Kameruns geschehen war. Das war eine Pionierarbeit, weil nahezu keine offiziellen Daten darüber existierten, wie viel Geld eingenommen oder wie es verwendet worden war. Es gelang den beiden aber auf brillante Weise, es zu rekonstruieren. Indem sie die Produktionsdaten, die kurz zuvor als Teil der Transparenzinitiative veröffentlicht worden waren, mit Angaben über Kosten und Preise aus verschiedenen Quellen kombinierten, konnten sie die Einkünfte schätzen. Dann verglichen sie diese Schätzungen mit den offiziell im Haushalt genannten Einkünften.

Der Präsident hatte die Öleinnahmen weitgehend aus dem Haushalt herausgehalten. Bis 1986 hatte er sie sogar aus dem Land herausgehalten und das meiste auf ausländischen Geheimkonten deponiert. Damals war das von der Weltbank als klug gelobt worden, weil es den innenpolitischen Druck reduzierte, das Geld auszugeben. Als die Ölpreise 1986 einbrachen, brachte der Präsident tatsächlich einen Teil des Geldes ins Land zurück, um die ständigen Ausgaben zu stützen. Ein großer Teil der Öleinnahmen blieb aber spurlos verschwunden. Investitionen im Land gab es weder damals noch später; was ich bei meinem Besuch in Kamerun sah – oder nicht sah –, war lediglich die Spitze des Eisbergs.

Transparenz ist also wichtig. Vor kurzem hat sich die kamerunische Regierung den Prinzipien der Transparenzinitiative angeschlossen. Dazu gehört es, dass die Regierung geprüfte Abrechnungen über die Staatseinnahmen veröffentlicht. Zumindest sagt das die englische Fassung der EITI-Prinzipien. Leider ist die französische Fassung in einem zentralen Punkt mehrdeutig, und die Regierung Kameruns hat diese Mehrdeutigkeit so interpretiert, dass sie nicht verpflichtet ist, die relevanten Informationen zu veröffentlichen. Zeufack und Gauthier untersuchten, ob der Anteil der Öleinnahmen am Haushalt seit der Unterzeichnung der EITI-Prinzipien gestiegen ist, und kamen zu dem Ergebnis, dass dies bis jetzt nicht der Fall ist. Die Schlacht um die Transparenz ist noch nicht gewonnen.

Die andere internationale Waffe gegen Bestechung besteht darin, dass die Förderfirmen bestraft werden, und zwar von den Regierungen jener Länder, in denen sie ihren Sitz haben. Wenn Firmen keine

Schmiergelder anbieten würden, könnten Regierungsvertreter kein Geld aus dem Staatssäckel in ihre Taschen umleiten. Erst seit kurzem ist Bestechung durch die Förderfirmen, die ihren Sitz in reichen Ländern haben, strafbar. Keine Regierung wollte vorangehen und dadurch ihren Firmen Nachteile bringen. Schließlich löste die OECD das Problem, indem sie eine gemeinsame Änderung der nationalen Gesetze organisierte. Etwas für illegal zu erklären ist jedoch das eine, es strafrechtlich zu verfolgen das andere. Manche Regierungen, darunter die britische, haben sich bis jetzt einfach nicht darum gekümmert, die neuen Gesetze durchzusetzen. Ich bin gerade vom britischen Amt für schwere Betrugsdelikte gebeten worden, im allerersten Verfahren dieser Art als Experte auszusagen. Aus naheliegenden Gründen kann ich hier über die meisten Details des Falles nichts sagen, aber eines ist sehr entlarvend. Es zeigt, warum Bestechung eine Gesellschaft schwer beschädigen kann. Die Person, die über mehrere Jahre bestochen wurde, war zunächst ein Regierungsbeamter der mittleren Ebene. Die Schmiergelder waren aber hoch genug, dass er eine politische Karriere beginnen konnte. Er wurde ins Parlament gewählt (siehe Kapitel 3 zu dem Punkt, wie Geld dabei helfen kann, eine Wahl zu gewinnen). Als die Bestechung ans Licht kam, war er bereits noch weiter aufgestiegen: Er war nun ein Minister und für einen wirtschaftlich sehr wichtigen Bereich zuständig. Die Kosten der Bestechung bestehen nicht in der Höhe des Schmiergelds, sondern in der zersetzenden Wirkung auf die Auswahl der Politiker. Diese Schmiergelder haben vielleicht eine ehrliche Person aus dem Amt gedrängt, jemanden, der das Wohl seines Landes statt den eigenen Vorteil im Auge gehabt hätte.

Chancengleichheit

DIESES SCHEINBAR EINFACHE BEISPIEL eines korrupten Regierungsvertreters, der von einer ausländischen Firma bestochen wurde, enthielt eine zweite und subtilere Art von Problem. Der korrupte Minister wurde von der Firma wahrscheinlich selbst betrogen, weil er sich am falschen Ende der asymmetrischen Informationskette befand, die ich im vorigen Kapitel beschrieben habe. Er wusste einfach nicht so viel wie die Firma über den realen Wert der Verträge, die er vergab.

Es gibt eine institutionelle Methode, um das Problem der asymmetrischen Information zu überwinden: den Verkauf von Förderrechten durch Auktionen. Auktionen können kompliziert sein, aber sie können Chancengleichheit zwischen einer schlauen Firma und einer unwissenden Regierung herstellen. Der Schlüssel liegt darin, mehrere Firmen gegeneinander bieten zu lassen. In der Regel braucht man etwa vier Firmen. Wenn sich nur Global Copper Incorporated und Allied Copper gegenüberstehen, ist das Risiko zu groß, dass sie heimlich einen Deal verabreden: Global verspricht, beim aktuellen Angebot niedrig zu bieten, Allied dafür beim nächsten. Wenn dagegen 20 Firmen gleichzeitig bieten, sind die Chancen zu gewinnen für die einzelne Firma zu gering, um die höheren Ausgaben zu rechtfertigen, die nötig wären, um den Wert der Rechte im Vorfeld akkurat abzuschätzen. Wenn jede Firma die Katze im Sack kauft, werden alle niedrig bieten; eine von ihnen wird Glück haben, aber die Regierung wird wenig dabei gewinnen. Obwohl Auktionen misslingen können, enthüllt die Konkurrenz unter annähernd gleich informierten Bietern ungewollt den realen Wert, egal wie wenig die Regierung selbst weiß.

Hier sind ein paar Beispiele für die Wirksamkeit von Auktionen. Im Jahr 2000 beschloss das britische Schatzamt, Nutzungsrechte zu verkaufen, die es als sehr wertvoll erachtete, allerdings nicht für natürliche Ressourcen, sondern für Handyfrequenzen. Für unsere Zwecke ist der Unterschied aber unwichtig. Das Schatzamt beschloss mit all seinem Expertenwissen, einen Vertrag mit einer Telefongesellschaft auszuhandeln und forderte einen Preis von 2 Milliarden Pfund. Zum Glück für die britischen Steuerzahler gelang es einigen Ökonomen, das Schatzamt in letzter Minute davon zu überzeugen, dass es trotz seines umfangreichen Expertenwissens Opfer von asymmetrischen Informationen werden könnte. Mit anderen Worten, es könnte keine Ahnung haben, welcher Preis angemessen wäre. Dieses eine Mal hörte das Schatzamt auf den Rat von Ökonomen und versteigerte die Rechte bei einer Auktion. Sie brachte nicht 2 Milliarden, sondern 20 Milliarden Pfund ein. Nun frage ich meine Freunde in afrikanischen Regierungen, wenn das britische Schatzamt mit seinem gewaltigen Expertenwissen sich um das Zehnfache irren kann, was können sie dann von ihren eigenen Finanzministerien erwarten, wenn sie Verträge über den Verkauf von Schürfrechten aushandeln? Am Tag nachdem ich dies dem Präsidenten von Sierra Leone dargelegt hatte, rief er die Weltbank an, um sich beraten zu lassen, wie man Auktionen organisiert.

Aber eine Regierung sollte nicht alle Rohstoffrechte bei einer Auktion verkaufen. Sie sollte einen Anteil an ihren Ressourcen durch die künftige Besteuerung von Firmengewinnen aus der Förderung behalten. Wenn die Regierung aber frei ist, jeden erdenklichen Steuersatz festzulegen, was hat die Firma dann gekauft? Nur das Recht, Einkünfte zu schaffen, die dann komplett als Steuern abfließen könnten? Solche Rechte wären nicht viel wert. Es genügt nicht, eine gute Auktion abzuhalten. Eine Firma muss genau wissen, welche Besteuerung sie zu erwarten hat, bevor sie entscheiden kann, wie viel sie bieten will.

Steuerprobleme

EIN STEUERSYSTEM KANN IN verschiedener Hinsicht schlecht konzipiert sein. Es kann etwa einer Firma den Anreiz bieten, ihre Steuerlast zu reduzieren, indem sie ihren Gewinn vor Steuern reduziert, was zu Ineffizienz führt. Oder es kann der Regierung zu viel Risiko übertragen, sodass sie bei hohen Rohstoffpreisen gewaltige Einkünfte hat und bei niedrigen Preisen gar keine. Vielleicht ist die Regierung nicht fähig, mit so großen Schwankungen der Einkünfte fertigzuwerden. Oder sie lässt der Firma einfach zu viel Profit. Wenn Förderrechte versteigert werden, könnte man meinen, es sei nicht wichtig, wenn der Firma zu viel Profit bleibt. Eine niedrige Besteuerung würde durch die Bereitschaft von Firmen ausgeglichen, zunächst mehr für den Erwerb der Rechte zu bezahlen. Doch in der Regel ist das Versprechen niedriger Steuern problematisch; hier droht wieder das Problem der Zeitinkonsistenz. Es ist eine Sache, niedrige Steuern zu versprechen, eine andere, sich daran zu halten. Das Abwägen der Vor- und Nachteile ändert sich für die Regierung, sobald die Firma zum Beispiel darin investiert hat, einen Förderschacht zu bohren. Selbst wenn es für die Regierung wirtschaftlich vernünftig ist, ein Versprechen zu *geben*, hat sie weniger davon, es zu *halten*. Sobald die Firma eine irreversible Investition gemacht hat, sind das sogenannte »versunkene Kosten«. Sie hat immer noch einen Anreiz, das Bergwerk zu betreiben, auch wenn die Regierung die Abmachung bricht und höhere Steuern verhängt. Tatsächlich hat die Firma wenig Regressmöglichkeiten. Da sie all das im Voraus weiß, wird sie nicht hoch genug bieten, um ein Versprechen niedriger Steuern auszugleichen.

Die Regierung kann das Problem der Zeitinkonsistenz reduzieren – wenn auch nicht beseitigen –, indem sie vor der Auktion verkündet, sie werde den größten Teil der Ressourceneinkünfte aus Steuern statt aus dem Auktionspreis generieren. Sie sollte versuchen, sich rechtlich so weit wie möglich durch ein Steuersystem zu binden, aber es wird viel glaubhafter sein, wenn dieses so aufgebaut ist, dass grobe Ineffizienzen vermieden und Unwägbarkeiten einbezogen werden.

Die offensichtlichste Unwägbarkeit ist eine Veränderung des Weltmarktpreises für den betreffenden Rohstoff. Rohstoffpreise schwanken stark, und selbst ihr langfristiger Durchschnittswert ist unvorhersehbar. Wenn die Firma das gesamte Risiko trägt, macht sie vielleicht ein Geschäft, das zu gut ist, um wahr zu sein. Genau das passierte vor kurzem in Sambia. Als der Weltmarktpreis für Kupfer gerade einen historischen Tiefststand erreichte, beschloss Anglo-American, die internationale Firma, der die größte Kupfermine Sambias gehörte, sich zurückzuziehen. Da die Schließung der Minen politisch katastrophale Folgen für die Beschäftigung gehabt hätte, musste die Regierung sie entweder wieder verstaatlichen oder einen neuen Käufer finden. Die Regierung wusste, dass die beste Chance für eine Rückkehr in die Gewinnzone darin lag, eine gewaltige Investition in die Erschließung neuer Erzvorkommen zu tätigen, und das erforderte eine sehr tiefe Mine. Der Staat konnte diese Investition nicht finanzieren, also musste er eine ausländische Firma dafür interessieren. Er setzte darum den Steuersatz für die Kupferförderung sehr niedrig an. Das war vernünftig, und eine Firma griff zu. Allerdings hatten die sambische Regierung und ihre Berater nicht daran gedacht, dass der Kupferabbau wieder sehr profitabel werden könnte, wenn der Weltmarktpreis wieder hoch genug stieg. Ein solcher Fall war im Vertrag nicht vorgesehen. Stattdessen wurden für 15 Jahre ohne jede Einschränkung niedrige Steuern versprochen – vielleicht dachten die Regierung und die Firma, dass steigende Preise zu unwahrscheinlich seien, um sich darüber Sorgen zu machen.

Keine fünf Jahre nach Vertragsunterzeichnung begann der Weltmarktpreis für Kupfer aber in die Höhe zu schießen. 2008 hatte er einen historischen Höchststand erreicht, was der Firma gewaltige Gewinne bescherte. Wegen ihres Steuerversprechens profitierte die Regierung so gut wie gar nicht vom Kupferboom; aus Kupferexporten im Wert von rund 2 Milliarden Dollar jährlich erhielt sie bloß 30 Millionen, und auch davon gingen noch besondere Subventionen für Elektrizität ab. Die Weltbank schätzte, dass Sambia mit einem Steuersystem wie Chile, dem anderen großen Kupferexporteur, jährlich rund 800 Millionen Dollar eingenommen hätte.

In dieser Situation schien es mir, dass die Argumente für ein Neuverhandeln des Vertrags überwältigend waren, denn der ursprüngliche Vertrag hatte gravierende Mängel offenbart. Ob es klug war, neu zu verhandeln, war sehr umstritten. Als ich das Thema mit der sambischen Regierung und mit den Mitarbeitern internationaler Organisationen besprach, sagten sie, die Regierung müsse vor allem ihren guten Ruf schützen. Ich war der Meinung, der Ruf der sambischen Regierung sei keine 770 Millionen Dollar pro Jahr wert, aber weil ich befürchtete, ich könne mich irren, ging ich mit dem Problem bis an die Spitze der internationalen Organisation. Ich weiß noch, dass ich mit dem sambischen Team in ein Büro von der Größe eines Fußballplatzes geführt wurde. Der Beamte hörte sich unsere Zahlen an und kritzelte etwas auf einen Zettel. Dann ließ er einen verächtlichen Blick über mich und seine Mitarbeiter schweifen und sagte: »Die brauchen keinen Ökonomen, die brauchen einen Anwalt.« Ich fühlte mich bestätigt, aber die Sache ging schlecht aus. Die Regierung verhandelte neu; es war ein langer, unschöner Vorgang, der sie tatsächlich ihren guten Ruf kostete. Aber im selben Monat, als das neue Steuersystem in Kraft trat, schlug die internationale Wirtschaftskrise zu, und der Kupferpreis fiel ins Bodenlose. Die Firmen übten sofort Druck auf die Regierung aus, die wichtigste neue Steuer wieder abzuschaffen. Damit war die Geschichte jedoch noch nicht zu Ende. Wenige Monate später stieg der Kupferpreis wieder. Und so ist die Lage bis zum Schreiben dieses Buches auch geblieben: niedrige Steuern und ein hoher Kupferpreis.

Im Rückblick ist die wichtigste Lehre aus dieser Geschichte, dass ein Steuersystem Unwägbarkeiten einbeziehen sollte. Veränderungen der Weltmarktpreise sind nicht nur möglich, sie sind gewiss. Außerdem sind ihre Auswirkungen auf die Profitabilität leicht auszurechnen, darum gibt es keine Entschuldigung, sie nicht gleich in das Steuersystem einzubeziehen.

Leider sind wir mit den Problemen von Korruption und asymmetrischer Information noch nicht am Ende. Sie tauchen in einem Streit unter Spezialisten wieder auf, der vielleicht abgehoben erscheint, aber in Wirklichkeit ganz unkompliziert ist. Es geht darum, ob Staatseinkünfte aus der Besteuerung von »Übergewinn« oder aus Förderabgaben kommen sollen. Vergleichen wir eine Firma, die Waren produziert, mit einem Unternehmen, das Rohstoffe fördert. Beide machen Profite, aber die der produzierenden Firma sind eine Rendite auf ihre Investition und die Risiken, die sie eingeht. Die Gewinne der ressourcenfördernden Firma sind teilweise ebenfalls eine Rendite auf Investition und Risiken, aber darüber hinaus profitiert sie auch von den Ressourcen, die sie verkauft. In manchen Fällen sind die Förderkosten und die Risiken minimal, dagegen sind die Ressourcen vielleicht ein Vermögen wert, sodass der größte Teil des Gewinns der Firma einfach aus dem Verkauf von Vermögenswerten stammt, die den Bürgern gehören: Das ist der Übergewinn. Ökonomen beschränken den Begriff »Gewinn« auf die Rendite auf Kapital und Risiko, alles darüber ist »Rente«. Die Renten aus Rohstoffen schwanken: Ein Großteil des Werts eines Barrels Öl ist Rente, dagegen ist ein Großteil des Werts einer Tonne Kohle eine Rendite auf das Kapital und die Arbeit, die in ihre Förderung gesteckt worden sind.

Wenn Steuerbehörde und Firma genau dieselben Informationen haben, ist es ideal, gewöhnliche Profite genauso zu besteuern wie die von produzierenden Firmen – sagen wir mit 30 Prozent –, aber die

Übergewinne oder Renten mit 99 Prozent. Ihrem Wesen nach sind Renten keine Rendite auf Kapital oder Risiko, daher braucht die Firma nicht für ihre Schaffung belohnt zu werden. Auf diese Weise kann eine Übergewinnsteuer erreichen, was einer Förderabgabe nicht gelingt. Eine »Förderabgabe« ist ein viel gröberes Instrument. Zahlungen werden dabei an Bruttoeinnahmen statt an Nettogewinne gebunden, und das führt zu Ineffizienz. Doch die Überlegenheit von Profitbesteuerung hängt von jener eingangs genannten Einschränkung ab: Die Steuerbehörde muss *dieselben Informationen* haben wie die Firma. Das kann eine recht bedeutsame Einschränkung sein, weil wir uns zumeist in einer Welt extrem asymmetrischer Informationen bewegen. Die Firma kann genau zwischen ihren Profiten und ihren Renten unterscheiden, die Steuerbehörde nicht. Wie ein Angestellter der sambischen Finanzbehörde mit entwaffnender Ehrlichkeit zu mir sagte: »Die Firmen haben die besten Buchhalter.« Da sie mit überlegenem Wissen verhandeln, können Firmen oft Steuerabsprachen erreichen, die äußerst vorteilhaft für sie sind. Die Mongolei exportiert gegenwärtig Gold im Wert von mehreren Hundert Millionen Dollar. Die Firma, die das Gold fördert, erklärte der Regierung, die Investitionskosten seien hoch. Deswegen stimmte sie zwar einem vernünftigen Steuersystem zu, bat aber um eine vorläufige Steueraussetzung. Nachdem sie eine Steueraussetzung von acht Jahren erhalten hatte, machte sie sich mit voller Kraft daran, das Gold zu fördern. In sieben Jahren wird das Vorkommen erschöpft sein.

Nehmen wir nun das Problem der Korruption hinzu. Das bedeutet in diesem Zusammenhang, dass die Firma einen Anreiz zum Betrug hat. Förderabgaben haben einen wichtigen Vorteil gegenüber der Besteuerung von Übergewinn: Bruttoeinkünfte sind für die Steuerbehörden viel leichter zu verfolgen als Nettogewinne. Das ist keine bloße Hypothese. 2006 wechselte die chilenische Regierung, die in dieser Frage als sehr kompetent gilt, von einer Übergewinnsteuer auf Kupfer zu einer Förderabgabe. Der Grund lag darin, dass sie in all den Jahren der Gewinnbesteuerung keinen Cent eingenommen hatte. Irgendwie machten die Kupferfirmen keinerlei Nettogewinn. Große Einkünfte wurden stets durch große Ausgaben aufgefressen.

Die beiden Probleme der Informationsasymmetrie und Korruption sind in der Demokratischen Republik Kongo vielleicht am größten. Im Oktober 2009 berichtete die *Financial Times*, von den Goldexporten in Höhe von rund einer Milliarde Dollar pro Jahr nehme die Regierung nur 37 000 Dollar ein. Als ich den Finanzminister darauf ansprach, zweifelte er die Genauigkeit der Zahlen an, gab aber zu, dass es ein großes Schmuggelproblem gebe.

Die Informationsasymmetrie zwischen Steuerbehörden und einer Firma lässt sich verringern, wenn die Behörden spezielle Wirtschaftsprüfer beauftragen, um die Firmen zu prüfen. Als die Regierung von Nigeria dies 2004 endlich tat, erhielt sie eine hohe nachträgliche Zahlung. Im Grunde geht es darum, die verschiedenen Probleme, die wir gesehen haben, gegeneinander abzuwägen; ich persönlich komme zu dem Schluss, dass zu einem realistischen Steuersystem eine Förderabgabe gehören sollte.

Wie weit sind wir also gekommen? In ein vernünftiges Steuersystem sollten die offensichtlichen Unwägbarkeiten einbezogen sein, und es sollte auf den Aspekten einer Firmentätigkeit beruhen, die gut zu beobachten sind, aber nicht zu viel durch Ineffizienz vergeuden. Die Regierung sollte dann versuchen, sich langfristig an das System zu halten. Der Schlüssel zur Glaubwürdigkeit liegt aber darin, ob das Steuersystem sich einem breiten Spektrum von Umständen anpassen kann. Sobald das Steuersystem installiert ist, führt die Regierung eine Auktion durch, die widerspiegelt, welche Dimension ihr am wichtigsten ist. Das könnte natürlich das Geld sein, und das ist auch oft der Fall. Firmen sollen erklären, wie viel sie im Voraus für das exklusive Förderrecht in einem bestimmten Gebiet bezahlen wollen. Das ist die Abschlussprämie. Wird die Auktion ordentlich durchgeführt, können diese Vorauszahlungen für kapitalknappe Regierungen durchaus sinnvoll sein, denn sie bekommen dadurch schon mehrere Jahre, bevor eine Mine Steuereinkünfte erzeugt, eine Geldspritze. Die Auktion muss sich aber nicht zwingend nur um Geld drehen. Sie kann auch darum gehen, wie viele Jobs für Einheimische eine Förderfirma schaffen will.

Zwei Grundsätze sollten die Logik der Auktion bestimmen. Der eine ist, dass alle Aspekte, die Teil der Verhandlungsmasse sind, transparent und durchsetzbar sein müssen. Abschlussprämien haben hier einen Vorteil, denn wenn die Firma sie nicht bezahlt, unterschreibt die Regierung den Vertrag nicht. Beschäftigungszusagen sind viel problematischer. Häufig kann die Regierung nicht abschätzen, wie realistisch solche Zusagen sind, darum kann die Firma versucht sein, mehr zu versprechen, als sie halten will. Der andere Grundsatz gilt für den Fall, dass die Auktion sich um mehr als einen Aspekt dreht: Die »Gewichtung« aller Aspekte – das heißt ihre relative Bedeutung – muss im Vorhinein klar sein, da es sonst zu einfach ist, die Auktion zu verfälschen. Eine der bietenden Firmen könnte einen Beamten bestechen und viel für einen der Aspekte bieten und wenig für die anderen; dann manipuliert der Beamte die Gewichtungen so, dass diese Firma gewinnt.

Abschlussprämien können nützlich sein, sich aber auch negativ auswirken. Je niedriger die erhobenen Steuern, desto mehr lässt sich natürlich durch die Abschlussprämie einnehmen. Dies kann eine Regierung dazu verführen, jetzt Geld auf Kosten späterer Einnahmen zu nehmen. Am leichtesten wird dazu eine Regierung verführt, die nicht vorausplant. Abschlussprämien können daher die Plünderung der Zukunft durch korrupte oder kurzsichtige Regierungsvertreter erleichtern.

Um die Jahrtausendwende wurden die Skandale der früheren Ressourcenförderung so offensichtlich, dass sie einen Reformdruck erzeugten. Eine Zeitlang sah es so aus, als würde das von mir skizzierte System, durch das Rohstoffe als Einkünfte des Staatshaushalts den Bürgern zugutekämen, nach und nach übernommen werden. Stattdessen folgten jedoch ein beispielloser globaler Rohstoffboom und das, was man den »zweiten Wettlauf um Afrika« nennen könnte. Der erste Wettlauf um Afrika, auch Kolonialismus genannt, hatte zwischen europäischen Nationen um die natürlichen Ressourcen des Kontinents stattgefunden. Beim neuen Wettlauf um Afrika ging es um dieselben Ressourcen, aber vor allem zwischen Asien und Nordamerika.

Bei diesem zweiten Wettlauf vermied China eine direkte Konkurrenz, indem es eine neue Art von Handel anbot. Im Austausch gegen Förderrechte wollte es in Afrika die Infrastruktur aufbauen. Tatsächlich waren solche Abkommen nicht völlig neu; in den siebziger Jahren hatten europäische Regierungen manchmal so etwas ausgehandelt.

Als die Chinesen aber damit begannen, war diese Form von Abkommen schon als zu intransparent aus dem Repertoire gestrichen worden. Europäische und amerikanische Förderfirmen boten jetzt Geld. Die chinesischen Angebote von Infrastruktur und die Geldangebote der europäischen und amerikanischen Firmen wären potenziell vereinbar gewesen, aber das geschah nicht. Bei den chinesischen Verträgen wurden die Förderrechte heimlich, ohne direkte Konkurrenz verkauft.

Da bei den Angeboten weder der Infrastruktur noch den Förderrechten ein expliziter Geldwert beigemessen wurde, war schwer zu entscheiden, ob sie äußerst vorteilhaft für Afrika oder für China waren. Die internationalen Organisationen reagierten auf das chinesische Modell mit Ablehnung. Aus ihrer Sicht hätten die Abkommen aufgespalten werden sollen, in eine Zahlung für Förderrechte und eine Zahlung durch die afrikanischen Regierungen für die Infrastruktur. Auf diese Weise wären die Abkommen offen für den internationalen Wettbewerb gewesen und hätten faire Ergebnisse garantiert. Die geheim ausgehandelten Verträge mit den Chinesen drohten alle hier geschilderten Probleme zu erzeugen: Korruption, asymmetrische Information und Zeitinkonsistenz. Die Mahnungen an China hatten aber die vorhersehbare Wirkung. 2008 war die Führung der Initiative für Transparenz in der Rohstoffwirtschaft (EITI) so besorgt, dass sie mich bat, eine alternative Methode vorzuschlagen, auf die ich im nächsten Kapitel eingehen werde.

Warum keine Verstaatlichung der Ressourcenförderung?

WENN FÖRDERFIRMEN REGIERUNGEN durch eine Mischung aus Korruption, asymmetrischer Information und Abschlägen, die das Problem der Zeitinkonsistenz widerspiegeln, über den Tisch gezogen haben und wenn Rohstoffsuche am besten durch Regierungen finanziert wird, warum sollen Regierungen die Rohstoffausbeutung dann nicht selbst in die Hand nehmen? Warum die Ressourcen nicht durch Firmen in Staatsbesitz managen lassen? Ich spüre, wie es meinen Kollegen in der Wirtschaftswissenschaft kalt den Rücken herunterläuft; sie denken, Regierungen sollen sich nicht direkt an Wirtschaftsaktivitäten beteiligen.

In der Praxis betreiben verschiedene Regierungen sehr wohl selbst Förderfirmen. Obwohl die ökonomische Mehrheit in den letzten Jahrzehnten der Meinung war, die Regierung müsse sich aus so etwas heraushalten, war das Ergebnis nicht durchgehend schlecht. Die norwegische Regierung, die als Vorbild für das Rohstoffmanagement zum Wohl der Bürger gelten kann, gründete sofort eine staatliche Ölfirma, als Öl gefunden wurde, und gab ihr eine zentrale Rolle bei der Förderung. Ein Vorteil lag darin, dass die Regierung nach und nach Know-how über die Ölförderung in der Nordsee ansammelte, dadurch verschwand das Problem der asymmetrischen Information fast völlig. Sie werden denken: »Das war eben Norwegen, Entwicklungsländer sind etwas anderes.« Aber Malaysia traf dieselbe Entscheidung und ist ebenso gut damit gefahren. Seine staatliche Ölfirma ist inzwischen ein wichtiger Akteur bei der Ölsuche auf der ganzen Welt und kann erfolgreich mit privaten Firmen konkurrieren. Heutzutage ist Malaysia ein höchst erfolgreiches Land mit mittlerem Einkommen; als es die staatliche Ölfirma gründete, kämpfte es noch darum, den Weg aus der Armut zu finden.

Normalerweise schwankt das Resultat staatlicher Ressourcenförderung jedoch zwischen mäßig und katastrophal. Malaysias Nachbar Indonesien gründete die staatliche Ölfirma Pertamina, die rasch zu einem Staat im Staate wurde. Sie fand ein frühes Ende, als ihr das bemerkenswerte Kunststück gelang, während des ersten Ölbooms bankrott zu gehen. Ein anderer Staat im Staate war die nationale sambische Kupferfirma ZCCM, die zuvor privat betriebene Minen übernommen hatte. Nach und nach richteten ihre Manager das Unternehmen zugrunde und verschwendeten die ursprünglich hohen Profite durch wachsende Betriebskosten. Die Manager, die Sambias Rohstoffe verwalten sollten, hatten sich ihren Wert angeeignet.

Warum waren Norwegen und Malaysia erfolgreich, während andere scheiterten? Beide Länder hatten ehrliche Staatschefs und Beamte mit Verantwortungsgefühl. Norwegen war in Skandinavien stets der arme Vetter gewesen: Früher einmal eine dänische Kolonie, hatte das

Land lange im Schatten Schwedens gestanden. Die Staatsbeamten erkannten, dass das Erdöl Norwegen die Chance zum Aufholen bot. Malaysia war von feindlichen Ländern umgeben, und seine größte Volksgruppe, die Bumiputra, war viel ärmer als die chinesische Minderheit. Auch die Manager der staatlichen Ölfirma, fast alle Bumiputra, erkannten, dass das Öl ihnen die Chance zum Aufholen bot. In anderen Ländern fehlte aber oft ein Gefühl nationaler Verantwortung. Beamte benutzten ihre Stellung nur, um ihre Familien zu bereichern, und die Korruption half ihnen dabei.

Im Moment sind staatliche Förderfirmen sehr in Mode. Ich nahm vor kurzem an einer Konferenz in Westafrika teil, die je zur Hälfte aus Vertretern ölreicher Länder und internationaler Ölfirmen bestand. Die Regierungsvertreter wollten nur über die Gründung staatlicher Ölfirmen sprechen, die Ölfirmen nur über ihre Sozialprogramme, mit deren Hilfe Schulen und Krankenhäuser für die einheimische Bevölkerung geschaffen würden. Ich schlug vor, es könnte für alle einfacher sein, wenn sie die Rollen tauschten: Die Regierungen sollten Ölfirmen und die Ölfirmen Regierungen werden. Ich vermute, ein starkes Motiv zur Gründung staatlicher Ölfirmen rührt daher, dass Staatshaushalte jetzt genauer kontrolliert werden und die zusätzliche Intransparenz, die daraus entsteht, Einkünfte in einer Regierungsfirma zu verstecken, an Attraktivität gewonnen hat. Ohne Transparenz ist Korruption fast unausweichlich: die Plünderung natürlicher Ressourcen in ihrer gröbsten Form.

Das ganze Ausmaß des Problems

DIESES UND DAS VORIGE KAPITEL haben das Problem dargestellt, wie man aus den Rohstoffen eines Landes mehr Geld einnimmt; das ist die Voraussetzung dafür, diese Ressourcen für die Entwicklung eines Landes zu nutzen. Manche Teile des Problems erschienen vielleicht offensichtlich, andere schwer durchschaubar, aber zusammen haben sie wichtige Konsequenzen. Rohstoffeinkünfte sind bereits jetzt Afrikas weitaus größte wirtschaftliche Aktivität. Doch afrikanische Regierungen haben die Förderrechte zumeist weit unter Wert verkauft. Die Kombination aus allzu großzügigen Bedingungen für Firmen und Gewinnen, die in den Taschen korrupter Staatsbeamter verschwinden, hat den Anteil der Rohstoffeinkünfte, der den Staatshaushalt erreicht, stark vermindert. Ich weiß nicht, wie hoch dieser Anteil in den letzten Jahrzehnten lag, aber vermutlich näher bei 50 Prozent als bei 100.

Doch sogar diese großen Probleme erscheinen klein neben denen, die den Prozess der Rohstoffsuche begleiten. Wenn Afrika wirklich ebenso viele natürliche Ressourcen auf seinem Territorium besitzt wie die OECD-Länder, ist der wahre Wert seiner Rohstoffe rund fünfmal so hoch wie bei den bislang entdeckten. Zusammengenommen haben die Probleme, die ich beschrieben habe, die Einkünfte aus nichterneuerbaren Ressourcen für afrikanische Staatshaushalte auf vielleicht ein Zehntel ihrer möglichen Höhe reduziert. Das Ausmaß des Problems lässt die Debatte, ob die Entwicklungshilfe zu hoch oder zu niedrig ist, zu einem Nebenkriegsschauplatz werden. Und doch sind für jedes Wort, das über die Probleme in diesen beiden Kapiteln geschrieben wurde, bestimmt Hunderte, wenn nicht Tausende von Wörtern über Entwicklungshilfe geschrieben worden.

KAPITEL 6
Der Verkauf des Familiensilbers

NACHDEM WIR DIE »ZUFLUSS«-PROBLEME – sprich: wie man Einkünfte für die Staatskasse erzielt – betrachtet haben, ist es jetzt Zeit für die »Abfluss«-Probleme – wie das Geld verwendet wird. Dieses Kapitel handelt von einer zentralen Entscheidung. Soll das Geld, das ein Staat durch den Rohstoffabbau eingenommen hat, der Gegenwart oder der Zukunft nützen? Um der Gegenwart zu nützen, sollte es für den Konsum ausgegeben werden. Um der Zukunft zu nützen, sollte es gespart werden; der Konsum sollte aufgeschoben und aus Ressourceneinkünften sollten stattdessen andere Vermögenswerte erworben werden, die ihren Wert bewahren. Die Ökonomie ist eine grausam reduktionistische Wissenschaft und stellt diese Entscheidung als hart dar. In der Realität haben die meisten Menschen eine gewisse Freude am Sparen; man braucht nicht die verqueren Werte eines Geizhalses zu teilen, um jetzt Freude daran zu empfinden, in der Zukunft etwas konsumieren zu können. Aber Ökonomen abstrahieren gewöhnlich von solcher Freude und sagen, das Einzige, was mir jetzt Glück (oder Nutzen) verschaffe, sei sofortiger Konsum. Darum ist das Sparen für die Zukunft ein Glückstransfer von der Gegenwart auf die Zukunft. Das ist zwar etwas grob dargestellt, spiegelt aber einen machtvollen Aspekt der Wirklichkeit. Die meisten von uns sind keine Geizhälse, wir sparen, weil wir vorsorgen. Konsumieren macht jedoch mehr Spaß.

Wir sind nun zum Kern dessen vorgestoßen, was die Rolle der Regierung in Ländern, die reich an nichterneuerbaren Rohstoffen sind, so besonders macht. Die Ausbeutung einer natürlichen Ressource ist in sich nicht nachhaltig. Irgendwann ist die Ölquelle oder die Kupferader erschöpft, und der Strom der Einkünfte versiegt.

Der Ausdruck »nicht nachhaltig« lässt jeden Umweltschützer erschaudern. Aber nur weil die Ressourcenausbeutung nicht nachhaltig ist, bedeutet das nicht, man solle sie vermeiden. Die einzige nachhaltige Rate bei der Nutzung einer nichterneuerbaren Ressource ist null. Wenn wir aber nichterneuerbare Ressourcen niemals nutzen, bräuchten sie gar nicht da zu sein: Das Kind ist mit dem Bade verschwunden. Eine absolute Nachhaltigkeit legt die Messlatte also absurd hoch. Hier kann die Ökonomie helfen, ein sinnvolleres Konzept zu entwickeln – Nachhaltigkeit bedeutet nicht vollständige Erhaltung. Die Welt hat trotz gelegentlicher Rückschläge seit fast zwei Jahrhunderten ein ständiges Wachstum erlebt, aber fast keine wirtschaftliche Aktivität ist noch so wie früher. Wachstum bestand nicht darin, dass alles größer wurde. Es war eher wie ein Lauf über Eisschollen: Sobald man stehen bleibt, fällt man hinein; wenn man weiterläuft – selbst wenn jeder einzelne Schritt nicht nachhaltig ist –, überlebt man. Im 19. Jahrhundert war die britische Regierung besorgt, ihr könnten die hohen Bäume für Schiffsmasten ausgehen. Was passierte, war natürlich, dass Schiffe irgendwann keine Masten mehr brauchten.

Die Entscheidung, eine nichterneuerbare Ressource zu verbrauchen, ist darum an sich noch keine ökonomische Sünde. Die Ethik des Abbaus hängt davon ab, wie das damit eingenommene Geld verwendet wird. Ich habe dargelegt, dass es für uns moralisch zwingend ist, die Rechte künftiger Generationen zu respektieren. Wir sind vielleicht nicht die Wächter der natürlichen Ressourcen, aber die Bewahrer ihres Werts. Wir sind nicht gezwungen, die Erde zu einem gigantischen Museum zu machen, in dem die Natur in ihrem Glaskasten erhalten wird. Dennoch tragen wir eine Verantwortung, natürliche Ressourcen nicht zu plündern, weil wir sie auf andere Weise besitzen als geschaffene Vermögenswerte. Wir können unsere ethischen Verpflichtungen erfüllen, indem wir der Zukunft andere, aber gleichwertige Vermögenswerte vererben. Das läuft darauf hinaus, ob man die Einkünfte konsumiert oder spart. Wir tragen die Verantwortung zu sparen.

Das ist die goldene Regel für die ethische Verwendung von Einkünften aus nichterneuerbaren Rohstoffen. Aus ihr folgt, dass diese Einkünfte anders verwendet werden sollten als jene aus normalen Steuereinnahmen. Normalerweise kann man annehmen, dass die Steuereinnahmen steigen, wenn die Wirtschaft wächst; sie sind nachhaltig und können daher für den Konsum ausgegeben werden. Ein guter Test, ob die Regierung eines ressourcenreichen Landes sich ethisch verantwortungsvoll verhält, besteht darin nachzusehen, ob sie von ihren Einkünften aus dem Rohstoffabbau einen größeren Teil spart als von anderen Steuereinnahmen. Vermehrt sie die menschengemachten Vermögenswerte, während sie die natürlichen Ressourcen verbraucht?

Haben Sie eine höhere Sparquote bei Ihren nicht nachhaltigen Einkünften als bei Einkünften, die Sie als konstant betrachten? Vielleicht haben Sie noch nicht darüber nachgedacht und haben nur eine allgemeine Sparquote aus Ihrem Gesamteinkommen. Für eine Regierung könnte es ebenso schwierig sein, genau zu identifizieren, welcher Teil ihrer Gesamtersparnisse aus welchem Teil ihrer Einkünfte stammt. Wir könnten aber begründet erwarten, dass Regierungen, deren Einkünfte größtenteils aus dem Rohstoffabbau stammen, eine höhere Sparquote haben sollten als Regierungen mit nachhaltigen Einkünften. So sollte Afrika, das so viele Einkünfte aus der Ressourcenförderung hat, mehr sparen als die Länder der »Developing Asia«-Gruppe (China, Indien, Indonesien und so weiter), deren Einkünfte aus der Industrie stammen. In Wirklichkeit ist das Gegenteil der Fall. Afrikas Sparquote liegt durchschnittlich bei rund 20 Prozent des Nationaleinkommens, die von »Developing Asia« ungefähr doppelt so hoch.

Illusorische Einkünfte

UM EINE HOHE SPARQUOTE AUS DEN Einkünften des Rohstoffabbaus zu haben, muss man diese Einkünfte kennen. Die Kampagne »Publish What You Pay«, die ich im vorigen Kapitel vorgestellt habe, entstand aus der Erkenntnis, dass Normalbürger in vielen rohstoffreichen Ländern gar nicht wissen, wie hoch diese Einkünfte sind. Firmen und Regierungen ließen sie im Unklaren darüber, wie viel Geld die Regierungen einnahmen. Die Realität ist aber noch problematischer: Häufig wissen Regierungen selbst nicht genau, wie viel von ihren Einkünften aus dem Rohstoffexport stammt.

Das liegt nicht daran, dass Regierungen dumm sind, sondern

daran, dass die Wirtschaft, in der sie operieren, manchmal auf geheimnisvolle Art funktioniert. Einkünfte, die aus einer Quelle zu stammen scheinen, stammen in Wirklichkeit aus einer anderen. In armen Ländern ist es schwierig, Steuern zu erheben. Ein großer Teil der Wirtschaft ist eine Schattenwirtschaft aus Kleinbauern und Straßenhändlern. Solche Menschen führen keine Geschäftsunterlagen; oft können sie noch nicht einmal lesen und schreiben. Viele Transaktionen werden bar abgewickelt und hinterlassen darum nichts, was Steuerbeamte verfolgen können. Es gibt zu wenige reguläre große Firmen für eine normale Steuergrundlage. Die einzige Transaktion, die leicht zu besteuern ist, sind Importe, die entweder in einem Hafen oder an einer Straße von der Küste eintreffen und deshalb einfach überwacht werden können. Darüber hinaus gibt es bei Importen immer schriftliche Unterlagen; sie müssen finanziert und versichert werden. In armen Ländern sind darum Einfuhrzölle die Hauptquelle der Steuereinnahmen.

In einem armen, rohstoffreichen Land stehen die beiden Einnahmequellen – Einfuhrzölle und Rohstoffeinkünfte – nebeneinander im Staatshaushalt. Folgt daraus, dass die Steuern und Förderabgaben aus dem Rohstoffabbau nicht nachhaltig sind, die Einfuhrzölle aber schon? So einfach ist es nicht: Die Quelle dieser Einfuhrzölle ist davon abhängig, womit die Importe finanziert werden. Importe werden durch Exporte finanziert, und in einer rohstoffreichen Volkswirtschaft sind Rohstoffe die Hauptexportgüter. Oft sind sie auch die einzigen Exportgüter, etwa in Nigeria, wo Erdöl 98 Prozent der Exporte ausmacht. Letztlich können Exporte nur zum Bezahlen von Importen genutzt werden, daher reduzieren die Einfuhrzölle den Wert der Exporte Dollar für Dollar. Da aber die nigerianische Regierung die Einkünfte aus den Ölexporten erhält, bezahlt sie praktisch ihre eigenen Einfuhrzölle. Deshalb ist in Nigeria und anderen vom Rohstoffexport abhängigen Ländern die Unabhängigkeit der Einkünfte von den Einfuhrzöllen eine völlige Illusion. Einfuhrzölle sind nur ein indirekter Weg, sich die Öleinkünfte anzueignen, und ein ziemlich umständlicher und ineffizienter dazu.

Daraus folgt, dass die meisten Regierungen in armen, rohstoffreichen Ländern nicht einmal merken, dass der größte Teil ihrer Einkünfte aus dem Abbau natürlicher Ressourcen stammt und darum nicht nachhaltig ist. Wenn die Sparquote aus diesen Einkünften nur 20 Prozent beträgt, wie gegenwärtig in Afrika, wird die Akkumulation von Ersatzvermögenswerten keinesfalls ausreichen, um die Erschöpfung der Rohstoffe auszugleichen; die Einkünfte werden einbrechen. Afrikanische Gesellschaften haben einen zentralen Test für die gute »Haushalterschaft« von natürlichen Ressourcen nicht bestanden: die Einkünfte aus ihrem Abbau zu sparen. Wenn Regierungen das versäumen, sind wir wieder in der Welt des Plünderns. Das Plündern, das ich im letzten Kapitel definierte, war krude: Der Wert eines Rohstoffs wurde von einer ausländischen Firma geraubt oder von einem korrupten Beamten gestohlen. In diesem Kapitel nimmt die Plünderung eine raffiniertere Gestalt an: das Ausgeben der Ressourceneinkünfte für den Konsum. Die Bürger von heute haben die Entscheidungsgewalt, aber wenn die Einkünfte nur für den Konsum verwendet werden, werden die Rechte der Bürger von morgen genauso sicher verletzt wie bei den kruderen Formen der Plünderung.

Obwohl es hilfreich wäre, die Einkünfte korrekt in die Kategorien »nachhaltig« und »nicht nachhaltig« einzuordnen, ist das nur ein erster Schritt. Viel wichtiger ist die Einsetzung unterschiedlicher Entscheidungsprozeduren für ihre Verwaltung. Die nicht nachhaltigen Einkünfte müssen vor dem üblichen Druck, sie für den Konsum auszugeben, durch Regeln geschützt werden, die auf wechselseitigen Kontrollen beruhen. Die Personen, die Entscheidungen treffen, sind Menschen und haben darum die üblichen Schwächen. Als Individuen denken wir uns unzählige kleine Disziplinierungsmaßnahmen aus wie Fristen und Diäten, um uns vor Versuchungen zu schützen. Regierungen sind genauso. Damit der Konsum aus nicht nachhaltigen Einkünften unter dem aus nachhaltigen bleibt, ist eine in Institutionen verankerte Disziplin nötig.

Wie macht man das nicht Nachhaltige nachhaltig?

WENN ABER EINE SPARQUOTE VON 20 Prozent zu niedrig ist, welche ist dann hoch genug? Sollten alle Ressourceneinkünfte gespart werden? Das war der Ratschlag, den die rohstoffreichen Länder bis vor kurzem vom Internationalen Währungsfonds (IWF) bekamen. Die Begründung war aber ganz anders als die ethische Argumentation, die ich in Teil I dargestellt habe. Die Ökonomen des IWF sind Utilitaristen wie die meisten Ökonomen, darum sind wir wieder bei den ethischen Regeln, nach denen das Ziel »das größte Glück der größten Zahl« ist, und zwar interpretiert als maximaler Nutzen für alle Menschen, heutige wie künftige. Dann wandte der IWF ein einfaches, vom Ökonomen Milton Friedman entworfenes theoretisches Modell namens »permanentes Einkommen« an. Permanentes Einkommen ist die Umwandlung vorübergehender Einkünfte in ein unbegrenzt nachhaltiges Niveau der Ausgaben. Das permanente Einkommen aus nichterneuerbaren Rohstoffen ist leicht zu kalkulieren. Man nimmt einfach ihren Kapitalwert – in der Praxis die Bewertung durch die Weltbank bei ihrer Aufstellung aller Bodenschätze – und stellt sich vor, der gesamte Wert würde auf den internationalen Kapitalmärkten investiert. Das Zinseinkommen aus dieser Investition ist dann das permanente Einkommen, das man auf ewig ausgeben kann. Die nicht nachhaltigen Einkünfte aus sich erschöpfenden Ressourcen sind theoretisch in einen gleichwertigen nachhaltigen Einkommensstrom umgewandelt worden.

Das Konzept des permanenten Einkommens sagt uns nicht nur, was das höchste Niveau eines nachhaltigen Konsums wäre, sondern empfiehlt auch, es zu wählen. Nicht weil Milton Friedman ein früher Umweltschützer war, der Nachhaltigkeit als ethisch erwünschtes Ziel ansah, sondern weil er vom Utilitarismus ausging. Wenn man den Konsum auf das höchste nachhaltige Niveau setzt, nimmt man an, dass die Menschen in der Zukunft weder reicher noch ärmer sein werden. Erinnern wir uns an die utilitaristische Vorliebe für Gerechtigkeit: Zusätzliche Dollar erbringen immer weniger Nutzen, sodass Gerechtigkeit die Summe des Nutzens maximiert. Das Gleiche gilt für die Gerechtigkeit zwischen Zeitabschnitten: Das »größte Glück« entsteht daraus, jedes Jahr dieselbe Summe auszugeben. Gemäß dem Prinzip des größten Glücks sagt uns also das permanente Einkommen, wie viel die gegenwärtige Generation von ihren Rohstoffeinkünften ausgeben kann. Ein nicht nachhaltiges Einkommen ist in ein gleichwertiges nachhaltiges Ausgabenniveau umgewandelt worden. Konstanter Konsum auf diesem Niveau erzeugt das größtmögliche Glück, der Nutzen wird maximiert.

Wörtlich genommen funktioniert die Umwandlung des nicht nachhaltigen Stroms von Rohstoffeinkünften in einen nachhaltigen Ausgabenstrom, weil man annimmt, dass der gesamte Rohstoffvorrat sofort abgebaut und in finanzielle Vermögenswerte investiert wird. Das ist als Handlungsanleitung zu hypothetisch, aber selbst wenn die Rohstoffe nicht alle gleichzeitig ausgegraben werden, würden sie doch eine Rendite bringen – solange ihr Weltmarktpreis steigt. Gibt es Grund zu der Annahme, dass er das tun wird?

Steigen Rohstoffe im Preis?

DER WIRTSCHAFTSWISSENSCHAFT ZUFOLGE gibt es in der Tat einen Grund, der nach seinem Entdecker Howard Hotelling benannt ist. Die Hotelling-Regel postuliert, dass der Preis nichterneuerbarer Ressourcen mit der Zeit entsprechend dem »Weltzinssatz« steigt. Wenn also die Rendite risikofreier Vermögenswerte (zum Beispiel US-Staatsanleihen) bei rund 4 Prozent liegt, sollte der Rohstoffpreis jedes Jahr um rund 4 Prozent steigen. Teilweise beruht das einfach auf der Inflation – gewöhnlich um 2 Prozent –, sodass der echte Preisanstieg der Rohstoffe eher bei 2 Prozent jährlich liegen würde. Wie kam Hotelling darauf, dass dies wahrscheinlich sei? Seine nicht allzu komplizierte Idee ist eine frühe Anwendung des Prinzips »rationaler Erwartungen«, das heißt Informationen werden so gut genutzt, dass die Erwartungen von Investoren über den künftigen Wert von Rohstoffen nicht systematisch falsch liegen. So wird ihre Vermutung, wo der Ölpreis im Jahr 2050 liegen wird, genauso wahrscheinlich zu hoch wie zu tief liegen. Das Prinzip der rationalen Erwartungen hat während der globalen

Wirtschaftskrise Prügel bezogen, aber bevor wir es einmotten, sollten wir untersuchen, was es für die Entwicklung der Rohstoffpreise impliziert. Hotellings wichtigste Einsicht war, dass Rohstoffe Vermögenswerte sind wie andere auch. Wenn man Öl bis zum Jahr 2050 in der Erde lässt, ist das eine ähnliche Entscheidung, wie wenn man US-Staatsanleihen bis zum Jahr 2050 in seinem Portfolio lässt. Angenommen, man würde für das Jahr 2050 einen Ölpreis von 80 Dollar pro Barrel erwarten, 10 Dollar mehr als heute. Dieser Anstieg von nur 10 Dollar in 40 Jahren bringt weniger Rendite, als wenn man das Öl heute für 70 Dollar verkaufen und das Geld 40 Jahre lang in US-Staatsanleihen investieren würde. Daher wäre es für jeden, der eine Ölquelle besitzt, eine vernünftige Strategie, das Öl jetzt zu fördern und zu verkaufen, statt es in der Erde zu lassen. Infolgedessen würde der Weltmarktpreis für Öl unter 70 Dollar sinken, und da man weiß, dass es im Jahr 2050 weniger Öl geben wird, würde der erwartete künftige Preis steigen. Das würde sich fortsetzen, bis die Differenz zwischen dem heutigen und dem für das Jahr 2050 erwarteten Preis der Rendite von Staatsanleihen entspricht. Das Gleiche würde umgekehrt passieren, wenn der erwartete Ölpreis des Jahres 2050 so hoch wäre – sagen wir 300 Dollar –, dass es als besseres Geschäft gelten würde, das Öl im Boden zu lassen, als Staatsanleihen zu halten.

Nehmen wir also an, die heutige Generation würde sich von den Prinzipien des permanenten Einkommens und der Hotelling-Regel leiten lassen. Wenn sie alle Rohstoffe sofort fördert, sollte sie die Einkünfte daraus investieren, aber sie hat das Recht, die Rendite aus dieser Investition zu konsumieren, weil sie nachhaltig ist. Wenn sie nur einen Teil der natürlichen Ressourcen fördert, darf sie trotzdem denselben Anteil konsumieren. Doch nun wird ein Teil der Rendite auf den ursprünglichen Ressourcenwert in Form des Preisanstiegs des natürlichen Kapitals anfallen. Die heutige Generation ist berechtigt, diesen Preisanstieg zu konsumieren, kann ihn aber nicht direkt bekommen; das Geld fließt nicht ins Staatssäckel. Indirekt kann sie es aber ausgeben, indem sie nicht alle Rohstoffeinkünfte investiert.

Niemandem ist ganz wohl bei den Folgerungen aus diesen grundlegenden ökonomischen Konzepten. Konsum aus vorweggenommenen Kapitalrenditen ist potenziell sehr riskant. Ich erinnere mich, wie mein Professor das Problem einmal erklärte. Ein Ladenbesitzer macht seine Jahresabrechnung und sieht, dass er Verlust gemacht hat. Aber keine Sorge, das wird mehr als ausgeglichen durch den Wertanstieg seines Kapitals; er beruhigt sich und lebt davon, dass er einen Teil davon konsumiert. Im nächsten Jahr dieselbe Geschichte, er konsumiert noch mehr von seinem Kapital. Irgendwann kommt ein Jahr, in dem nur noch drei Artikel zum Konsumieren übrig sind: ein Nagel, ein Hammer und ein Seil.

Der Preisanstieg von Kapital bietet keine solide Grundlage für den Konsum – er kann dich hängen lassen –, und die Hotelling-Regel ist eine wacklige Grundlage, um darauf Erwartungen stetig steigender Rohstoffpreise aufzubauen. Während des jüngsten Rohstoffbooms, als der Ölpreis auf 147 Dollar pro Barrel schoss, gab es hysterische Voraussagen, der Welt werde das Öl ausgehen. Dieselben Voraussagen hatte es während des ersten Ölpreisbooms in den achtziger Jahren gegeben. Der damalige Sprecher des Ölkartells OPEC, Scheich Yamani, fand darauf eine brillante Antwort: »Die Steinzeit ging nicht zu Ende, weil die Steine alle waren.« Ich bezweifle, dass das Ölzeitalter enden wird, weil der Welt das Öl ausgeht. Vielmehr wird die Technologie sich weiterentwickeln. Das ist schon wiederholt passiert. Die hochwertigen Rohstoffe des 19. Jahrhunderts waren Nitrate, die heute weit weniger wert sind. Die Weltpreise für Rohstoffe lassen sich über mehr als ein Jahrhundert zurückverfolgen. Aus diesen Daten gewinnt man keine Grundlage für die Annahme, dass die Preise steigen; mit Ausnahme des Öls sind sie vielleicht sogar gefallen.

Technologischer Wandel allein genügt aber nicht, um die Hotelling-Regel zu widerlegen. Wenn die Menschen diesen Wandel vorhersehen – was sie gemäß der Annahme der rationalen Erwartungen tun werden –, dann sollten unterschiedliche Arten von Ressourcen trotzdem genau derselben Preisentwicklung folgen. Die Hotelling-Regel bezieht aber nicht die Förderkosten von Rohstoffen mit ein, die nun eben einmal keine Staatsanleihen sind. Wenn ich zu dem Schluss komme, US-Staatsanleihen seien keine gute Investition, kann ich sie noch heute verkaufen. Wenn ich aber glaube, der Kupferpreis werde nicht so stark ansteigen wie der Weltzinssatz, kann ich das Kupfer nicht auf einen Schlag abbauen. Ich kann mich entscheiden, eine Kupferader schneller abzubauen, aber das wird kostspielig, weil ich mehr Schächte graben muss und jeder davon kurzfristig den Preis senkt. Darum muss ich vielleicht eine niedrigere Gewinnerwartung akzeptieren, wenn ich das Kupfer im Boden lasse, um diese Förderkosten zu vermeiden. Diese zusätzlichen Förderkosten sind aber gewiss; wenn ich das Kupfer schneller abbauen will, muss ich sie auf jeden Fall bezahlen. Dagegen ist die künftige Entwicklung des Weltmarktpreises für Kupfer ein Ratespiel. Sehen wir uns nur die Preisänderungen des wichtigsten Rohstoffes an. 1998 stand Öl bei 10 Dollar pro Barrel, 2008 waren es 147 Dollar, bevor der Preis wieder auf 37 Dollar fiel.

Angesichts dieser radikalen Unsicherheit arbeiten nur wenige Förderfirmen nach der Hotelling-Regel. Stattdessen konstruieren sie einen technologiebeeinflussten, langfristigen durchschnittlichen Weltmarktpreis und orientieren sich daran. Ab und zu korrigieren sie diesen Preis vielleicht nach oben, aber das ist nicht dasselbe wie die Hotelling-Regel. Sie orientieren sich nicht einmal an einer wahrscheinlichen Häufigkeitsverteilung der Weltmarktpreise, weil sie nicht daran glauben, dass die künftige Verteilung der vergangenen entspricht. Warum sollte sie auch? Wir wissen aus der Vergangenheit, dass Preise stark schwanken können, aber die Art der Schwankungen etwa zwischen dem Ersten und Zweiten Weltkrieg war das Ergebnis von Technologie- und Wirtschaftsformen, die inzwischen völlig überholt sind.

Ein Ergebnis dieser radikalen Unsicherheit liegt darin, dass ein armes, rohstoffreiches Land nicht darauf zählen kann, dass die Ressourcen, die es im Boden gelassen hat, wertvoller und darum zu einer guten Investition werden. Die wirklich guten Investitionen werden über, nicht unter der Erde gemacht, aber sie hängen vom guten Management des Investitionsprozesses ab.

Der Spatz in der Hand

ES GAB ALSO GUTEN GRUND FÜR EIN vorsichtigeres Handeln, das nicht auf den Preisanstieg von nicht abgebauten Rohstoffen setzt. Dennoch führte der IWF, eine von Natur aus vorsichtige Institution, diese Besorgnis zu ihrem logischen Extrem. Er modifizierte das Prinzip des permanenten Einkommens, indem er ein eigenes hinzufügte, die »Spatz in der Hand«-Regel. Zukünftige Ressourceneinkünfte sollten demnach nicht vorweggenommen, sondern nur die wirklich eingehenden gezählt werden. Die Preise könnten nicht nur nicht steigen, sie könnten auch fallen. Die Kosten der Ressourcenförderung könnten viel höher als erwartet ausfallen und die Renditen entsprechend senken. Schlimmstenfalls könnten sich diese scheinbar bekannten Rohstoffreserven als fiktiv erweisen. Diese Vorsicht wurde in eine Regel übersetzt, nach der alle Rohstoffeinkünfte gespart werden sollten. Nur die Rendite aus diesen Ersparnissen sollte für den Konsum ausgegeben werden. Da das Kapital sich nach und nach aufbaut, ist die Rendite in den ersten Jahren des Rohstoffabbaus sehr gering und erlaubt nur wenig zusätzlichen Konsum. Im ersten Jahr liegt sie sogar bei null. Im zweiten Jahr sind die Einkünfte des ersten Jahres zu 4 Prozent in Staatsanleihen investiert worden, das heißt ein Konsum von 4 Prozent der Einkünfte des ersten Jahres wäre erlaubt und so weiter. Ein Land muss viele Jahre warten, bis es annähernd so viel konsumieren kann, wie wenn es sich für die Plünderung entschieden hätte.

Es überrascht wenig, dass Regierungen in vielen der Länder, in denen man neue Ressourcen entdeckt hat, nicht allzu begeistert von dieser Regel waren. Bei der Nachricht von der Entdeckung eines großen Rohstoffvorkommens freuen sich die Bürger auf eine rasche Befreiung aus der Armut, und Politiker freuen sich auf große Steigerungen der Staatsausgaben. In diese fröhliche Mischung platzen IWF-Ökonomen in ihren dunklen Anzügen und geben den Rat, praktisch die gesamten Einkünfte der nächsten Jahre zu sparen. Das wollen die Menschen nicht hören. Im Jahr 2007 wurde in Ghana Öl entdeckt. Vor der Entdeckung war Ghanas Fiskalpolitik vorausschauend, sein Defizit lag unter 2 Prozent des Bruttoinlandsprodukts (BIP). Bis Dezember 2008, bevor überhaupt der erste Tropfen Öl gefördert worden war, war das Defizit aber auf geschätzte 19 Prozent des BIP geschossen. Wenn das Öl kommt, wird es wohl 4 bis 5 Prozent des BIP ausmachen, also hat die Regierung schnell das Vierfache der erwarteten Einkünfte ausgegeben.

Vorausschauendere Regierungen nehmen den Rat aber ernst, weil er recht nah an das herankommt, was die norwegische Regierung mit ihren Öleinkünften getan hat. Ressourceneinkünfte werden dort in einen besonderen Staatsfonds gesteckt, der für künftige Generationen bestimmt ist und auf den internationalen Kapitalmärkten investiert wird. Obwohl Aktienmärkte stark schwanken, hat dieses System Norwegen insgesamt gute Dienste geleistet: Laut dem UN-Entwicklungsindex von 2009 bietet das Land die beste Lebensqualität der Welt. Es überrascht nicht, dass es ein Vorbild für die Regierungen armer Länder ist, die sich vorausschauend verhalten wollen. Man hat mir erzählt, dass die norwegische Regierung von über 50 anderen Regierungen Anfragen über das Management ihrer Rohstoffeinkünfte erhalten hat. Durch Norwegens Erfolg hat der Rat des IWF viel mehr Einfluss gewonnen, als es sonst der Fall gewesen wäre.

Die »Spatz in der Hand«-Regel des IWF hat den Vorteil, das Interesse der Zukunft zu schützen. Aber ist sie für ein Land mit niedrigem Einkommen die richtige Entscheidung? Es gibt zwei wichtige Gründe, warum man die Regel für zu streng halten kann.

Der offensichtlichste Grund ist, dass sie übervorsichtig ist. Die Länder der untersten Milliarde sollten natürlich riskante Strategien vermeiden, etwa den Konsum des erwarteten Preisanstiegs, aber ihre gesamte Gesellschaft ist bereits durch die vielfältigen Risiken der Armut bedroht. Alles zu tun, um ein höchst unwahrscheinliches Worst-Case-Szenario zu vermeiden – dass die Rohstoffeinkünfte morgen versiegen –, verurteilt die Menschen dazu, Härten zu ertragen, die ansonsten durch Ausgaben gemildert werden könnten. Ein besserer Ansatz ist es, die Risiken zu bewerten und dann ein vernünftiges Worst-Case-Szenario zu entwerfen, das konservativ ist, aber nicht annimmt, dass morgen die Welt untergeht. Diese geschätzten künftigen Rohstoffeinkünfte lassen sich dann in ein äquivalentes permanentes Einkommen leiten. Mit anderen Worten, Ausgaben für den Konsum können auf einem verlässlich nachhaltigen Niveau sofort beginnen, man braucht nicht zu warten, bis sich ein Investitionsportfolio aufbaut.

Im Prinzip könnte eine vorsichtige Schätzung der künftigen Ressourceneinkünfte eine anfängliche Kreditaufnahme rechtfertigen, um den frühen Konsum zu finanzieren. Außer in Zeiten einer Finanzkrise wie 2008 werden die Banken Schlange stehen, um solche Kredite zu geben. Es gibt aber gute Gründe zur Vorsicht. Kommerzielle Kredite haben hohe Zinsen, und wenn es ungeplante Verzögerungen bei den Einkünften gibt, könnte eine künftige Regierung Schwierigkeiten bekommen, etwa durch Säumnisaufschläge. Am meisten spricht aber gegen Kredite für den frühen Konsum, dass eine plündernde Regierung genau so handeln würde. Bürger müssen an den Handlungen ihrer Regierung ablesen können, ob sie plündert oder bewahrt. Nur wenige Handlungen der Regierung sind für Bürger gut sichtbar, eine davon ist die Kreditaufnahme. Eine bewahrende Regierung kann ihre guten Absichten dadurch anzeigen, dass sie deutlich sichtbare Strategien wählt. Keine Kredite aufzunehmen ist ein solches Signal.

Dennoch kann früher Konsum gerechtfertigt sein. Abschlussprämien von Förderfirmen bieten einen risikolosen Weg, Ressourceneinkünfte vorwegzunehmen, weil sie nicht zurückgezahlt werden müssen. Sie können aber teuer werden, denn sie haben einen impliziten Zinssatz, der recht hoch sein kann.

Kapitalbedarf

DIE »SPATZ IN DER HAND«-REGEL ist nicht nur übermäßig vorsichtig, es gibt noch einen tieferen Grund, warum der Rat des IWF zu streng war. Arme Länder sind kapitalschwach. Hinter dieser banalen Aussage verbirgt sich die ganze schreckliche Misere der Armut: der Gestank von Slums ohne Kanalisation; der Analphabetismus wegen fehlender Schulen; die verrottende Ernte, weil es an Straßen zu den Märkten fehlt; die vergeudete Lebenszeit wegen fehlender Jobs. Ja, arme Länder sind chronisch kapitalschwach. Daraus folgt, solange die Investitionen einigermaßen gut sind, sollte die Rendite aus zusätzlichem Kapital hoch sein, sogar sehr viel höher als die magere Rendite der US-Staatsanleihen. Diese Einschränkung – »solange die Investitionen einigermaßen gut sind« – ist grundlegend, aber für den Augenblick lassen wir sie beiseite.

Wie groß könnte die Rendite auf eine Investition in einem armen Land sein, vorausgesetzt, es ist eine gute Investition? Michael Spence, ein Wirtschaftsnobelpreisträger, gab mir hier die wichtigste Einsicht. Die Gesamtrendite wird wahrscheinlich hoch sein, weil der Nutzen der Investition sich über die ganze Volkswirtschaft verteilt. Eine neue Straße könnte bewirken, dass eine neue Nutzpflanze angebaut und exportiert wird; das Einkommen aus diesen Exporten könnte die Nachfrage nach Fahrrädern steigern und den Markteintritt neuer Einzelhändler anregen, was die Konkurrenz belebt; der niedrigere Preis von Fahrrädern könnte es mehr Familien ermöglichen, ihre Kinder zur Schule zu schicken. Mit anderen Worten, die Rendite wirkt durch so viele Kanäle, dass sie nicht durch die Techniken einer einfachen Kosten-Nutzen-Analyse darzustellen ist. Selbst wenn sie nicht messbar ist, ist sie wahrscheinlich bedeutend höher als die Rendite auf US-Staatsanleihen.

Wie wirkt sich diese Erkenntnis darauf aus, welcher Anteil der Ressourceneinkünfte ethisch gerechtfertigt sofort konsumiert werden kann? Vor kurzem fand Tony Venables die Antwort, indem er denselben ökonomischen Utilitarismus anwandte wie der IWF. Er zeigte, wenn die Rendite auf Investitionen bei knappem Kapital hoch ist, sollte die Volkswirtschaft eine Phase raschen Wachstums erleben, während sie gegenüber dem Rest der Welt aufholt. Die künftigen Bürger des Landes werden deshalb viel reicher sein als die armen Bürger von heute. An diesem Punkt tritt der utilitaristische Kalkül in Kraft: Die künftigen Bürger sollten weniger zählen, nicht weil sie in der Zukunft leben, sondern weil sie reich sind. Der Konsum muss in die Gegenwart vorgezogen werden, um das Einkommen so umzuverteilen, dass es den Gesamtnutzen maximiert – das größte Glück der größten Zahl. Das erlaubt nicht, alles Geld jetzt zu konsumieren, aber es folgt daraus, dass ein mäßiger Teil der Einkünfte jetzt konsumiert und nicht gespart werden sollte. Der IWF war so interessiert an unseren Überlegungen, dass er unseren Aufsatz in seiner Zeitschrift veröffentlichte.

Vielleicht haben Sie einen Widerspruch in meinen Gedanken entdeckt – sogar eine scheinbare Schizophrenie, nämlich zwischen der Unterstützung einer Analyse mit utilitaristischer Grundlage und der gleichzeitigen Kritik dieser Grundlage. Die Schizophrenie war nur vorübergehend. Ich akzeptiere nicht länger die utilitaristische Perspektive unserer Verpflichtungen gegenüber der Zukunft. Nur weil die Bürger von morgen reicher sein werden als die von heute, haben wir noch kein Recht auf ihre Ressourcen. Armut rechtfertigt keine Plünderung.

Was geschieht, wenn wir von der Ethik des ökonomischen Utilitarismus auf die Ethik des Bewahrens umschalten? Die Ethik des Bewahrens erfordert nicht, dass ein Land mit niedrigem Einkommen die »Spatz in der Hand«-Regel anwendet. Wenn eine Investition im Inland hohe Rendite bringt, können wir unsere Verpflichtungen gegenüber der Zukunft leichter erfüllen. Angenommen, die Rendite auf US-Staatsanleihen bleibt bei rund 4 Prozent, während die Rendite auf Investitionen im Inland bei rund 8 Prozent liegt. Die Differenz zwischen den beiden Renditen gibt uns den Spielraum, unsere Verpflichtungen zu erfüllen. Das Bewahrungsprinzip fordert, die Rechte der Zukunft nicht einzuschränken; wenn wir eine natürliche Ressource aufbrauchen, müssen wir andere Vermögenswerte in gleicher Höhe an die Zukunft weitergeben. Wenn wir aber Rohstoffe im Wert von 1 Million Dollar abbauen und das Geld im Inland so investieren, dass es 80 000 Dollar pro Jahr einbringt, haben wir einen Vermögenswert, der nach dem aktuellen Weltzinssatz 2 Millionen Dollar wert ist. Die ungewöhnlich günstigen Investitionsbedingungen in unserer Volkswirtschaft implizieren, dass wir durch den Wechsel unserer Vermögenswerte von Rohstoffen zu Inlandsinvestitionen einen Kapitalgewinn machen. Wir brauchen aber nicht 2 Millionen Dollar an Ersatzvermögenswerten an die Zukunft weiterzugeben; schließlich haben wir die Rohstoffe nur um den Wert von 1 Million vermindert. Solange wir wirklich 8 Prozent an unserer Inlandsinvestition verdienen, können wir die Zukunft voll für den Rohstoffabbau entschädigen, indem wir nur die Hälfte sparen und investieren, also 500 000 Dollar. Da dies 40 000 Dollar pro Jahr erzeugt, steigert der Kapitalgewinn den Marktwert der Investition auf 1 Million.

Natürlich kann man nicht einfach voraussetzen, die Rendite auf unsere Investition werde doppelt so hoch sein wie der Weltzinssatz. Wenn das der Fall wäre, warum würden dann nicht private Investoren diese Investitionen tätigen? Die Antwort ist, dass private Investoren Risiken gegenüberstehen, die staatliche Investitionen nicht haben, und die hohe Rendite kann von Handlungen abhängen, die die Regierung noch nicht ausgeführt hat, aber zu denen sie fähig ist. Obwohl die Zahlen, die ich gewählt habe, natürlich nur der Erläuterung dienen, deuten sie auf eine Rechtfertigung für den sofortigen Konsum von natürlichen Ressourcen durch ein armes Land. Eine vorausschauende Regierung braucht nicht Norwegen zu imitieren und 100 Prozent der Einkünfte zu sparen, um dann auf den Weltfinanzmärkten zu investieren und eine Rendite von rund 4 Prozent zu erzielen. Eine solche Strategie ist für Norwegen sinnvoll, weil es schon eine gewaltige Kapitalmenge im Inland investiert hat. Zur Jahrtausendwende besaß Norwegen pro Kopf mehr menschengemachtes Kapital als jedes andere Land. Es hat wunderbares öffentliches Kapital wie Transportinfrastruktur und Schulen und reichlich privates Kapital wie Ölbohrplattformen und Schiffe. Man kann vermuten, dass die Rendite auf weiteres in Norwegen investiertes Kapital eher bescheiden sein wird. Es ist daher sinnvoll, die Investitionen, die Norwegens Rohstoffabbau entsprechen, auf der ganzen Welt zu verteilen. Es ist ebenso sinnvoll, dass Norwegen eine Sparquote von fast 100 Prozent hat. Im Fall Norwegens ist es tatsächlich egal, ob man den Utilitarismus oder die Ethik des Bewahrens anwendet. In beiden Fällen geht die notwendige Sparquote gegen 100 Prozent.

Unter welchen Umständen sollte die Regierung eines armen, aber rohstoffreichen Landes die norwegische Investitionsstrategie nachahmen? Die Entscheidung wäre vernünftig, wenn die Regierung glaubte, sie könne realistischerweise nicht produktiv in die eigene Volkswirtschaft investieren. So müssen zum Beispiel staatliche Investitionen durch Beamte umgesetzt werden, und wenn der öffentliche Dienst korrupt ist, wären solche Investitionen verloren. Falls die Regierung der pessimistischen Meinung ist, daran sei nichts zu ändern, treibt uns der Rahmen der Bewahrungsethik direkt zurück zu einer Sparquote von 100 Prozent.

Welchen Schluss können wir daraus ziehen? Einkünfte aus natürlichen Ressourcen sind etwas Besonderes: Sie sind nicht wie andere Steuereinkünfte, weil sie nicht nachhaltig sind. Wenn die heutige Generation Rohstoffe abbaut, erfordert das Prinzip der Bewahrung, dass künftige Generationen angemessen entschädigt werden; wenn nicht, sind sie geplündert worden. Beim norwegischen Modell werden alle Ressourceneinkünfte gespart und auf den Weltfinanzmärkten investiert. Für ein Land mit niedrigem Einkommen bedeutet eine Übernahme dieses Modells aber, dass die dringenden Bedürfnisse von heute nicht erfüllt werden, während das Geld sich bei New Yorker Banken stapelt. Es ist nur vernünftig, wenn die Regierung Investitionen im Inland sehr pessimistisch betrachtet. Wenn sie gut im Inland investieren kann, bietet sich aber eine viel attraktivere Option. Die Interessen der Zukunft lassen sich vollständig schützen, obwohl ein Teil der Einkünfte für den Konsum verwendet werden kann. Wie hoch dieser Anteil ist, hängt davon ab, wie hoch die Rendite auf inländische Vermögenswerte im Vergleich dazu ist, den Rohstoff in der Erde zu lassen. Selbst bei großzügigen Annahmen sollte die Investitionsquote aus Rohstoffeinkünften aber um einiges höher sein als die aus anderen Einkünften. In Afrika ist die gesamte Investitionsquote im Verhältnis zum Einkommen niedriger als irgendwo sonst: Sie liegt im Durchschnitt unter 20 Prozent.

Boomperioden

ICH HABE ARGUMENTIERT, DASS DIE Regierung eines armen, rohstoffreichen Landes eine ethische Verpflichtung gegenüber künftigen Bürgern hat, einen erheblichen Teil der Rohstoffeinkünfte zu investieren. Es ist sinnvoll, das Familiensilber nach und nach zu verkaufen, denn es gibt bessere Investitionen als Silber. Das ist ein verantwortungsvoller Umgang mit der Ressourcenerschöpfung, die bei nichterneuerbaren Rohstoffen logisch ist.

Der Prozess der Ressourcenerschöpfung könnte aber mehrere Jahrzehnte dauern. Manchmal gibt es einen viel stärkeren Grund dafür, die Rohstoffeinkünfte nicht zu konsumieren: eine Boomperiode.

Die Weltmarktpreise für Rohstoffe schwanken. Sie schwanken sogar sehr stark. Analysten benutzen das Schwanken früherer Preise dazu, die Spanne zu schätzen, in der sich die Preise im nächsten Jahr wahrscheinlich bewegen werden. Die üblicherweise geschätzte Spanne ist jene, die mit einer Wahrscheinlichkeit von 95 Prozent richtig ist. Im Januar 2008 reichte die geschätzte Spanne für den Ölpreis im Januar 2009 von 65 bis 210 Dollar. Zwei Dinge an diesen statistischen Voraussagen sind gleichermaßen erstaunlich. Erstens war die Spanne für nur 12 Monate im Voraus so breit, dass sie nahezu nutzlos war. Zweitens lag der tatsächliche Preis, 37 Dollar, noch unterhalb dieser breiten Spanne. Das ist nicht außergewöhnlich; Preise haben immer stark geschwankt. Booms und Abstürze verlaufen aber meist nicht symmetrisch. Preisschwankungen bilden keine Wellenlinie, bei der auf eine Kurve hoher Preise eine Kurve niedriger Preise folgt. Stattdessen sind es eher spitze Ausschläge, gefolgt von langen Niedrigpreisperioden (der Rohstoffboom der Jahre 2005 bis 2008 scheint ein ebensolches Muster gehabt zu haben). Für dieses Muster gibt es einfache Gründe. Wenn die Preise fallen, ist es möglich, Produkte auf Halde zu legen oder die Produktion einfach einzustellen. Im Prinzip kann der Angebotsstrom auf den Markt auf null absinken, und diese Reaktion mildert den Preisverfall. Wenn die Preise aber steigen, gibt es eine physische Grenze, wie viel auf den Markt strömen und wie rasch der Ausstoß erhöht werden kann. Wenn diese Grenze erreicht ist, ist der einzige Weg, um ein Gleichgewicht zwischen Angebot und Nachfrage zu erhalten, ein Abwürgen der steigenden Nachfrage durch höhere Preise. Daher die Ausschläge.

Dieses Muster von Boom und Absturz hat weitreichende Implikationen für das Management von Rohstoffeinkünften. Während eines Booms wie dem, der 2008 endete, sind die meisten Einkünfte auf doppelte Weise nicht nachhaltig. Die hohen Einkünfte stammen nicht nur aus dem Verkauf einer sich erschöpfenden Ressource, man kann sich auch nicht darauf verlassen, dass sie länger als ein paar Jahre anhalten. Wie viele Jahre, kann man nur raten; Rohstoffpreise lassen sich nicht voraussagen. Noch im Sommer 2008 erwarteten viele, die hohen Preise würden anhalten, vielleicht für Jahrzehnte, weil Asiens steiles Wirtschaftswachstum einen gewaltigen Rohstoffhunger erzeugte. Der unerwartete Preisverfall war heilsam, weil er die Regierungen daran erinnerte, dass Rohstoffeinkünfte prekär sind.

Booms tragen nicht die Aufschrift »vorübergehend«. Die besten Prognosen über ihre Dauer benutzen einen langfristigen flexiblen Preisdurchschnitt als Leitfaden. Wenn der aktuelle Preis über diesem Wert liegt, sollte man die darüber liegenden Einkünfte nicht als dauerhaft ansehen. Wenn diese Extraeinkünfte zur Steigerung des Konsums benutzt werden, müssen sie wahrscheinlich in ein paar Jahren wieder gekürzt werden. Hier liegt der zwiespältige Vorteil, für den Augenblick zu leben: Konsumsteigerung bedeutet Freude, Konsumeinschränkung bedeutet Schmerz. Psychologische Untersuchungen deuten darauf hin, dass der Schmerz der Einschnitte größer ist als die Freude der Steigerungen. Ökonomen glauben, der Grund liege in der Gewöhnung. Sobald Menschen sich an ein Konsumniveau gewöhnt haben, ist es schmerzhaft, diese Bedürfnisse plötzlich nicht mehr befriedigen zu können. Einer der Vorteile des steigenden Wohlstands in den reichen Ländern liegt darin, dass in den letzten Jahrzehnten weniger Menschen diesen Schmerz erleben mussten, aber wenn man einen Roman des 19. Jahrhunderts liest, gibt es immer irgendwo einen verarmten Adligen. Die Furcht vor der Verarmung spielt in vielen dieser Romane eine Rolle.

Wenn der Konsum während der Preisstürze nicht eingeschränkt werden kann, sollte er während Boomperioden auch nicht erhöht werden. Eine scheinbare Lösung wäre es, das Schwanken der Einkünfte von den Regierungen zu den Förderfirmen zu verschieben. Im Prinzip lässt sich das durch das Steuersystem bewerkstelligen: Die Firmen machen gewaltige Profite bei hohen und Verluste bei niedrigen Preisen. Doch das ist eine gefährliche Strategie. Die Förderindustrie legt ihren Investitionen meist den langfristigen Durchschnittspreis eines Rohstoffs zugrunde. Eine Versüßung durch niedrige Steuern bei ungewöhnlich hohen Preisen ist angenehm, aber es ist unwahrscheinlich, dass die Firma die Chance hoher Preise so optimistisch sieht, dass sie viel für dieses Privileg bezahlt. Außerdem könnte die Firma vernünftigerweise jedem Versprechen niedriger Steuern bei hohen Preisen wegen des Problems der Zeitinkonsistenz misstrauen.

Wenn Einkünfte aber stark schwanken und der Konsum nicht angepasst werden kann, muss trotzdem an einer Schraube gedreht werden. Das einzig Verbliebene sind die Ersparnisse. Sie sollten während der Booms sehr hoch sein, damit sie beim Preissturz stark gesenkt werden können. Und wenn die Ersparnisse im Inland investiert werden, um höhere Renditen zu erzielen als auf den Weltkapitalmärkten, werden auch diese Investitionen stark schwanken. Es gibt Grenzen, wie stark Investitionen schwanken können, bevor ihre Qualität sich verschlechtert, darum ist es vernünftig, die Schwankungen bei den Investitionen abzufedern, indem man einen Großteil der Boomeinkünfte auf den internationalen Kapitalmärkten investiert. So sind wir in einer Boomperiode zumindest teilweise wieder beim norwegischen Modell:

Investiere einen Teil des Geldes auf den Weltfinanzmärkten, statt es im Inland auszugeben. Die Begründung ist aber eine andere. Die finanziellen Vermögenswerte, die wir erwerben, müssen nicht auf ewig für künftige Generationen bewahrt werden, sondern nur so lange, wie sie effizient genutzt werden können, um Inlandsinvestitionen zu finanzieren. Das sollte wiederum beeinflussen, was für finanzielle Vermögenswerte wir erwerben. Weil das norwegische Modell darauf abzielt, dass Investitionen für lange Zeit gehalten werden, sind Preisfluktuationen bei den Vermögenswerten nicht besonders wichtig. Wichtig ist die langfristige Durchschnittsrendite. Wenn wir im Gegensatz dazu das Geld nach wenigen Jahren ins Land zurückholen, um es zu investieren – etwa Schulen und Krankenhäuser zu bauen –, sollten wir stärker darauf achten, seinen kurzfristigen Wert zu schützen. Wir sollten also vorsichtiger sein, wenn wir im Ausland investieren. Solche Vorsicht hat ihren Preis. Die Rendite auf sichere und liquide Vermögenswerte wie die US-Staatsanleihen ist bescheiden. Daraus folgt wiederum, dass wir einen noch höheren Anteil der Einkünfte während des Booms sparen müssen. Um den Wert von 1 Million Dollar geförderter Rohstoffe zu kompensieren, reicht es nicht mehr, wenn wir nur 500 000 sparen und uns auf eine hohe Rendite verlassen, um aus diesen Ersparnissen einen menschengemachten Vermögenswert von 1 Million Dollar zu machen. Wir müssen eine Summe sparen, die näher an der Million liegt.

Eine rohstoffabhängige Volkswirtschaft schwankt zwangsläufig zwischen Booms und Preisstürzen. Diese Schwankungen auf den Konsum durchschlagen zu lassen wäre zu schmerzhaft. Darum müssen sie durch Ersparnisse ausgeglichen werden. Boomperioden bedeuten im Grunde nur Sparperioden, keine Konsumparty. Weil die Volkswirtschaft zu wenig Kapital hat, ist es für die Regierung sinnvoll, diese Ersparnisse im eigenen Land zu investieren statt auf den internationalen Finanzmärkten. Doch diese Investitionen können nicht unbegrenzt schwanken, ohne das Land zu destabilisieren. Während des Booms muss also ein Großteil der Ersparnisse zeitweise im Ausland in liquiden, sicheren Vermögenswerten geparkt werden. Die Rolle dieser Ersparnisse im Ausland ist es, den Investitionsprozess zu erleichtern. Statt eines Staatsfonds braucht das Land einen Liquiditätsfonds aus kurzfristigen Vermögenswerten, um die Schwankungen der Einkünfte abzufedern.

Wie weit sollte dieses Abfedern gehen? Simulationen auf der Basis früherer Preisschwankungen bei Rohstoffen deuten darauf hin, dass man einen sehr großen Liquiditätsfonds brauchen würde, um die Höhen und Tiefen und den Konsum gegenüber dem Sparen ganz auszugleichen. Einen solchen Fonds aufzubauen, würde die gesamten Einkünfte vieler Jahre erfordern. Die Kosten dieser Strategie, nämlich das Aufschieben inländischer Investitionen, würden das Ziel verfehlen. Fast alle Ersparnisse würden in ausländische Finanzwerte mit niedrigen Renditen gehen, statt in die heimische Wirtschaft. Obwohl ein gewisser Ausgleich notwendig ist, müssen rohstoffreiche Volkswirtschaften, die im Inland investieren wollen, lernen, mit Investitionsschwankungen zu leben.

Das Plündern der Zukunft

DER ZENTRALE PUNKT DIESES KAPITELS war die Überlegung, wie sich eine arme Gesellschaft ethisch verantwortlich zwischen dem Ausgeben von Rohstoffeinkünften für den Konsum und dem Sparen der Einkünfte entscheiden kann. Eine ethisch verantwortliche Entscheidung respektiert die Verpflichtungen gegenüber der Zukunft. Sie verlangt, dass die heutige Generation einen angemessenen Anteil der Einkünfte spart. Was angemessen bedeutet, hängt sowohl von der Rendite inländischer Investitionen als auch vom Stand der Weltmarktpreise im Verhältnis zu ihrem langjährigen Durchschnitt ab.

Politisch ist es nicht leicht, den Konsum im Interesse der Zukunft zurückzustellen. 2003 wurde in Nigeria eine Gruppe von Wirtschaftsreformern in hohe politische Ämter berufen. Sie erkannten sofort, dass die Öleinkünfte geplündert wurden, nicht nur im einfachsten Sinne – durch direkten Diebstahl –, obwohl das häufig genug vorkam, sondern auch auf komplexere Art: Die Sparquote aus den sich erschöpfenden Öleinkünften war sehr niedrig. Als sich der Ölboom weiter steigerte, erkannten die Reformer, dass der Ölpreis nicht dauerhaft so hoch bleiben würde und deswegen Ersparnisse als Polster nötig waren, um den kommenden Preissturz abzumildern. Das erklärten sie dem nigerianischen Senat mit den Worten, man müsse für schlechte Zeiten vorsorgen. Die Reaktion der Senatoren war: »Die Zeiten sind jetzt schlecht!« Natürlich rührte ein Teil ihres Widerstands gegen eine hohe Sparquote daher, dass sie nur von den Ausgaben, die sie genehmigten, profitierten, aber nicht vom Sparen. Das verdeutlicht, wie schwierig es sein kann, das Sparen von Ressourceneinkünften politisch durchzusetzen.

Wie erfolgreich ist diese politische Auseinandersetzung im Durchschnitt gewesen? Um das zu beantworten, sollten wir zwischen der langfristigen Begründung, der Rohstofferschöpfung, und der Boomperiode unterscheiden. Bis vor kurzem gab es keinen allgemeinen Leitfaden, ob die langfristige Rohstofferschöpfung durch die Akkumulation anderer Vermögenswerte ausgeglichen wird. Im Prinzip hätten volkswirtschaftliche Gesamtrechnungen, die zeigen sollen, was ein Land jedes Jahr einnimmt und ausgibt, eine Antwort liefern sollen. Obwohl es diese Gesamtrechnung aber seit über 60 Jahren gibt, wurde sie für die reichen Länder entworfen, deren Rohstoffe nur einen geringen Teil der Wirtschaft ausmachen, darum wurden solche Fragen ignoriert. Als man diese Technik dann auf rohstoffreiche arme Länder anwandte, wurde ihr Einkommen zu hoch geschätzt. Der Grund ist folgender: Fast die Hälfte von Nigerias Nationaleinkommen stammt laut der konventionellen volkswirtschaftlichen Gesamtrechnung aus der Ölförderung. Aber was Nigeria wirklich tut, ist nicht die Erzeugung von Einkommen, sondern der Verkauf einer Ressource. Wenn man sein Haus verkauft, behandelt man den Erlös aus dem Verkauf nicht, als wäre er ein ganz normaler Teil der jährlichen Einkünfte. Aber genau das geschieht bei den volkswirtschaftlichen Gesamtrechnungen Nigerias. Es gibt jedoch ein Verfahren, diesen Fehler zu korrigieren, man nennt es »grüne« oder »umweltbezogene« Buchhaltung. Dabei wird die Rohstofferschöpfung vom scheinbaren Einkommen abgezogen, sofern keine anderen Vermögenswerte akkumuliert werden. Bis jetzt stammt der überzeugendste Versuch einer grünen Buchhaltung für die Länder der untersten Milliarde von einem Team unter Leitung des Nobelpreisträgers Kenneth Arrow. Das Team hat einen umfassenderen Wohlstandsmaßstab für den Zeitraum von 1970 bis 2000 erstellt, der neben menschengemachten auch natürliche Ressourcen einbezieht. Ich verlasse mich auf diese Schätzungen in ihrer aktuellen Form durch den renommierten indischen Ökonomieprofessor Sir Partha Dasgupta von der Universität Cambridge.

Was passiert, wenn die volkswirtschaftlichen Gesamtrechnungen Afrikas auf dieser Basis neu berechnet werden? Die Ergebnisse zeigen, dass in den betreffenden drei Jahrzehnten der Wohlstand pro Kopf um 2,8 Prozent jährlich zurückging. Am Ende dieser 30 Jahre hatte sich der Gesamtwohlstand mehr als halbiert: Das Familiensilber wurde verscherbelt, um den Konsum zu finanzieren. Normalbürger hätten diese Plünderung in ihrem Alltag nicht bemerkt; der Lebensstandard blieb knapp auf demselben Stand. Doch selbst das gelang nur, weil das natürliche Kapital stark angegriffen wurde. Die Daten weisen also auf eine massive Plünderung in diesem Zeitraum hin. Die heutige Generation beraubte die Zukunft ihrer Ressourcen, ohne für Ersatz zu sorgen.

Die jüngsten Rohstoffbooms stellten uns vor andere Herausforderungen, und die Frage ist jetzt, ob sie als vorübergehende Boomperioden erkannt wurden, was eine hohe Sparquote erforderte, oder die Einkünfte für den Konsum ausgegeben wurden. Hier sind die Daten nicht so eindeutig. Zumindest für den Zeitraum von 2003 bis 2007 erkannten die nigerianischen Wirtschaftsreformer den Boom und setzten die Sparquote hinauf. Am Ende des Booms hatte Nigeria eindrucksvolle 70 Milliarden Dollar an ausländischen Vermögenswerten angesammelt, mehr als die britischen Währungsreserven. Die Reformer hatten alle den verschwendeten Boom der Jahre von 1973 bis 1986 erlebt und waren entschlossen, dass die Geschichte sich nicht wiederholen sollte. Die nigerianischen Bürger schulden ihnen großen Dank.

Haben auch andere Länder aus den Fehlern der Vergangenheit gelernt? Unter den afrikanischen Ölexporteuren scheinen Algerien und Libyen ihre Ersparnisse während des Booms stark gesteigert zu haben. Zumindest nach den Daten, die ich gesehen habe, gab es aber bei den anderen großen Ölexporteuren – Tschad, Kamerun, Angola, Gabun und Sudan – kein Zeichen der Vorsorge. In Afrika insgesamt war die Sparquote im Jahr 2003 (kurz vor dem Boom) bescheiden: rund ein Fünftel des Nationaleinkommens. Während des Booms der Jahre von 2004 bis 2008 stieg die Sparquote an, aber nur um rund 4 Prozent. Und was geschah mit diesen Ersparnissen? Da diese Volkswirtschaften an chronischem Kapitalmangel leiden, hätte es viele Möglichkeiten für inländische Investitionen geben sollen, die mehr Rendite einbrachten als das Sparen auf dem Weltkapitalmarkt. Das Sparen des Gelds im Ausland müsste also als Akt der Verzweiflung betrachtet werden; als Eingeständnis, dass Investitionen kaum getätigt werden können. Sogar der bescheidene Anstieg der Sparquote wurde aber weitestgehend im Ausland investiert; die Inlandsinvestitionen stiegen während des Booms durchschnittlich um weniger als 2 Prozent. Im Vergleich dazu hatte Asien, das nicht viele Rohstoffe besitzt und darum den Abbau von natürlichen Ressourcen nicht auszugleichen braucht, während des Rohstoffbooms durchschnittliche Inlandsinvestitionen von 37 Prozent. Seine Sparquote war noch höher: China häufte dadurch US-Staatsanleihen im Wert von 2 Billionen Dollar an. Die afrikanische Investitionsquote erreichte während des Booms nur 23 Prozent.

Chinesische Verträge als Verpflichtungsmechanismus

EIN GRUND, WARUM ES SICH ALS politisch so schwierig erwiesen hat, die ethischen Verpflichtungen gegenüber der Zukunft zu erfüllen, liegt darin, dass die harte Arbeit einer vorausschauenden Regierung von der Sorglosigkeit einer künftigen Regierung zunichtegemacht werden kann. Während des Ölbooms sammelten die vorausschauenden nigerianischen Reformer 70 Milliarden Dollar in liquiden ausländischen Finanzwerten an, aber wird man diese Ersparnisse in Inlandsinvestitionen umwandeln oder für den Konsum ausgeben? Wenn sie für den Konsum ausgegeben werden, haben die Reformer nur einen Transfer des politischen Kapitals bewirkt, also ihren Nachfolgern eine Konsumparty spendiert.

Eine vorausschauende Regierung braucht idealerweise ein Mittel, um die Sparentscheidung unumkehrbar zu machen. Die nigerianischen Reformer erkannten das und wählten eine legislative Lösung. Sie schlugen ein Gesetz über fiskalische Verantwortung vor, das dem Finanzminister die Macht gab, eine vernünftige Sparquote festzulegen. Nigeria ist eine Föderation, und die Öleinnahmen werden zwischen den 36 Bundesstaaten und der Zentralregierung geteilt. Darum musste neben dem Bundesgesetz noch ein Gesetz in jedem Staat verabschiedet werden. Das Bundesgesetz wurde während des Booms in Kraft gesetzt, aber als der Boom zu Ende ging, hatten erst sieben Staaten vergleichbare Gesetze erlassen. Gibt es womöglich eine Alternative, damit ein vorausschauender Finanzminister die Gesellschaft unumkehrbar zum Sparen verpflichten kann?

Ohne es zu wollen, hat China so eine Möglichkeit geschaffen. In den letzten zehn Jahren hat China viele Verträge in Afrika abgeschlossen und die Rechte zum Rohstoffabbau im Austausch gegen die Schaffung von Infrastruktur erworben. Erinnern wir uns, dass die internationalen Organisationen strikt gegen diese Verträge waren. Förderrechte wurden nicht für Geld verkauft, das in den Staatshaushalt floss und dann von der Regierung zum Aufbau der Infrastruktur benutzt wurde. Stattdessen wurde der Haushalt komplett umgangen. Dadurch waren die Verträge völlig intransparent und ließen sich kaum überprüfen.

Offensichtlich ist diese Intransparenz attraktiv. Ein korrupter Politiker würde die Rechte an den Rohstoffen seines Landes lieber im Geheimen verkaufen. Bei meinen Gesprächen mit Politikern erkannte ich aber, warum ein solcher Vertrag auch für Reformer attraktiv sein kann. Jeder vorausschauende Finanzminister konnte erkennen, dass eine Investitionsquote von 23 Prozent zu gering war. Er könnte aber mit Recht befürchten, mit seiner Forderung nach viel Geld für Infrastruktur alleine dazustehen. Sein Gegenüber, der Verteidigungsminister zum Beispiel, könnte sagen, jetzt sei der Zeitpunkt, den Sold der Soldaten zu erhöhen. Er könnte erwähnen, es gäbe Unzufriedenheit bei den unteren Rängen, und dabei den Präsidenten bedeutungsvoll anschauen. Der Erziehungsminister würde einwerfen, die Lehrergewerkschaft wisse, dass zusätzliches Geld in den Haushalt geflossen sei, und plane einen Streik. Kurz gesagt, der Finanzminister hätte allen Grund zur Sorge, dass das meiste Geld – 77 Prozent – durch Extraausgaben versickern würde. Verglichen mit diesem Ergebnis könnte der chinesische Vertrag durchaus attraktiv wirken. Es gäbe kein zusätzliches Geld, das am Kabinettstisch verteilt werden müsste, denn das Angebot gälte nur für die Infrastruktur. Die Investitionsquote aus den impliziten Einkünften läge daher bei 100 Prozent. Durch den Vertrag hätte der Minister die Investitionsentscheidung unumkehrbar gemacht, sie würde zeitkonsistent. Wenn chinesische Verträge so einseitig wären, wie internationale Organisationen argwöhnen, wäre der Minister zwischen Scylla und Charybdis gefangen: Plünderung der Zukunft des Landes durch die heutige Generation oder Plünderung der Gegenwart des Landes durch China.

Angenommen, der Minister wollte diesen Mechanismus beibehalten – die Investitionen unumkehrbar machen, indem er den Haushalt umgeht –, aber zugleich wollte er sichergehen, dass der chinesische Vertrag fair sei. Dafür gäbe es eine einfache Abhilfe. Was bei diesen Verträgen fehlte, war der Wettbewerb. Die Chinesen waren die Einzigen, die Infrastruktur im Austausch gegen Förderrechte boten. Andere mögliche Rohstoffförderer hatten einfach nicht gemerkt, dass die Chinesen einen vielversprechenden neuen Ansatz gefunden hatten. Statt einen geheimen Vertrag mit den Chinesen abzuschließen, hätte die

Regierung die Förderrechte öffentlich versteigern können – aber für Infrastruktur statt für Geld. Die chinesische Regierung hat bei solchen Angeboten ein Konsortium aus einer Förderfirma, einer Baufirma sowie Entwicklungshilfe zusammengestellt. Andere Länder könnten dasselbe tun, und es könnte eine Auktion stattfinden. Wie bei einer normalen Versteigerung würde man den Umfang der Förderrechte festlegen, aber die Gebote würden sich darum drehen, wie viele Projekte auf einer Infrastrukturwunschliste das Konsortium erfüllt, nicht darum, wie viel Geld es bezahlt. Würden die Chinesen solche Auktionen gewinnen, dann weil sie das beste Angebot abgegeben haben. Statt China zu beschuldigen, Afrika auszuplündern, wäre es für die internationale Gemeinschaft vielleicht effektiver gewesen, seine Praktiken nachzuahmen.

Unerfüllte Verpflichtungen

»PLÜNDERUNG« IST EIN EMOTIONAL aufgeladenes Wort, das Bilder von Piratentum und Gewalt evoziert. Plünderung ist im Grunde aber ein ökonomisches Problem – die Übertretung von Eigentumsrechten – und kann komplexere Formen als Diebstahl annehmen. Bis jetzt sind die Rohstoffe in den armen Ländern von der heutigen Generation geplündert worden; man hat die Rechte der künftigen Generationen nicht genügend beachtet. Geplündert wurde sowohl langsam durch die Ressourcenerschöpfung als auch schnell durch das High von Rohstoffbooms. Diese enteignete künftige Generation existiert nicht nur hypothetisch: Die meisten heute lebenden Afrikaner sind zu jung, um zu wählen. Im letzten Kapitel habe ich dargestellt, dass ein Teil des Werts natürlicher Ressourcen von ausländischen Förderfirmen und kleinen inländischen Eliten auf die gröbste Art geplündert wurde. Dieses Kapitel hat gezeigt, dass das Problem sich durch eine subtilere Form des Plünderns noch verschlimmert. Die heutigen Erwachsenen sind eine Minderheit, die ihre Rechte missbraucht hat. Vor kurzem habe ich diese Idee mit einem Minister aus Kamerun diskutiert. Als ich zu der Notwendigkeit kam, nicht nachhaltige Einkünfte einzeln zu betrachten, fragte er, was passiere, wenn fast alle Einkünfte aus Erdöl kämen und damit nicht nachhaltig seien. Er kannte natürlich die Schlussfolgerung: Die Sparquote müsste hoch sein. Und er erkannte, dass es in Kamerun bereits zu spät war. Frühere Entscheidungen der Regierung haben die Entscheidung für den öffentlichen Konsum praktisch unumkehrbar gemacht. Für andere Gesellschaften ist es aber noch nicht zu spät. Im September 2009 entdeckte Sierra Leone, ein Nachbar Kameruns an der westafrikanischen Küste, Öl. Die Entscheidungen der nächsten Jahre werden bestimmen, ob die heutige Generation in Sierra Leone die Öleinkünfte spart oder plündert.

Die Entscheidung, Einkünfte zu sparen, ist wichtig, reicht aber nicht aus. Die rohstoffreichen Länder der untersten Milliarde dürfen nicht aus ihrer Verzweiflung heraus entscheiden, sondern müssen erfolgreich in ihre eigenen Gesellschaften investieren.

KAPITEL 7

Investieren in Investitionen

DIE NUTZUNG NATÜRLICHER RESSOURCEN für die nachhaltige Entwicklung hängt, wie wir gesehen haben, von einer Entscheidungskette ab, und das Ergebnis ist nur so gut wie das schwächste ihrer Glieder. Wir haben jetzt das letzte Glied erreicht, und leider ist es das schwächste.

Angenommen, die Regierung hat alle drei vorigen Entscheidungen richtig getroffen. Sie hat geologische Untersuchungen in Auftrag gegeben, die genügend Informationen über die Fördermöglichkeiten ergeben haben, darum konnte sie die Rechte für wahrscheinliche Vorkommen zu guten Preisen versteigern. Sie hat ein Steuersystem konstruiert, das den Löwenanteil der Renten, die den ökonomischen Wert der Rohstoffe ausmachen, abschöpft. Schließlich hat sie den Großteil all dieser Einkünfte – weniger als 100 Prozent – gespart, weil sie der Meinung war, dass etwas Extrakonsum sich mit ihren Verpflichtungen gegenüber der Zukunft vertrüge. Und weil sie erkannte, dass die Rendite auf inländische Investitionen höher sein würde als der Weltzinssatz, setzte sie auf einen Kapitalgewinn, um die Last der Verantwortung zu erleichtern. Es bleibt nur noch das letzte Glied, nämlich die Investitionen im Inland durchzuführen.

Die Erhöhung der Inlandsinvestitionen ist sicher die Quintessenz der wirtschaftlichen Entwicklung. Investitionen bauen die Bürohäuser und Fabriken, pflastern die Straßen und erzeugen die Elektrizität, die ein Schwellenland von der untersten Milliarde unterscheidet. Warum ist dieser letzte Schritt der schwierigste?

Erinnern wir uns, dass der Internationale Währungsfonds den Ländern mit niedrigem Einkommen geraten hat, die Ersparnisse aus Rohstoffeinkünften nicht im Inland zu investieren, sondern damit ausländische Finanzwerte zu kaufen. Das ist das norwegische Modell, das die vorausschauenderen Finanzminister ärmerer Länder als Vorbild sehen. Der Rat des IWF basiert auf einer realistischen Einschätzung der Probleme. Wenn das zusätzliche Geld für Inlandsinvestitionen ausgegeben wird, ist eine angemessene Rendite unwahrscheinlich. Tatsächlich könnte es der Wirtschaft sogar schaden, indem es unsichere staatliche Investitionssysteme verstopft und die Qualität zerstört. Das übergeordnete Konzept, mit dem der IWF dieses Problem beschreibt, lautet »Absorption«: Die Volkswirtschaft kann die zusätzlichen Ausgaben einfach nicht absorbieren. Der IWF kennt dieses Phänomen auch bei der Entwicklungshilfe, allerdings sind Rohstoffeinkünfte potenziell noch problematischer. Sie steigen vor allem während kurzer Boomperioden rapide an und werden im Gegensatz zur Entwicklungshilfe nicht von einer Armee ausländischer Spezialisten begleitet, die bei der Umsetzung von Projekten helfen.

Hier ist ein Beispiel, warum der IWF Inlandsinvestitionen skeptisch gegenübersteht. Im April 2009 erklärte die nigerianische Regierung, sie werde von den Ersparnissen, die sie während des letzten Ölbooms angesammelt hatte, fünf Milliarden Dollar für die Stromerzeugung investieren. Diese Ankündigung erregte großes Aufsehen, weil Verbesserungen bei der Stromversorgung offensichtlich nötig waren. Stromknappheit war das größte Hindernis für die Wirtschaftsaktivitäten in Nigeria. Bevor wir diesen Wandel aber begrüßen, sollten wir kurz darüber nachdenken, warum Nigeria unter chronischer Stromknappheit leidet. Der Grund waren keine fehlenden Investitionen, sondern die Tatsache, dass das Geld in falsche Kanäle floss. In einem Artikel des *Wallstreet Journal* vom 28. April 2009 wurde die Regierung zitiert, sie schätze, rund 16 Milliarden Dollar aus früheren Investitionsmitteln seien unterschlagen worden. Die zentrale Frage für die nigerianische Regierung ist, ob die fünf Milliarden nun besser verwendet werden.

Damit 16 Milliarden Regierungsmittel für die Stromerzeugung verschwinden konnten, mussten viele Beamte und Politiker sehr viel Geld einstecken. Nigeria war seit 1998 eine Demokratie, warum gab es also so wenig wirksame Kontrollen?

Zufällig besuchte ein Nigerianer namens Nuhu Ribadu mein Forschungszentrum in Oxford. Nuhu Ribadu ist Polizist und schreibt in

Oxford seine Berufserfahrungen auf. Ich hoffe, er wird der Welt nicht nur sagen, was passierte, sondern auch in der Weise, wie er es mir erzählte: durch sanftes Understatement, das den dramatischen Inhalt mildert, aber nicht verbergen kann. Nuhus Autorität in Nigeria war ziemlich weitreichend und entstand nach dem 11. September 2001. Die amerikanische Regierung wollte den Terroristen verständlicherweise die internationalen Finanzströme abschneiden und baute zusammen mit einer Gruppe entwickelter Länder die Financial Action Task Force auf, um das Problem zu lösen. Sie erstellte eine Liste von Ländern, deren Finanzsysteme sie für nicht transparent genug hielt, um das Einsickern von Terrorgeld zu verhindern. Auch Nigeria kam auf diese Liste.

Man muss anerkennen, dass der nigerianische Präsident Obasanjo diese potenzielle Bedrohung für Nigerias Ruf erkannte. Diesen Ruf zu retten, hatte er sich zum Ziel seiner Präsidentschaft gemacht. Als Mitbegründer von Transparency International wollte er die allgegenwärtige Korruption in seinem Land bekämpfen. 2002 hatte er Gesetze durchgebracht, die eine neue Kommission etablierten (die Economic and Financial Crime Commission), und Nuhu zu ihrem Leiter ernannt. Er sagte Nuhu, er solle alles Nötige tun, um Nigeria von der Liste zu bekommen. Nuhu tat genau das.

Wie viele andere bin ich ein großer Verfechter internationaler Standards und Verhaltensregeln. Diese Geschichte zeigt ihre potenzielle Macht und zugleich, wie nachlässig wir sie bislang eingesetzt haben. Die Financial Action Task Force war nicht deshalb ins Leben gerufen worden, um die Korruption in Nigeria zu bekämpfen; sie existierte nur, um im Interesse des Westens das Risiko terroristischer Angriffe zu senken. Dennoch verbesserte sie die Lage in Nigeria weit mehr als alle Anstrengungen der internationalen Gemeinschaft seit der nigerianischen Unabhängigkeit.

Nuhu leitete ein Team von 40 Polizisten, die einem Meer von Korruption gegenüberstanden. Seine Strategie bestand darin, oben anzufangen. Wenn man die Korruption bekämpfen wollte, half es nichts, die kleinen Beamten zu jagen, für die Korruption eine Überlebensstrategie war. Man musste hohe Beamte überprüfen, deren Verfolgung Schockwellen durch die nigerianische Elite schicken würde. Nuhu hatte keine

Angst vor politischen Risiken. Unter anderem verhaftete er den Präsidenten des nigerianischen Senats. Außerdem ging er erfolgreich gegen seinen eigenen Chef vor, den obersten Polizeipräfekten.

Nuhu hatte bemerkt (und wie hätte es jemandem entgehen sollen), dass es in all den Jahren ausufernder Korruption kein einziges erfolgreiches Strafverfahren gegeben hatte, entweder aus Unfähigkeit oder absichtlich. Er entdeckte, dass sein Chef Ersparnisse von insgesamt 150 Millionen Dollar angehäuft hatte. Das war sein Anteil an den 16 Milliarden und dem übrigen Geld, das Beamte bei ihrer Tätigkeit als Kontrolleure der Staatsausgaben unterschlagen hatten. Die Kontrollen zu umgehen war teuer gewesen. 150 Millionen waren bei dieser einen Person gelandet, darum hatte man vermutlich viel mehr Geld gebraucht, um andere Personen zu bestechen, welche die Zahlungen überprüfen sollten. Solche gewaltigen Schmiergelder summierten sich zu einer Plünderung, die nicht in die Millionen, sondern in die Milliarden ging. Nuhu kam nach Oxford, weil er nach dem Ende von Präsident Obasanjos letzter Amtszeit einen großen Fisch zu viel verfolgt hatte. Als er hierher kam, stand er selbst unter Anklage. Ich bot einem Mann Zuflucht, der wegen des Verbrechens gesucht wurde, keine Uniform mehr zu tragen.

Nigeria ist nicht das einzige Land, in dem Korruption ein großes Hindernis bei der Umsetzung staatlicher Investitionsprogramme ist. Es gibt einen einfachen Grund, warum solche Investitionen stärker durch Korruption gefährdet sind als andere Ausgaben. Kapital, das durch Investitionen erworben wird, kommt in zwei Formen vor: Ausrüstung und Strukturen (zum Beispiel Lastwagen und Straßen). Öffentliche Investitionen fließen meist in Strukturen, private in Ausrüstung. Die Länder der untersten Milliarde produzieren nicht ihre eigene Ausrüstung, aber weil sie sie auf dem Weltmarkt kaufen, lässt sich relativ leicht erkennen, ob sie dafür einen überhöhten Preis bezahlt haben. Strukturen dagegen müssen im Inland vom Bausektor geschaffen werden, und weltweit steht der Bausektor in seinem Ruf der Korruption nur hinter der Rohstoffförderung zurück. Jedes Bauprojekt ist ein wenig anders: Es muss zu einem bestimmten Standort passen, man braucht Fachwissen und Produkte wie Zement, die vielleicht knapp sind. Häufig ändern sich die Einzelheiten der Planung während der Bauarbeiten, daher müssen Änderungen ausgehandelt werden. All diese besonderen Aspekte machen es schwierig zu sagen, ob ein bestimmter Bauvertrag durch Korruption aufgebläht ist. Sogar Konkurrenzangebote sind relativ leicht zu bekämpfen. Beispielsweise könnte eine korrupte Firma zu einer Absprache mit dem Beamten kommen, der für die Vertragsvergabe zuständig ist. Die Firma gewinnt den Wettbewerb mit dem niedrigsten Angebot, aber während der Arbeiten verändert der Beamte die Bauvorgaben, und die Veränderungen, die nicht dem Wettbewerb unterworfen sind, stellen sich als überraschend teuer heraus. Ein großes staatliches Investitionsprogramm ist also von einem weltweit korrupten Sektor abhängig.

Doch die Probleme, ein großes Investitionsprogramm zu absorbieren, können nicht universell sein. Asien investiert beispielsweise einen viel größeren Anteil seines Einkommens als Afrika. Angenommen, die rohstoffreichen Länder der untersten Milliarde würden ihre Investitionsquote von rund 20 Prozent auf rund 30 Prozent steigern – immer noch unter dem Wert Asiens, aber dennoch ein Quantensprung. Warum könnte das zu negativen Ergebnissen führen, abgesehen von der Korruption?

Gibt es Investitionschancen?

KÖNNTE DER GRUND, WARUM DIE Investitionen in Afrika so bescheiden sind, einfach darin liegen, dass keine hohen Renditen winken? Schließlich stimmen Investoren mit der Brieftasche ab. Jean-Louis Warnholz, einer meiner Studenten, wollte das herausfinden und verwendete dafür drei Quellen über die Renditen privater Investitionen. Die eine war die Rendite direkter amerikanischer Investitionen je nach Region. Die zweite war die Aktienrendite auf den internationalen Märkten. Die dritte sammelte Daten von 18 000 produzierenden Firmen aus über 30 Ländern. Allein diese Informationen zu bekommen war schon nicht leicht, und dann mussten sie so vergleichbar wie möglich gemacht werden. Jean-Louis' Ergebnisse zeigten aber, dass sich die Anstrengung gelohnt hat. Nach allen drei Maßstäben war die Rendite auf Privatinvestitionen in Afrika höher als in jeder anderen Region. Der *Harvard Business Review* fand diese Ergebnisse so erstaunlich, dass er sie 2009 unter seine »20 bahnbrechenden Ideen des Jahres« aufnahm. Einen Monat später setzte *Newsweek* sie auf die Liste der »weltweit wichtigsten zehn Ideen 2009«. Wenn Sie dieses Buch lesen, ist sie vielleicht schon zur »wichtigsten Idee des Jahrzehnts« erklärt worden, aber der zentrale Punkt ist, dass eine niedrige Rendite keine plausible Erklärung für Afrikas Investitionsproblem sein kann.

Eine hohe Durchschnittsrendite ist aber das eine, ein hoher Grenzertrag – die Rendite auf zusätzliche Investitionen – etwas anderes. Doch der Grenzertrag ist der entscheidende Aspekt, um hohe Investitionssteigerungen anzuregen. Würden die Investitionen ohne eine geänderte Praxis stark ansteigen, kann man annehmen, dass die Renditen auf diese zusätzlichen Investitionen niedriger wären als auf schon existierende Investitionen, womöglich sogar viel niedriger. Sofern die »Projektauswahl« – die Auswahl der Investitionschancen – nicht wirklich katastrophal ist, haben die bereits ausgewählten Projekte eine höhere Rendite als die weiter unten auf der Liste. Die ersten paar offensichtlichen Investitionen haben tatsächlich eine gewaltige Rendite, aber sie sind ein irreführender Maßstab dafür, ob es viele gleichwertige Chancen gibt. Weitere Projekte stünden auf der Liste nicht nur weiter unten, sondern ihre Realisierungschancen wären auch geringer. Das Investitionsprogramm könnte verstopft und ineffizient werden.

Das »Absorbtionsproblem«, gesteigerte Investitionen zu regeln, ist durchaus real. Dennoch ist die frühere Schlussfolgerung des IWF, man solle Geld im Ausland anlegen, statt im Inland zu investieren, ein kostspieliger Defätismus. Nur wenige arme Gesellschaften können realistischerweise anstreben, wie Kuwait von Renten zu leben, die durch Finanzwerte in New York erwirtschaftet werden. Diese Gesellschaften sind vielmehr nur in dem Sinne ressourcenreich, dass sie im Vergleich zu ihren menschengemachten Ressourcen reiche Vorkommen an natürlichen Ressourcen besitzen. Ein paar sehr kleine Gesellschaften wie Äquatorialguinea könnten potenziell wie Kuwait werden, aber alle großen Gesellschaften müssen irgendwann ihre Volkswirtschaften entwickeln, um auch nur ein mittleres Einkommensniveau zu erreichen.

Irgendwann müssen sie der Herausforderung ins Auge blicken, einen viel höheren Anteil ihrer Einkommen innerhalb ihrer Volkswirtschaften zu investieren, und zwar auf produktive Art. Das ist letztlich die entscheidende Aufgabe aller großen rohstoffreichen Gesellschaften mit geringen Einkommen. Bis dahin ist alles nur ein Vorspiel.

Die Aufgabe kann in drei unterschiedliche Schritte aufgeteilt werden, von denen jeder notwendig ist, damit eine Gesellschaft die Investitionsquote deutlich steigern kann, ohne die Rendite nach unten zu ziehen. Zuallererst muss die Regierung ihre öffentlichen Investitionen besser regeln. Doch das reicht nicht aus. Ein Teil der Rendite auf öffentliche Investitionen hängt davon ab, dass sie private Investitionen anregen, und diese hängen von Entscheidungen ab, über welche die Regierung keine Kontrolle hat. Obwohl sie private Investitionen nicht befehlen kann, kann sie sie aber attraktiver machen, indem sie die allgemeine Wirtschaftspolitik verbessert.

Angenommen, öffentliche wie private Investitionen steigen stark an. Genügt das? Wahrscheinlich nicht, weil in den Volkswirtschaften der untersten Milliarde öffentliche und private Investitionen vor demselben Hindernis stehen. Kapitalgüter sind schon teuer, und wenn Investitionen wachsen, schießen ihre Preise oft noch weiter in die Höhe. Wenn das geschieht, dient ein großer Anstieg bei den Investitionsausgaben nur dazu, geringe Zuwächse von Kapitalgütern zu kaufen, die bestimmen, wie stark die Wirtschaftsleistung steigt. Gemeinsam bilden diese drei Herausforderungen – verbesserte öffentliche Investitionen, Anregung privater Investitionen und Eindämmung des Preises von Kapitalgütern – eine Agenda zur Überwindung des Absorbtionsproblems. Zusammengenommen betrachte ich sie als Strategie zum »Investieren in Investitionen«. Damit meine ich, dass die Gesellschaft Geld ausgeben und sich anstrengen muss, um die Voraussetzungen zu schaffen, damit gesteigerte Investitionen zu produktiven Investitionen werden.

Verbesserung der öffentlichen Investitionen

GUTE ÖFFENTLICHE INVESTITIONEN sind der Ausgangspunkt. Die Regierung nimmt die Rohstoffeinkünfte ein und spart sie, daher trägt vor allem sie die Verantwortung, die Prioritäten bei der Verwendung der Gelder zu setzen. Wenn alles so weitergeht wie bisher, wird »mehr Investitionen« wahrscheinlich »schlechtere Investitionen« bedeuten, weil man auf der Liste der Prioritäten einfach weiter nach unten geht.

Wenn die Regierung öffentlich beschließt, die Investitionen deutlich zu steigern, könnte das Resultat sogar noch schlimmer sein. Die politischen Lobbygruppen, die versuchen, an öffentliche Gelder zu gelangen, hören, dass mehr Geld auf dem Tisch liegt, und werden auf legitime wie illegitime Weise aktiv. Die bei solchen lobbyistischen Konkurrenzkämpfen verschwendeten Mittel nennt man »Anstreben von Renten«. Wenn dieses Verhalten durch wechselseitige Kontrollen wie zum Beispiel Vetostellen unterbunden wird, können Lobbys versuchen, sie außer Kraft zu setzen. Auch Nuhus Abreise nach Oxford wurde durch wirksame Lobbyarbeit bewirkt, der es damit gelang, eine wichtige Kontrolle außer Kraft zu setzen. Der Politologe Michael Ross von der University of California in Los Angeles nennt diese Destruktivität auf höherer Ebene »Renteneroberung«. Als Beispiel hatte Ross jedoch nicht das afrikanische Öl, sondern thailändisches Tropenholz vor Augen. Hier hatte er zeigen können, wie systematisch Kontrollen außer Kraft gesetzt wurden, welche bislang die Plünderung der Wälder behindert hatten.

Doch die Entscheidung, die öffentlichen Investitionen drastisch zu erhöhen, kann auch eine Chance zum Bruch mit der Vergangenheit bieten. Politisch ist es einfacher, neue Praktiken in einer Zeit der Expansion einzuführen als in Zeiten schmaler Budgets. Innerhalb des öffentlichen Sektors bedeutet Investieren in Investitionen eine bewusste Strategie, die zwei oder drei Jahre braucht, um anzulaufen; man muss das Personal rekrutieren und Entscheidungsprozesse etablieren, die produktivere Projekte hervorbringen können.

Korruption in öffentlichen Investitionsprojekten lässt sich bekämpfen. Der elementarste Schritt ist der, bei allen Projekten konkurrierende Angebote zuzulassen. Obwohl es relativ leicht ist, dies durch Änderungen an den Vorgaben eines Vertrags zu unterlaufen, lässt sich die daraus folgende Korruption verhindern. Man kann beispielsweise den Wert begrenzen, bis zu dem Änderungen an den Einzelheiten eines Vertrags ohne Genehmigung von oben möglich sind. Es lassen sich zudem verschiedene Vetostellen in diesen Autorisierungsprozess einbauen, die auf der Ebene der individuellen Entscheidung die makroökonomischen Ergebnisse nachahmen, die ich in Kapitel 3 diskutiert habe. Ich habe dort argumentiert, dass Vetostellen in rohstoffreichen Ländern die allgemeine Wirtschaftsleistung verbessern. An Nuhus Geschichte kann man sehen, dass Vetostellen letztlich nur dann funktionieren, wenn hinter ihnen die Drohung harter Strafen steht: das Gefängnis.

Die internationale Gemeinschaft kann diese Schritte im Inland unterstützen, schließlich operieren viele Baufirmen international und haben ihre Firmensitze in OECD-Ländern. Durch die Initiative für Transparenz in der Rohstoffwirtschaft konnte internationales Handeln zum Beispiel dazu beitragen, die Korruption zu bekämpfen. Die britische Regierung versucht nun dasselbe für den Bausektor zu tun. Unter den Menschen, die *Die unterste Milliarde* gelesen und sich an mich gewandt haben, um ihre Hilfe anzubieten, war ein Unternehmer, der eine Softwarefirma für den Bausektor besaß. Ich brachte ihn in Verbindung mit einer afrikanischen Regierung, die erkannte, dass eine Standardisierung der Software für staatliche Bauaufträge die Korruptionsbekämpfung stark erleichtern würde. Natürlich finden korrupte Firmen und bestechliche Beamte schließlich immer einen Weg, um solche Barrieren zu umgehen. Man sollte es ihnen jedoch so schwer wie möglich machen.

Korruption ist jedoch nur eines der Probleme, die man bei der Umsetzung großer öffentlicher Investitionsprogramme angehen muss. Denn das Programm muss zunächst geplant werden. Was soll es enthalten und was nicht? Die Frage ist aus technischer wie politischer Sicht schwierig zu beantworten. Technisch gesehen stellt sich die Frage, wie die Regierung die wahrscheinliche Rendite unterschiedlicher Investitionen ermitteln und die besten Projekte auswählen kann. Die konventionelle Antwort war früher, die Projekte einer Kosten-Nutzen-Analyse zu unterziehen. Bei der Auswahl öffentlicher Investitionen in armen Ländern war diese Technik aber ziemlich nutzlos. (Wie der neue Weltbank-Direktor für den öffentlichen Sektor vor kurzem zu mir sagte: »Wir wissen, dass *das* nicht funktioniert.«) Bei größeren Projekten übersieht man so viele Vorteile, die sich über die gesamte Volkswirtschaft verteilen, aber schlecht messen lassen. Die britische Regierung benutzt die Kosten-Nutzen-Analyse für viele öffentliche Investitionen, erkennt aber, dass dieser Ansatz große transformative Investitionen wie Autobahnen oder Fernstraßen eher negativ bewertet. Der Ständige Ausschuss für Fernstraßen-Bewertung setzt den geschätzten Nutzen aller Fernstraßen um 30 Prozent herauf, um dieser Tendenz entgegenzuwirken. Aber 30 Prozent sind ein völlig willkürlicher Wert und reichen vielleicht nicht aus. Mit der Kosten-Nutzen-Analyse steckt England, trotz 30-Prozent-Ausgleich, fest und hat bis heute kein Netz aus Hochgeschwindigkeitszügen und Autobahnen, wie es für Frankreich mit seinem Appetit auf *les grands projets* selbstverständlich ist.

Die Kosten-Nutzen-Analyse ist also für die meisten Länder der untersten Milliarde ungeeignet, weil sie den Einsatz einer kleinen Armee von Ökonomen erfordern würde. Der typische Beamtenapparat hat bei weitem nicht das Personal für eine solche Analyse, außer bei ganz großen Projekten, und das sind genau die Projekte, die für diese Technik am wenigsten geeignet sind. Selbst wenn genügend Fachleute für eine Kosten-Nutzen-Analyse vorhanden sind, sind ihre Ergebnisse nur so gut wie ihre Unabhängigkeit. Das typische Ministerium in den Gesellschaften der untersten Milliarde bietet Fachleuten, die sich den Lieblingsprojekten eines Ministers entgegenstellen, nur wenig Schutz. Doch die Korrektur politisch motivierter Prioritäten ist schon der halbe Zweck der Kosten-Nutzen-Analyse.

Wenn Investitionen weder von den Launen der Politiker noch der scheinbaren Präzision der Kosten-Nutzen-Analyse abhängen sollen, was soll dann der Leitfaden sein? Ein realistischerer Ansatz für ein armes Land könnte es sein, nicht Norwegen, sondern ein Land mit mittlerem Einkommen als Vorbild zu wählen. Inzwischen gibt es genügend zur Auswahl – Gesellschaften wie Malaysia und Botswana, denen in den letzten drei Jahrzehnten der Weg aus der Massenarmut gelungen ist und die nun den Normalbürgern bescheidene Sicherheit und Perspektiven bieten. Unter diesen Ländern sollte sich eines finden, das vor drei Jahrzehnten irgendeinem heutigen Land mit niedrigem Einkommen ähnelte. Da das Vorbild mit mittlerem Einkommen seine Wirtschaft erfolgreich reformiert hat, können die staatlichen Investitionsentscheidungen nicht ganz falsch gewesen sein, und große Fehler können als Warnung dienen. Mit anderen Worten, Art und Reihenfolge der Investitionen in dieser Gesellschaft lassen sich als Muster nutzen. Wenn sie klug ist, wird die Regierung sich nicht ein einziges Land zum Vorbild nehmen, sondern nach Gemeinsamkeiten von mehreren Ländern suchen. Die Weltbank-Kommission für Wachstum und Entwicklung, die 2008 unter Vorsitz von Michael Spence ihren Bericht abgab, wählte genau diesen pragmatischen Ansatz, vom Erfolg zu lernen. Spence fragte, was die 13 ehemals armen Länder gemeinsam hatten, die es geschafft haben, über eine Generation hinweg ihre Wirtschaftsleistung alle zehn Jahre zu verdoppeln. Ein Aspekt, den Spence für entscheidend hielt, war eine nachhaltig hohe staatliche Investitionsquote.

Die richtigen öffentlichen Investitionen auszuwählen ist eine viel begrenztere Frage als die von der Kommission gestellte. Ein großer Teil der für die Entwicklung nötigen Infrastruktur hält jahrzehntelang, doch während eine Gesellschaft sich transformiert, können sich ihre Bedürfnisse schnell und radikal verändern. Die gegenwärtige Infrastruktur kann ländlich sein, aber wenn die Gesellschaft sich rasch urbanisiert, braucht sie städtische Transportsysteme. Werden diese Projekte zu lange aufgeschoben, ist ihr Bau vielleicht zu teuer geworden. Als ich einmal in der Londoner U-Bahn, einem Produkt viktorianischer Vorausschau, auf den Zug wartete, wurde meine sichtbare Ungeduld durch ein Paar aus Neuseeland gemildert. »Wenn Auckland bloß eine U-Bahn hätte«, sagten sie. »Wir haben zu lange gewartet.«

Ich will mich wieder Nigeria zuwenden, Afrikas bei weitem bevölkerungsreichstem Land, dessen Öl der Gesellschaft die Chance zur Transformation bietet. Wie werden seine Menschen leben, wenn diese

Transformation eintritt? Die Frage mag futuristisch klingen, aber wir können sie besser beantworten als viele Fragen mit kürzerem Zeithorizont, etwa die Ölpreisentwicklung der nächsten 12 Monate. Wenn sich Nigeria entwickelt, wird seine Bevölkerung in die Großstädte an der Küste ziehen. Wir sehen diesen Prozess bereits in größerem Maßstab in China, wo Hunderte Millionen Menschen aus dem Inneren des Landes abwandern. Binnen einer Generation wird Lagos, schon jetzt die größte afrikanische Stadt südlich der Sahara, eine globale Megacity mit über 20 Millionen Menschen werden. Schon jetzt befindet sich hier die Hälfte der nicht mit Öl verbundenen Wirtschaft Nigerias, sodass sich in Zukunft, wenn das Öl zur Neige geht und durch eine neue Wirtschaft ersetzt wird, ein Großteil davon in Lagos und Umgebung befinden wird. Lagos hat zwei zentrale Vorteile. Es ist eine Hafenstadt, und Häfen sind Schlüsselstandorte für die globale Produktion. Es ist nicht nur von Vorteil, eine Hafenstadt zu sein, sondern noch mehr, eine große Hafenstadt zu sein.

Je größer eine Stadt, desto produktiver ihre Bevölkerung. Die Faustregel ist, dass bei jeder Verdoppelung der Einwohnerzahl die Produktivität der Arbeiter um rund 6 Prozent steigt. Das mag nicht nach viel klingen, aber wenn Menschen aus Dörfern in Megastädte ziehen, können die geballten Folgen groß sein. Jemand, der in einer Zehnmillionenstadt arbeitet, ist im Durchschnitt 40 Prozent produktiver als jemand in einer Stadt von 100 000 Einwohnern – und die meisten Afrikaner leben heute in viel kleineren Städten. Die Entwicklung Chinas ist so außergewöhnlich, dass sie vielleicht nicht relevant für Afrika ist. Wegen Chinas schierer Größe haben seine Megacitys ein großes Hinterland, aber dasselbe Muster findet man in Indien. Afrika braucht mehr Megacitys. Tony Venables und ich verglichen die Urbanisierung Afrikas mit der Indiens und kamen zu dem Resultat, dass Afrikas Produktivität unter dem Fehlen von Städten wie Mumbai (Bombay) leidet. Lagos ist Afrikas größte Chance einer produktiven Megacity.

Wenn Nigerias wirtschaftliche Zukunft in Lagos liegt und diese Zukunft in einer Generation beginnen kann – sofern die nigerianische Regierung die Öleinkünfte des Landes dafür einsetzt –, fällt es nicht schwer zu entscheiden, wo ein Großteil der Öleinnahmen investiert werden soll. Paradoxerweise ist Lagos aber ganz klar und unbestritten der einzige Ort in Nigeria, wo das Ölgeld nicht hinfließt.

Um dieses Paradox zu verstehen, müssen wir uns der politischen Seite des Öls zuwenden. Vor 40 Jahren gab es in Nigeria einen Bürgerkrieg um das Öl. Die ölreiche Region des Nigerdeltas wollte sich abspalten, und die anderen Regionen wollten das nicht zulassen. Die politische Lösung bestand darin, ein föderales System aus 36 Bundesstaaten aufzubauen, unter denen die Hälfte der Erdöleinkünfte verteilt wird. Kein Staat ist groß genug, um sich abzuspalten, und in jedem Fall haben die lokalen Politiker einen verfassungsmäßig garantierten Anteil am Ölgeld. Lagos mag die Zukunft der nigerianischen Volkswirtschaft sein, aber schon seine gegenwärtige Prosperität ist den anderen Staaten ein Dorn im Auge. Seine Wirtschaft gibt der Stadt eine Steuerbasis, darum taten die übrigen Staaten sich zusammen und stimmten dafür, Lagos in der Verfassung von der Verteilung der Öleinkünfte auszuschließen. Das ergab zumindest innerhalb des utilitaristischen Kalküls einen gewissen Sinn, denn es geht Lagos besser als den anderen Regionen. Als Entwicklungsstrategie ist der Ausschluss von Lagos aber offensichtlich ein Leugnen der grundlegenden ökonomischen Logik. Künftige Chancen werden im Interesse der Gegenwart geopfert. Investitionen können nur dann hohe Renditen erbringen, wenn sie am richtigen Ort getätigt werden. Die Verantwortung der heutigen Generation nigerianischer Erwachsener gegenüber ihren Kindern und Enkeln für die Bewahrung des Werts der natürlichen Ressourcen würde erfordern, den Löwenanteil der Investitionen in Lagos zu tätigen. Lagos ist der Ort, wo viele jener Enkel leben werden, sobald die Gesellschaft ein mittleres Einkommensniveau erreicht hat.

Bis jetzt habe ich diskutiert, wie man öffentliche Investitionen plant. Doch die besten Pläne müssen immer noch umgesetzt werden. Korruption ist nicht das Einzige, was die Verwirklichung verhindern kann: Investitionen hängen von der Koordination einer ganzen Kette von Aufgaben ab. Bald nach Beginn des ersten Ölbooms 1975 beschloss die nigerianische Regierung, massiv in Infrastruktur zu investieren. Da war eine sehr vernünftige Entscheidung. 30 Jahre später kam Tony Blairs Afrika-Kommission unter Leitung des Ökonomen Nicholas

Stern – der auch den *Stern-Report über die wirtschaftlichen Folgen des Klimawandels* verfasste – zum selben Ergebnis: Afrikas oberste Priorität war die Infrastruktur.

Obwohl die Entscheidung der nigerianischen Regierung richtig war, geriet die Umsetzung zur Katastrophe. Die Regierung erkannte, dass ein großer Vorstoß bei der Infrastruktur viel mehr Zement erforderte, als Nigeria produzierte. Man beschloss also, Zement zu importieren. Beamte wurden in die ganze Welt geschickt, um allen Zement aufzukaufen, den sie finden konnten. Ohne sich abzustimmen, ließen sie den Zement nach Lagos liefern. Niemand, oder zumindest niemand in der oberen Hierarchie, hatte die einzelnen Schritte zur Schaffung von Infrastruktur durchdacht. Zement ist nutzlos, wenn er nicht vom Schiff entladen werden kann. Lagos ist ein hervorragender Naturhafen, eine ganze Flotte könnte hier sicher vor Anker liegen, aber es fehlen Docks und Kräne. Als die Warteschlange von Frachtschiffen mit Zement immer länger wurde und die Lieferanten erkannten, dass der Zement erst nach Monaten oder gar Jahren entladen werden würde, durchforschten sie das Kleingedruckte ihrer Verträge. Dort stand ein kleiner Standardsatz über etwas, das den meisten Menschen außerhalb der Frachtschifffahrt unbekannt sein wird: Überliegegeld. Wenn ein Schiff sein Ziel erreicht, aber innerhalb einer bestimmten Zeit nicht entladen werden kann, muss der Käufer eine tägliche Gebühr bezahlen. Die Zementlieferanten erkannten ihre Chance: Finde ein Schiff, das abgeschrieben werden kann, fülle es mit Zement, am besten billigem Zement von schlechter Qualität, und hoffe, dass das Schiff es bis nach Lagos schafft. Dann lass es dort so viele Jahre wie möglich vor Anker liegen und verdiene Überliegegeld. Nigerianer nennen diese Episode sarkastisch die Zementarmada. Wie viel Schuld an diesem Desaster die Korruption trug und wie viel die fehlende Planung, ist ungeklärt. Doch die Episode mahnt zur Vorsicht bei einem »großen Anschub« öffentlicher Investitionen.

Wenn ein Investitionsprojekt umgesetzt werden soll, muss es kontrolliert werden. Je schwieriger der politische oder soziale Rahmen, desto wahrscheinlicher geht etwas schief, darum ist mehr Kontrolle nötig. Im Lauf der Jahre hat die Weltbank Tausende von Projekten auf der ganzen Welt verwirklicht, von denen alle nach Abschluss bewertet wurden, um ihren Nutzen festzustellen. Potenziell könnte diese riesige Datenbank zeigen, welche Faktoren die Erfolgschancen eines Projekts steigern. Ich beschloss, die Daten mit Lisa Chauvet und Marguerite Duponchel zu analysieren. Wir fragten, was Projekten in »fragilen Situationen« half, etwa nach einem Konflikt, durch den der Staatsapparat weitgehend zerfallen war. Es überrascht nicht, dass Projekte unter solchen Bedingungen eher scheitern. Was könnte man dagegen tun? Wir fanden heraus, dass die Projektkontrolle der Weltbank unter solchen Bedingungen stets hilfreich war. Vielleicht kann dies als Leitfaden für rohstoffreiche Länder dienen, die ihre öffentlichen Investitionen steigern wollen, aber nicht das nötige Personal haben. Fast per definitionem wird ein rohstoffreiches Land nicht viel Entwicklungshilfe oder -helfer bekommen, da die Hilfsorganisationen versuchen, die ungleiche Rohstoffverteilung durch größeren Einsatz für weniger begünstigte Länder auszugleichen. Aber die Lehre ist hier nicht »Verlasst euch auf die Weltbank«, sondern »Holt fehlende Spezialisten von außen«. Tatsächlich war das ein Schlüsselelement in Botswanas Strategie, seine Diamanteneinkünfte für die Entwicklung einzusetzen. Die Regierung war nicht zu stolz, Ausländer einzustellen, um mit ihnen bei der Projektumsetzung zusammenzuarbeiten und die eigenen Bürger ausbilden zu lassen.

Anregung privater Investitionen

DER ZWEITE TEIL DER AGENDA DES Investierens in Investitionen ist die Anregung privater Investitionen. Endlich kommen wir zu einem Thema, bei dem sich die meisten Ökonomen wohlfühlen; seit den 1980er Jahren hat die Mehrheit der ökonomischen Zunft die Überlegenheit des privaten gegenüber dem staatlichen Handeln propagiert. Auf die Nutzung natürlicher Ressourcen für die Entwicklung angewandt, hat sich das in zwei seltsam erscheinenden Ideen ausgedrückt.

Die eine war die Schlussfolgerung, die Renten aus natürlichen Ressourcen – in diesem Fall chilenisches Kupfer – seien nicht die sozialen

Kosten der Aneignung wert. Wenn man die Renten den Förderfirmen überließe, würde das Investitionen in die Rohstoffexpansion anregen und der ganzen Volkswirtschaft nützen. Sambia kopierte diesen Ansatz.

Die andere Idee war, dass die Regierung zwar Steuern auf die Rohstoffeinkünfte erheben, sie aber dann zurückgeben solle. Im Prinzip konnte sie das Geld den Bürgern buchstäblich in die Hand drücken, allerdings tun Politiker das nur im äußersten Notfall. Angesichts einer offenen Rebellion in der ölproduzierenden Region des Nigerdeltas erklärte die Regierung Nigerias im Oktober 2009, sie werde 10 Prozent der Öleinkünfte direkt an die dortigen Haushalte verteilen. Bislang gibt es keinen Hinweis darauf, wie sie so etwas durchführen will. Meist ist es praktischer, wenn die Regierung das Geld durch das Bankensystem zurück in die Privatwirtschaft lenkt. Die Hoffnung dahinter ist, dass Privatfirmen besser investieren als der Staat. Diesem Ansatz folgte die Regierung Kasachstans. Statt die öffentlichen Investitionen zu steigern, deponierte sie eine Menge Geld in einheimischen Banken, die es dann Firmen liehen, während das restliche Geld nach norwegischem Vorbild im Ausland gespart wurde.

Die globale Wirtschaftskrise hat der Magie des Marktes ihren Glanz geraubt, obwohl die Mehrzahl der Ökonomen dies nicht einsehen will. Aber was folgte aus der privaten Investition von Rohstoffeinkünften im Inland? Mehrere Jahre schien Kasachstan mit seiner Strategie großen Erfolg zu haben. Dann erlebte es einen katastrophalen Crash. Die einheimischen Banken hatten das Rohstoffgeld durch ausländische Kredite aufgestockt, wobei sie die vorausschauenden Anlagen der Regierung im Ausland als implizite Sicherheiten benutzten. Was taten die klugen Geschäftsleute mit dem Geld, das sie von den Banken bekamen? Die Antwort war Immobilien. Kasachstan erlebte einen unglaublichen Immobilienboom. Wenn Sie in den USA oder England leben, werden Sie inzwischen wissen, dass eine solche Investition nicht immer klug ist. Private Investoren können ebenso Fehler machen wie die Regierung, und wenn ihre Irrtümer kollektiv katastrophal sind, muss die Regierung sie retten. Obwohl es also sinnvoll ist, die Investitionsanstrengung mit dem Privatsektor zu teilen, spricht vieles dafür, das Gleichgewicht zu wahren. Der öffentliche Sektor sollte seine Verantwortung nicht komplett an private Akteure abtreten.

Dennoch kann die Regierung viel tun, um private Investitionen anzuregen. Wenn die politischen Rahmenbedingungen nicht passen, kann ein Anstieg öffentlicher Investitionen durch Kapitalflucht, also das Abfließen privaten Wohlstands ins Ausland, konterkariert werden. Genau das passierte während des ersten Ölbooms in Nigeria. Trotz kostspieliger Fehler wie der Zementarmada stiegen die öffentlichen Investitionen, aber die privaten Investitionen gingen zurück, da Wohlstand aus dem Land gebracht wurde.

Eine offensichtliche Möglichkeit, privat zu investieren, ist der Rohstoffsektor selbst. Ressourcenförderung ist meist sehr kapitalintensiv und ihre Finanzierung daher für die Regierung eines armen Landes zu teuer. Aus diesem Grund bietet dieser Sektor gewöhnlich wenig Arbeitsplätze. Und, noch grundlegender, da Investitionen in den Abbau von Rohstoffen die Ressourcen schneller erschöpfen, bringen sie den Tag näher, an dem die Gesellschaft von anderen Aktivitäten leben muss. Darum können Investitionen in die Rohstoffförderung zwar hohe Renditen erzeugen, aber nicht ausreichen, um eine Transformation anzustoßen.

Trotz hoher Renditen sind private Investitionen jedoch, abgesehen von der Rohstoffförderung, begrenzt geblieben. Ein möglicher Grund liegt darin, dass rohstoffreiche Volkswirtschaften stark schwanken; wenn die Wirtschaft zwischen Boom und Krise pendelt, ist das den meisten Firmen zu unsicher. Also könnten wirtschaftspolitische Maßnahmen, die diese Schocks abfedern, helfen, private Investitionen zu fördern. Hierin liegt auch ein Grund für die IWF-Empfehlung, Rohstoffeinkünfte im Ausland zu sparen. Aus der Perspektive der Investitionen schüttet dieser Ansatz aber das Kind mit dem Bade aus.

Was heute prophetisch erscheint, aber purer Zufall war: Benedikt und ich beschlossen zu untersuchen, wie man Krisen abfedern kann. Wenn die Weltmarktpreise für Rohstoffe in den Keller fallen, erleben die armen, rohstoffexportierenden Länder einen Crash, bei dem die gesamte Wirtschaftsleistung sinkt.

Zwei Arten von wirtschaftspolitischen Maßnahmen können das

mildern. Das eine sind *Reaktionen* auf den Crash von der Art, mit der wir inzwischen alle vertraut sind. Sie zu finden ist riskant; die richtige Reaktion ist stets umstritten und erfordert in jedem Fall rechtzeitiges Handeln der Regierung. Die andere Art ist *strukturell*. Sie umfasst Maßnahmen, die bereits vor dem Crash eingeführt werden können. Weil dieser Maßnahmentyp weniger stark von der jeweiligen Regierung abhängt, kamen wir zu dem Schluss, dass seine Erforschung den Ländern der untersten Milliarde mehr helfen könne.

Gegenwärtig gibt es mehrere internationale Studien zum Investitionsklima. Nützlich ist etwa der alljährliche Bericht *Doing Business* der Weltbank. Während andere Studien weitgehend auf Meinungen beruhen, beruht diese Übersicht auf objektiven Maßstäben, etwa der Dauer der Zollabfertigung von Waren oder der nötigen Zahl von Genehmigungen für Firmengründungen. Wir beschlossen, diese Daten zu nutzen, um zu untersuchen, was den Rückgang der Wirtschaftsleistung in rohstoffexportierenden Ländern nach einem Preissturz mildern könnte.

Die Zahl aus *Doing Business*, die am häufigsten zitiert wird, ist eine Kennzahl aus den Durchschnittswerten vieler zugrundeliegender Indikatoren. Wir gingen von dieser Kennzahl aus und bohrten dann weiter, um zu sehen, welche Komponenten wirklich entscheidend waren. Wir fanden eine Gruppe von Indikatoren, die sich alle um das Tempo drehten, mit dem Firmen gegründet und aufgelöst werden konnten. Je stärker hier die Flexibilität gefördert wird, desto geringer die Verluste für die Wirtschaftsleistung durch sinkende Exporteinkünfte.

Obwohl unsere Ergebnisse auf Statistik beruhten, schienen sie auch intuitiv sinnvoll zu sein. Ein Preissturz bei Rohstoffen verändert die Chancen innerhalb der Volkswirtschaft. Manche Wirtschaftsaktivitäten müssen zurückgefahren, aber andere sollten ausgebaut werden. Wenn diese Expansion scheitert, schwächt sich die Wirtschaftsleistung weiter ab. Aber auch ein verzögertes Schrumpfen bestimmter Wirtschaftsbereiche kann schädlich sein, denn solange unproduktive Firmen in der Luft hängen, lassen sich ihre Ressourcen nicht anderswo produktiver einsetzen. Die Botschaft an die Wirtschaftspolitik war also deutlich. Die Regierungen rohstoffexportierender Länder sollten Rahmenbedingungen schaffen, die es möglichst einfach machen, Firmen zu gründen und aufzulösen.

Unsere nächste Frage war, ob die Regierungen das bereits taten. Soweit wir sehen konnten, war genau das Gegenteil der Fall. Die Länder, die am meisten von flexiblen Rahmenbedingungen profitiert hätten, besaßen sie am seltensten. Der Grund für dieses Missverhältnis ist vermutlich eine nicht funktionierende Wirtschaftspolitik. Rohstoffeinkünfte stören den normalen Prozess, durch den Politiker die Maßnahmen ergreifen, die für die Gesellschaft besonders geeignet sind. Wir schlussfolgerten also, dass die Regierungen rohstoffreicher Länder sehr viel bessere Maßnahmen ergreifen könnten, um möglichst breit gestreute private Investitionen zu fördern.

Als Nächstes untersuchten wir, ob die internationale Gemeinschaft durch Entwicklungshilfe dazu beitragen könnte, die negativen Folgen der schwankenden Rohstoffpreise zu mildern. Wie bei den inländischen Maßnahmen ist auch Entwicklungshilfe teilweise eine direkte *Reaktion*, teilweise *strukturell*. Eine Reaktion ist viel anspruchsvoller und angesichts der starren Organisation von Entwicklungshilfe unrealistisch. Bis die Geber auf einen Preissturz bei Rohstoffen reagiert haben, ist er schon vorbei. Also konzentrierten wir uns auf den strukturellen Aspekt. Obwohl Entwicklungshilfe gegenwärtig heftig kritisiert wird, fanden wir heraus, dass strukturelle Hilfe tatsächlich dazu beitragen kann, die Folgen von Preisschocks zu dämpfen. Wir sahen aber keine Tendenz, dass Hilfsorganisationen den von Preisschocks am meisten betroffenen armen Gesellschaften besondere Finanzmittel zuwiesen. Solche Unterschiede in der Gefährdung schienen nicht beachtet zu werden. Während in Krisenzeiten also kluge Reaktionen Glückssache sind, können Preisstürze bei Rohstoffen deutlich abgefedert werden, wenn nationale wie internationale Maßnahmen sich auf strukturelle Fragen konzentrieren.

Preissenkung für Kapitalgüter

WÄHREND DES JÜNGSTEN ROHSTOFFBOOMS erlebten die meisten rohstoffexportierenden Länder Immobilienbooms. Damit einher gingen Baubooms, und diese wiederum trieben die Baupreise in die Höhe. So stiegen in Nigeria die Baupreise binnen weniger Jahre im Verhältnis zu anderen Gütern und Dienstleistungen um das Vierfache. Nigerianer gaben also womöglich sehr viel mehr für Investitionen aus, bekamen aber nicht viel mehr an Wert dafür. Der Preisanstieg zog nicht einen ebenso hohen Wert an zusätzlichem Kapital nach sich. Da Regierung wie Privatinvestoren Gebäude brauchen, leiden beide unter den hohen Kosten, die öffentliche und private Ausgabensteigerungen für Investitionen zunichtemachen.

Der letzte Teil der Agenda »Investieren in Investitionen« besteht deswegen darin sicherzugehen, dass Extraausgaben für Investitionen so viel Gegenwert wie möglich erzielen, statt durch hohe Kosten wirkungslos zu verpuffen. Was können Regierungen tun? Beginnen wir damit, uns die Schritte bei der Errichtung eines neuen Gebäudes klarzumachen. Zunächst braucht man das Grundstück. In vielen Ländern der untersten Milliarde gibt es keinen richtigen Grundstücksmarkt. Eigentumsrechte sind unklar und umstritten, oder die Regierung beansprucht alles Land, hat aber keinen Mechanismus, um es zuzuweisen. Die meisten Bauvorhaben sind in Städten, daher ist es am wichtigsten, die Eigentumsrechte zu klären und die Entwicklung eines Markts für Grundstücke zu erleichtern. Sierra Leone ist ein Postkonfliktland, das gerade Öl entdeckt hat. Seine Hauptstadt Freetown sollte mitten in einem Bauboom stecken, aber es ist kein einziger Kran zu sehen. In den Jahren des politischen Chaos wurden viele konkurrierende Ansprüche auf städtische Grundstücke geltend gemacht, und bis diese von den trägen Gerichten entschieden sind, kann nicht gebaut werden.

Sobald man das Grundstück hat, braucht man eine Baugenehmigung und gibt einem Beamten die Gelegenheit, ein Schmiergeld zu fordern. Die Regierung kann den Planungsprozess schneller, objektiver und transparenter gestalten. Bauen erfordert Fachwissen. In einer Gesellschaft, wo es jahrzehntelang kaum Investitionen gegeben hat, ist dieses Fachwissen knapp, sobald die Investitionen steigen. Darum kann die Ausbildung von mehr Baufachkräften nützlich sein. Die nigerianischen Beamten hatten 1975 eigentlich recht: Fürs Bauen braucht man Zement. Aber Importe erfordern gute Hafenanlagen, und für die heimische Produktion benötigt man gute Transportwege. Vor kurzem wurde ich bei einem Besuch beim nigerianischen Industrieminister dem reichsten Mann Nigerias vorgestellt (und das bedeutet sehr reich). Er erwies sich als entwaffnend bodenständiger Mann, der sein Vermögen machte, als er erkannte, dass die Zementversorgung der Engpass beim Bauen sein würde; er verkauft ihn etwa zum Doppelten des Weltmarktpreises.

Die für Investitionen notwendigen Kapitalgüter sind zum Teil Strukturen, zum Teil Ausrüstung: Straßen und Lastwagen. Die Länder der untersten Milliarde importieren Ausrüstung eher, als sie selbst zu produzieren, dennoch liegen die Preise stets über dem Weltmarktniveau. Da dies den Wert von Investitionsausgaben erneut senkt, wollten Tony und ich den Grund dafür wissen. Wir fanden heraus, dass es auf die Größe des Marktes ankam. Die Kombination aus kleinen Volkswirtschaften und niedrigen Investitionsquoten bewirkt, dass der Markt für bestimmte Ausrüstungsgüter wahrscheinlich winzig ist und daher leicht durch Monopole und Kartelle ausgebeutet werden kann. Zum Glück korrigiert sich dieses Problem zum Teil von selbst: Während eine Steigerung der Investitionsausgaben das Preisproblem für das Bauen verschärft, sollte sie das Preisproblem für die Ausrüstung verkleinern. Doch diese automatischen Effekte lassen sich durch Maßnahmen zur Vergrößerung des Marktes unterstützen. Der direkteste Weg ist eine Zusammenarbeit mit den Nachbarländern, durch die sich in der ganzen Region die Barrieren für die Vermarktung der importierten Ausrüstung beseitigen lassen. Vor kurzem wurde ich während eines Besuchs in Sierra Leone von einem einheimischen Journalisten interviewt. Im Anschluss befragte ich ihn. Es stellte sich heraus, dass er zugleich Journalist und Unternehmer war und seine eigene Zeitung gegründet hatte. Das war nicht leicht gewesen, insbesondere weil es schwierig war, bezahlbare Druckmaschinen zu finden. Um die passende gebrauchte Ausrüstung zu finden, musste er nach Nigeria reisen, den einzigen nennenswerten Markt in Westafrika. Visa, ausländische Währungen und fehlende Transportwege hatten die Transaktion behindert, aber zum Glück hatten einige nigerianische Banken ein regionales Netzwerk mit Zweigstellen in Sierra Leone aufgebaut.

Chancen nach dem Boom

DIE ROHSTOFFREICHEN LÄNDER HABEN gerade den größten Boom ihrer Geschichte erlebt. Ein Boom ist genau die falsche Zeit, um auf die Agenda des Investierens in Investitionen aufmerksam zu machen, denn Regierungen haben dann reichlich Geld. Derselbe Geist irrationalen Überschwangs, der sich in den reichsten Gesellschaften als so schädlich erwiesen hat, beherrscht auch die Diskussion in den ärmsten. Nun ist der Boom vorbei, die Preise sind abgestürzt. Paradoxerweise ist das nun der Zeitpunkt, um in Investitionen zu investieren. Das Wissen, vielleicht eine große Chance verpasst zu haben, kann sich als heilsam erweisen und die Gedanken auf das Wesentliche lenken. Investieren in Investitionen erfordert für sich noch keine großen Ausgabensteigerungen; es ist lediglich das Vorspiel für höhere Investitionen. Ohne das Investieren in Investitionen wird aus einem Investitionsboom kaum nachhaltiges höheres Wachstum entstehen. Deshalb ist der Preissturz bei den Rohstoffen eine Chance, die man ergreifen muss, bevor der nächste Boom beginnt.

TEIL III

Die Natur als Fabrik

KAPITEL 8

Ist Fisch eine natürliche Ressource?

ÖL, KUPFER UND ALLE ANDEREN Bodenschätze können nur einmal benutzt werden, sie sind sich erschöpfende Rohstoffe. Aber die Natur ist auch eine Fabrik, die unendlich produzieren kann. Diesen natürlichen Produktionsprozess kennen wir unter dem Begriff der *Reproduktion*: Fische, Bäume, Pandas können sich vermehren (obwohl Pandas damit ihre Schwierigkeiten haben). Solche erneuerbaren Rohstoffe sind ein doppelter Segen. Wir haben sie nicht geschaffen, trotzdem können wir sie in alle Ewigkeit nutzen.

Die Gefahr der Plünderung ist bei erneuerbaren Ressourcen noch größer als bei sich erschöpfenden. Die besondere Gefährdung der Reproduktion im Vergleich zu anderen Produktionsprozessen liegt darin, dass der kontinuierliche Strom konsumierbarer Güter davon abhängt, einen großen Grundstock von ihnen zu bewahren. Wenn Autos ebenso produziert würden wie Holz, bräuchte General Motors einen Grundstock, der viele Male größer wäre als seine Jahresproduktion, um seine neuen Autos daraus zu nehmen. Stattdessen benötigt man bloß eine Fabrik. Das Plündern einer Fabrik ist nicht so reizvoll wie das Plündern eines großen Gütervorrats. Der Anreiz für die Plünderung der Reproduktion ist darum sehr groß. Wir können die Ernte aus reproduzierbaren Ressourcen deshalb genießen, weil frühere Generationen sie nicht geplündert haben. Sie haben den Grundstock nicht erschöpft und damit nicht die Rechte späterer Generationen verletzt. Was ging wohl dem Mann durch den Kopf, der den letzten Dodo schoss? Vielleicht nicht viel mehr als »Erwischt!«; vielleicht, dass der Dodo sich nicht vermehren konnte, weil er der letzte seiner Art war; oder vielleicht wurde dem Jäger auch erst bewusst, dass es der letzte gewesen war, als es bereits zu spät war. Wir spüren instinktiv, dass es ein schrecklicher Fehler ist, eine erneuerbare Ressource so lange auszuplündern, bis sie verschwunden ist. Kann die Wirtschaftswissenschaft solchen Gefühlen etwas Nützliches hinzufügen?

In den einfachsten Volkswirtschaften ist alles nachhaltig: Die Wirtschaft bleibt von Jahr zu Jahr dieselbe. Das ist keine Welt, die wir unbedingt anstreben sollten. Wenn alles gleich bleibt, gilt das auch für die bittere Armut der untersten Milliarde. Zudem ist es heute nicht mehr möglich, denn die nichterneuerbaren Ressourcen werden weniger. Aber in einer solchen Wirtschaft erneuert sich die Natur Jahr für Jahr und behält genau denselben Wert. Ein Fisch in diesem Jahr ist dasselbe wert wie ein Fisch im nächsten Jahr. Wenn die natürlichen Ressourcen ihren Wert behalten, entspricht ihre Rendite einfach ihrer Reproduktionsrate: Bäume wachsen jedes Jahr ein bestimmtes Maß, Fische haben Nachwuchs.

In einer wachsenden und sich verändernden Welt können sich die erneuerbaren Ressourcen im Verhältnis zu anderen Gütern vermehren oder verknappen. Im Australien des 19. Jahrhunderts vermehrten sich die aus England eingeführten Kaninchen so stark, dass sie von einem Wert zu einem Schaden wurden; ihr Wert fiel unter null. Im 21. Jahrhundert werden Meeresfrüchte, die bereits jetzt ein Luxus sind, immer teurer werden, auch wenn wir sie so nutzen, dass der Grundstock konstant bleibt. Die gleiche Zahl von Hummern muss dann zwischen sehr viel mehr Menschen aufgeteilt werden. In der Welt, in der wir leben, sind die Preise erneuerbarer Ressourcen veränderlich.

Die Hotelling-Regel besagt, dass bei der Verminderung nichterneuerbarer Ressourcen in einem sozial effizienten Maß ihr Preis, beziehungsweise der Teil ihres Preises, den die Rente darstellt, in Höhe des Weltzinssatzes steigt. Wenn die Preise schneller steigen, beuten wir die Ressourcen zu heftig aus. Wenn wir mehr davon im Boden ließen, wäre die Rendite höher als die auf andere Arten von Investitionen. Die entsprechende sozial effiziente Nutzung einer erneuerbaren Ressource ist die, dass die *Gesamt*rendite dem Weltzinssatz entspricht. Die Gesamtrendite einer erneuerbaren Ressource hat zwei Teile: die Reproduktionsrate plus jede Preisveränderung. Das mag kompliziert klingen, man sollte es aber im Hinterkopf behalten, weil es uns einen Maßstab für die verantwortungsvolle Nutzung erneuerbarer Ressourcen liefert.

Sobald wir diese Regel anwenden, wird offenbar, dass absolute Nachhaltigkeit – die präzise Erhaltung des Grundstocks erneuerbarer Ressourcen – kein vernünftiges Ziel ist. Aus ökonomischer Sicht ist es keine zwingende Tugend, die Natur genau im bisherigen Zustand zu lassen. Im England des Mittelalters machte sich die Regierung Sorgen, es könne nicht genug Eiben für Langbogen geben, und pflanzte darum Bäume auf allen Dorffriedhöfen. Sie sehen immer noch hübsch aus, aber wir brauchen das Holz nicht länger; dank moderner Technik können wir heute Menschen viel effizienter erschießen. Dennoch hat es eine ethische Bedeutung, den Grundstock einer erneuerbaren Ressource zu bewahren, denn sie gibt uns einen Anhaltspunkt bei der schwierigen Frage, wie eine verantwortliche Nutzungsrate aussieht, für die wir die Zukunft nicht entschädigen müssen. Wir dürfen natürliche Ressourcen nutzen, aber das »wir« umfasst in diesem Fall auch die Rechte künftiger Generationen. Wie bei anderen natürlichen Ressourcen hat die Zukunft Rechte auf sie, weil sie nicht menschengemacht sind und die heutige Generation nur das Nutzungsrecht an ihnen besitzt.

Erinnern wir uns, dass die Verantwortung des Bewahrens uns bei nichterneuerbaren Rohstoffen auferlegte, den kommenden Generationen einen ebenso großen Vermögenswert wie den von uns verbrauchten zu hinterlassen. Wo liegt der Unterschied zu einem erneuerbaren Rohstoff? Der ethische Unterschied ist, dass ein erneuerbarer Rohstoff jedes Jahr automatisch etwas produziert – die natürliche Ernte. Diese können wir konsumieren, genau wie unsere Vorfahren. Wir brauchen die Zukunft nicht dafür zu entschädigen, dass wir diese nachhaltige Ernte aus natürlichen Ressourcen konsumieren; die Zukunft wird dasselbe tun können. So viel dürfen wir nehmen, trotzdem könnte dies nicht die klügste Menge sein. Wenn wir Meeresfrüchte in einem Tempo aufessen, das den Grundstock konstant hält, sodass Jahr für Jahr dieselbe Menge konsumiert werden kann, wird der Preis dafür in die Höhe schießen. Die Rendite auf Investitionen in einen größeren Grundstock an Meeresfrüchten wird dann wahrscheinlich viel höher sein als bei den meisten anderen Investitionen. Als Gesellschaft sind wir nicht *verpflichtet*, dies für die Zukunft zu tun; unsere heutige Regierung muss einer zukünftigen diesen größeren Grundstock an Meeresfrüchten nicht als sozialen Vermögenswert überlassen. Es wäre einfach eine schlaue Form von privater Investition, die Art von Investition, in die ein Pensionsfonds einzahlen sollte, sofern die Eigentumsrechte geklärt sind. Die Zukunft hat ein Recht auf die gleiche Zahl von Hummern wie wir, aber wenn sie auf unsere Kosten mehr davon will, muss sie uns für all die köstlichen Hummer entschädigen, die wir im Meer gelassen haben, um den Grundstock zu steigern. Also ist die Nachhaltigkeit des Grundstocks von Meeresfrüchten nicht die ideale Strategie. Wir haben zwar das Recht, den nachhaltigen Überschuss zu essen, aber wir sollten so schlau sein, ein paar dieser Hummer nicht zu essen, sondern sich vermehren zu lassen und sie der Zukunft zu einem guten Preis zu verkaufen.

Was wird die Zukunft von uns denken?

HUMMER SIND EIN UNKOMPLIZIERTES Beispiel (es sei denn, Sie gehören der Lobster Liberation Front an, die es übrigens wirklich gibt). Sie sind ein Luxusartikel, und wir sollten nur dann zugunsten der gierigeren, reicheren Zukunft darauf verzichten, einige aus der nachhaltigen Ernte zu essen, wenn sie uns dafür anständig bezahlt.

Nehmen wir jetzt einen emotional schwierigeren Fall: Wälder. Legt es die ethische Messlatte zu hoch, wenn man von unserer Generation verlangt, die Wälder auf unserem Planeten zu bewahren? Natürlich wissen wir inzwischen, dass Wälder eine praktische Methode sind, CO_2 zu speichern, aber ich möchte das Nachdenken über Kohlendioxid auf das nächste Kapitel verschieben. Stattdessen möchte ich Sie bitten, ein paar Jahrzehnte zurückzudenken, an die Ethik der Forstwirtschaft, bevor wir das Problem der globalen Erwärmung erkannten. Sollten alle Wälder bewahrt werden? Unsere Vorfahren dachten offensichtlich nicht so. Sie bauten die Städte, in denen wir leben, und die Höfe, auf denen wir unsere Lebensmittel produzieren, auf Land, das zuvor von Bäumen bewachsen war. Moralisch muss sich der Abbau einer erneuerbaren Ressource demselben Test unterziehen wie der Abbau einer nichterneuerbaren: Die Verantwortung des Bewahrens erfordert, dass künftige Generationen sagen können: »Ja, in Ordnung. Ihr habt uns vollständig durch andere Vermögenswerte entschädigt.« Natürlich werden wir das strenggenommen niemals erfahren. Bevor die Zukunft ein Urteil über uns abgibt, werden wir tot sein. Wir müssen darum zu der Standardtechnik greifen, mit der Moralphilosophen ein ethisches Problem durchdenken, einem *Gedankenexperiment*.

In diesem Fall ist das Gedankenexperiment recht einfach. Wir brauchen uns nur in die Lage künftiger Bürger zu versetzen. Was würden sie als ethisch vertretbares Handeln unserer Generation ansehen? Zwei Bedingungen müssen erfüllt sein, damit es für die heutige Generation gerechtfertigt ist, einen Wald zu fällen. Zunächst muss es andere Investitionschancen geben, die eine höhere Rendite erbringen als die *Gesamt*rendite des Waldes. Da die Gesamtrendite eines erneuerbaren Rohstoffs die Preissteigerung des Rohstoffs enthält, müssen wir es bei dem Entschluss, den Wald jetzt zu fällen oder nicht, in Betracht ziehen, ob Holz ständig wertvoller wird. Die andere Bedingung ist, dass wir der Zukunft all diese anderen Investitionen als Vermögenswerte im sozialen Besitz wirklich vererben.

Wenn wir den letzten Baum fällen oder den letzten Fisch essen, werden unsere Nachfahren uns dann verfluchen, weil wir sie um ihr Erbe gebracht haben? Selbst wenn wir physisch in die Zukunft reisen könnten, ist es ein besserer ethischer Maßstab, wenn wir uns in die Lage der Zukunft versetzen. Die Haltung künftiger Bürger kann subjektiv verfälscht sein, weil sie weniger wissen als wir. Selbst wenn wir den letzten Fisch essen würden, könnten sie mit den Achseln zucken und sagen: »Macht nichts, wir hätten sowieso keinen Fisch gemocht.« Wir wissen es besser; wie kann ein Mensch, der nie Fisch gegessen hat, wissen, was er versäumt? Umgekehrt könnte ihr Urteil über die vergangene Plünderung natürlicher Ressourcen zu streng ausfallen.

Hier ist ein Beispiel. Die heutige Generation von Eritreern verflucht die Vergangenheit, in der die Bäume des Landes geplündert wurden. Genauer gesagt, die Eritreer machen die Äthiopier für den heutigen Mangel an Bäumen verantwortlich und werfen ihnen Plünderung während der Jahrzehnte vor, als beide Länder vereint waren. Nach der

Unabhängigkeit unternahm die eritreische Regierung eine massive Aufforstungskampagne von fünf Millionen Bäumen; die Wälder wachsen jetzt wieder. Aber Eritrea hat eine ungewöhnlich komplizierte Kolonialgeschichte und hatte dieselbe Psychologie des Vorwurfs schon einmal erlebt. Bevor es zu Äthiopien gehörte, war Eritrea eine italienische Kolonie. Während der äthiopischen Periode wurde der Mangel an Bäumen mit der Plünderung durch die Italiener erklärt. Wie bei der jetzigen Regierung hatte es offensichtliche Vorteile, den Kolonialherren die Schuld zu geben. Und das ist noch nicht das Ende der Beschuldigungskette. Eritreas Kolonialgeschichte war zwar relativ kurz, aber kompliziert. Italien trat erst spät in den Wettlauf um Afrika ein, und Eritrea war als letztes Land noch übrig. Als die ersten italienischen Kolonisatoren um 1900 das Terrain untersuchten, waren sie enttäuscht vom fast völligen Fehlen von Bäumen. Obwohl die Italiener kaum die Tatsache missdeuten konnten, dass sie in Eritrea nicht willkommen waren, bot der Mangel an Bäumen ein ethisches Feigenblatt, um die Kolonisation zu rechtfertigen, sogar einen ganzen Feigenwald. Der Grund, warum es keine Bäume gab, musste darin liegen, dass die Einheimischen sie geplündert hatten. Die Kolonisierung konnte guten Gewissens voranschreiten, da die neuen Herren sicher waren, dass das Land eine bewahrende Instanz benötigte.

Die Schuldzuweisung ist stets erneuert und von den jeweiligen Machthabern benutzt worden, um ihre Herrschaft über die von ihnen Besiegten zu rechtfertigen. Vielleicht fragen Sie sich, wie weit das zurückgeht. Sozusagen ganz hinten im Archiv liegt die Reisebeschreibung eines Mönchs aus dem frühen 16. Jahrhundert, der Eritrea bereiste und seine Beobachtungen niederschrieb. Die meisten Kommentare bezogen sich auf die Bewohner, aber einen besonderen Aspekt der Landschaft hielt er fest: das Fehlen von Bäumen.

Ist die Geschichte der Plünderung also eine komplette Fiktion? Nicht ganz, zwischen Italienern und Äthiopiern gab es auch eine kurze britische Besatzungszeit. Wie Michela Wrong es in ihrem Buch *I Didn't Do It for You* beschreibt, befreiten die Briten Eritrea während ihres Nordafrikafeldzugs im Zweiten Weltkrieg ungewollt von den Italienern. Die Briten regierten vorübergehend ein Land, an dem sie kein langfristiges Interesse hatten, und befanden sich mitten in einem Krieg, der nicht gut lief. Als Teil der Kriegsanstrengung brauchten sie Holz, darum holzten sie alles ab, was sie finden konnten. Der Großteil Eritreas ist zu trocken für Bäume, aber es gab einzelne Wälder, und die wurden geplündert. Dieses eine Mal brachte es aber nichts, den Briten die Schuld zu geben. Sie waren die Befreier, darum wurden sie nicht kritisiert.

Wie die Zukunft unsere Handlungen bewertet, hängt also vielleicht nicht nur davon ab, was wir getan haben, sondern davon, woran sie sich erinnern möchte. Letztlich ist es aber egal, was sie von uns denkt; der ethische Maßstab sollte sein, wie sie uns sehen würde, wenn ihr alle Tatsachen bekannt wären. Das Gedankenexperiment ist nicht nur machbarer als eine Reise in die Zukunft, es ist auch relevanter.

Das Recht zu fischen

BIS JETZT HABE ICH DEN UNTERSCHIED zwischen privater und sozialer Eigentümerschaft außen vor gelassen. Doch nun ist es an der Zeit, sich der Frage zuzuwenden, die den Titel dieses Kapitels bildet: Ist Fisch eine natürliche Ressource? Eine *natürliche* Ressource ist dadurch definiert, dass sie nicht menschengeschaffen ist. Ist ein Fisch also menschengeschaffen? Mancher ja, mancher nein. Wenn Sie Räucherlachs im Supermarkt kaufen, sehen Sie, dass es zwei Sorten gibt: Wild- und Zuchtlachs. Ein Zuchtlachs ist ebenso wenig eine natürliche Ressource wie eine Kuh. Er ist durch menschliche Technologie und Kapital gezüchtet. Nur Wildfische sind natürliche Ressourcen. Das Gleiche gilt für Bäume. Wenn man einen Obstgarten pflanzt, ist das keine natürliche Ressource, sondern eine private Investition. Bäume sind nur dann natürliche Ressourcen, wenn sie nicht von Menschen gepflanzt sind und nicht auf privatem Land stehen. Das Pflanzen und die Eigentümerschaft sind miteinander verbunden; niemand pflanzt Bäume auf Land, das ihm nicht gehört. Nicht weit von meinem Haus liegt eine Straße, die in der englischen Sozialgeschichte berühmt wurde. Zunächst waren alle Häuser in Privatbesitz, aber dann wurden Sozialwohnungen gebaut. Die alten Bewohner waren über den Zuzug ärmerer Menschen so erbost, dass die Behörden vor Ort eine Mauer entlang der Straße bauen ließen. Wie die Berliner Mauer fiel schließlich auch diese, und unter Margaret Thatcher wurden die Sozialwohnungen an Privatleute verkauft. Doch die Trennung der Straße ist heute sichtbarer denn je. Auf der Hälfte, die immer privat war, stehen jetzt große Bäume in den Vorgärten, aber nicht auf der Hälfte mit den Sozialwohnungen. Ohne Eigentümerschaft investieren Menschen nicht in immobile Vermögenswerte.

Erinnern wir uns an das Schicksal des Bisons. Ressourcen ohne private Besitzer, die leicht zu finden sind, sind gefährdet. Bis vor kurzem genossen wilde Fische den natürlichen Schutz, im Meer versteckt zu sein. Je mehr gefangen wurden, desto größer wurde ihr Schutz, weil sie immer schwerer zu finden waren. Aber Fortschritte in der Fischereitechnologie haben die Nachhaltigkeit wilder Fische radikal verändert. Sie lassen sich jetzt so zielgenau fangen, dass die wenigen, die übrig bleiben, den Bestand nicht retten können. Wenn der Bestand so weit reduziert ist, dass die Menschen keine Fische mehr finden, können sie sich auch untereinander nicht mehr finden: die Reproduktion hört auf. Bis vor kurzem besaßen die Regenwälder des Amazonas einen natürlichen Schutz, weil das Holz und das Land nicht so wertvoll waren, dass das Abholzen sich lohnte. Das ist vorbei. Die Regierung öffnete das Land für private Bauern. Ökonomen nennen dies das »Allmende«-Problem oder die »Tragik der Allmende« (das heißt des Gemeinbesitzes). Ohne private Eigentumsrechte sind alle natürlichen Ressourcen von Plünderung gefährdet, sofern sie nicht lokal durch soziale Regeln geschützt sind, und solche Regeln überleben meist keinen raschen sozialen Wandel. Die Plünderung erneuerbarer Ressourcen ist eine noch größere Katastrophe als die nichterneuerbarer. Wenn eine erneuerbare Ressource ausstirbt, wird nicht nur eine beliebige künftige, sondern *jede* künftige Generation um ihre Rechte betrogen.

Welchen Schluss ziehen wir daraus? Wir besitzen einen Maßstab des sozial effizienten Umgangs mit erneuerbaren Rohstoffen. Die Ernte aus einer natürlichen Ressource sollte sich so entwickeln, dass ihr Wert mit der Zeit so weit ansteigt, dass die Gesamtrendite – Preisanstieg plus Ernte – der Rendite auf andere Ressourcen entspricht. Wir haben eine ethische Regel für verantwortungsvolles Bewahren. Wir dürfen die erneuerbare Ernte nehmen, aber wir können in beide Richtungen abweichen: den Grundstock aufbauen und die Zukunft dafür bezahlen lassen oder ihn vermindern und die Zukunft dafür entschädigen. Schließlich besteht noch eine Spannung zwischen der notwendigen sozialen Eigentümerschaft natürlicher Ressourcen – sie gehören uns allen, einschließlich künftigen Generationen – und der Notwendigkeit, sie vor Plünderung zu schützen. In Kapitel 2 habe ich argumentiert, dass die Rechte am vernünftigsten bei den Regierungen liegen sollten. Die Welt ist in Staaten aufgeteilt, jeder von ihnen mit einer anerkannten Regierung, die im Prinzip die kollektiven Interessen ihrer Bürger vertreten könnte. Das funktioniert bei den meisten natürlichen Ressourcen, aber nicht bei allen.

Die Hochsee ist keinem Staat zugeordnet, daher sollten die dortigen Fischereirechte der ganzen Weltbevölkerung gehören; sie sind ein globales öffentliches Gut. Ebenso gehören die Polargebiete keinem Staat. Die Rechte an ihnen sind gegenwärtig umkämpft. Das bringt uns zum Prinzip der Nähe zurück. Wir fühlen uns Menschen, die uns nahe stehen, stärker verpflichtet. Auch auf natürliche Ressourcen, die uns nahe sind, empfinden wir stärkere Rechte. Die Nationen, die an die Arktis grenzen – Kanada, Norwegen und Russland –, erheben alle Anspruch auf ihre Rohstoffe. Da inzwischen wahrscheinlich ist, dass dort 90 Milliarden Barrel Öl lagern, hat der Konflikt sich zugespitzt. Sollte im Analogieschluss die Hochsee den Ländern zugesprochen werden, die ihr am nächsten sind, sodass aller Fisch einer nationalen Regierung gehört? Im Moment gibt es drei Klassen von Fischen: Zuchtfische gehören der jeweiligen Zuchtfarm, Fische in nationalen Gewässern gehören einer Regierung, und Fische in internationalen Gewässern haben keine Eigentümer. Ein Fisch ist nicht von Natur aus eine natürliche Ressource; es kommt darauf an, wo er lebt.

Bei den Fischen in nationalen Gewässern ist die Regierung sowohl dafür verantwortlich, den Wert für die Gesellschaft zu sichern, als auch die Rechte künftiger Generationen zu schützen. Beides erfordert, dass die Regierung den Fang begrenzt, indem sie Rechte auf eine bestimmte Menge Fisch vergibt, die sie durch Kontrollen durchsetzt. Diese Rechte – Fangquoten – sind wertvoll, wer soll diesen Wert also bekommen? Für mich ist die Antwort klar: Die Rechte sollten den Bürgern gehören. Das tun sie aber nicht. Stattdessen hat sie sich die Fischereilobby angeeignet. Die Idee, Fischer sollten die Rechte an knappem Fisch umsonst bekommen, ist genauso, als sollten Ölfirmen die Ölrechte umsonst bekommen. Es erzeugt eine destruktive Dynamik. Wenn die Quoten umsonst verteilt werden, wollen die Lobbys mehr davon. Fischer sollten ein starkes Interesse daran haben, den Fang zu begrenzen, denn wenn kein Fisch mehr da ist, wird ihr Beruf verschwinden und werden ihre Boote wertlos sein. Wenn eine wertvolle soziale Ressource umsonst verteilt wird, würde ich versuchen, so viel wie irgend möglich davon zu bekommen. Würde man die Quoten für Fischer versteigern wie Ölrechte für Ölfirmen, gäbe es viel weniger Druck, die Fangquoten zu erhöhen. Doch in der jetzigen Situation betreiben Fischer sehr wirksame Lobbyarbeit. Infolgedessen haben Politiker ihnen Fangquoten zugebilligt, die nicht nachhaltig sind. Die Fischereilobby hat sich sogar selbst übertroffen. Sie erhält nicht nur ihre Fangquoten umsonst, sondern dazu noch hohe Subventionen.

Jedes Jahr wird weltweit Fisch im Wert von rund 80 Milliarden Dollar gefangen. Die weltweiten Subventionen liegen bei rund 30 Milliarden. Sie gehen natürlich an die Fischereiflotten der reichen OECD-Länder, doch sie subventionieren die Aktivitäten dieser Flotten, egal wo sie hinfahren. Wären ihre Fangzüge auf die Gewässer der OECD-Staaten beschränkt, würden die OECD-Steuerzahler lediglich die Plünderung ihrer eigenen Zukunft subventionieren. So aber werden die Flotten subventioniert, um Fisch in internationalen Gewässern und in den kaum kontrollierten Gewässern der untersten Milliarde zu fangen. Der Fischereiminister von Sierra Leone erklärt das Problem so: Der Regierung fehlen die Mittel, um ihre Gewässer zu kontrollieren, darum müssen die Fischer hilflos zusehen, wie ausländische Schiffe die Bestände dezimieren. Die einzige Hilfe kam von den Chinesen, die ein Polizeiboot schickten. Ironischerweise war das erste Schiff, das es stoppte, ein chinesisches. Sierra Leone hat zumindest einen Fischereiminister, Somalia hingegen hat nicht einmal eine Regierung. Seine ungeschützten Küstengewässer sind von ausländischen Flotten geplündert worden, die meist subventioniert waren. Als die somalischen Fischer zusahen, wie ihnen der Lebensunterhalt gestohlen wurde, besannen sie sich auf einen uralten Rat und wurden Menschenfischer.

Es überrascht nicht, dass die globale Fischereiflotte wegen dieser bemerkenswert falschen Anreize schätzungsweise 40 Prozent größer ist, als es durch nachhaltigen Fang gerechtfertigt wäre. Und selbst ein nachhaltiger Fang kann zu viel sein, weil die Bestände wachsen sollten, um den Bedarf der Zukunft zu decken. Die Subventionen einzustellen wäre sinnvoll, stellt uns jedoch vor ein Problem des kollektiven Handelns. Keine Regierung eines OECD-Staats will ihre Flotte gegenüber anderen im Nachteil sehen. Aber die OECD hat jahrzehntelange Erfahrung im Umgang mit solchen Koordinationsproblemen. Das richtige Forum dafür wäre die Welthandelsorganisation, die einen stufenweisen, aber bindenden gegenseitigen Subventionsabbau organisieren könnte.

Wertvolle Fangquoten zu verschenken verstärkt nicht nur die schädlichen Anreize der Subventionen, es birgt auch das Risiko der Korruption. In Island ist der Wert der Fangquoten im Verhältnis zu anderen Vermögenswerten groß. Island ist momentan bekannter für seine Banken als für seinen Fisch; es rutschte als Erstes in die finanzielle Katastrophe. Zwischen Fisch und Banken gibt es jedoch eine Verbindung. Die Sicherheit, welche die Banken ursprünglich für ihre Expansion nutzten, waren diese Fangquoten. Die natürlichen Ressourcen, die den isländischen Bürgern hätten zugutekommen sollen, wurden politisch veruntreut, aber dieselben Bürger besitzen jetzt die menschengemachten Verbindlichkeiten, die die Banken auf der Grundlage dieser Ressourcen aufhäuften.

Warum werden Fangquoten verschenkt? Eine Erklärung könnte sein, dass das Recht zu fischen nicht immer wertvoll war. Es gab genug Fisch im Meer, weil die Technologie so primitiv war; der Wert eines Fischs erwuchs aus der gefährlichen Arbeit, ihn zu fangen. In dieser Hinsicht war Fischerei analog zum Kohlebergbau. Kohle war reichlich vorhanden, aber schwierig zu fördern, darum erwuchs der größte Teil ihres Werts aus dieser Arbeit statt aus dem Besitz des Förderrechts. Das ist bei Kohle nach wie vor so, aber nicht bei Fisch. Technische Fortschritte haben die Kosten bereits gesenkt, und durch künftige Technologien werden Fische mit noch größerer Effizienz gefangen werden können. Wenn Fische also weiterhin keine Besitzer haben, wird man sie plündern, bis sie aussterben.

Die Dynamik dieser Plünderung entspricht der eines Goldrauschs und ist ebenso ineffizient. Zunächst fangen die Boote, die jetzt mit neuer Technologie ausgerüstet sind, mehr Fische und werden so äußerst profitabel. Dann werden mehr Boote gebaut. Diese zusätzlichen Boote drängen in die bereits dezimierten Fanggründe, sodass sich der Fang jedes Boots wieder reduziert, bis der außergewöhnliche Profit verschwunden ist. Zum Schluss haben wir ein ineffizientes Gleichgewicht: Boote, die viel unproduktiver sind als nötig, weil der Fisch so selten ist. Der technische Fortschritt hat den Fisch weniger wie Kohle und mehr wie Öl gemacht. Die Förderrechte wurden wertvoll, weil der Rohstoff mehr wert war als die Kosten, ihn zu bekommen. In ökonomischen Begriffen erzeugte der technische Fortschritt Renten auf Fisch. Wegen des Fehlens von Eigentumsrechten über diese Renten wurden sie aber von den Kosten des Anstrebens aufgefressen. Zu viele Boote drängten sich aufs Meer, genau wie die Tausenden von hoffnungsvollen jungen Männern in Sierra Leone, die sich in den Minen drängen, um Diamanten zu suchen.

Im Gegensatz zu Gold und Diamanten sind Fische aber ein erneuerbarer Rohstoff. Ihre zu starke Ausbeutung plündert die Zukunft viel spektakulärer, indem sie den Grundstock unter den Punkt treibt, wo er sich reproduzieren kann. Trotz des schrumpfenden Grundstocks machen Fischer kein Vermögen. Ihr Beruf bleibt hart und abhängig vom Glück. Wenn aber Fangquoten eingeführt werden, werden diese Renten nicht durch zu viele Boote aufgefressen, die zu wenige Fische jagen. Die Besitzer der Fangquoten können dann wertvollen Fisch mit geringen Kosten fangen; der Wert der natürlichen Ressource ist der Wert dieser Renten. Fischer mögen das Gefühl haben, dass sie immer das Recht zu fischen besaßen und ihnen darum die Rechte auf die Quoten gehören sollten. Aber die Fischer besaßen das Recht zu fischen nur so lange, wie der Fisch als natürliche Ressource wenig wert war. Der Wert entstand erst aus ihren Anstrengungen. Dieses Recht besitzen sie weiterhin: das Recht auf eine anständige Rendite aus ihrer Arbeit. Sie haben weder ein Recht darauf, die Zukunft zu plündern, noch ein Recht auf die Renten, die durch eine Fangbeschränkung entstehen.

Eine Regierung sollte ihre Rechte auf eigentümerlose erneuerbare Rohstoffe auf ihrem Territorium managen. Beim Fisch sollte sie die Rechte unter Fischern versteigern. Wenn einheimische Fischer sie kaufen wollen, müssen sie einen angemessenen Preis zahlen, sonst werden die übrigen Bürger geplündert.

Die Kosten dafür, die Einhaltung der Fangquoten zu kontrollieren, hängen manchmal von der Kooperation der Einheimischen ab. In diesem Fall könnte es vernünftig sein, den Einheimischen zumindest einen Teil der Renten zu lassen. Das wird zum Beispiel auch bei Urwäldern gemacht: Wenn die Regierung versuchen würde, alle Renten zu behalten, würden die Einheimischen den Wald illegal abholzen und wildern.

Manche Regierungen haben versucht, der Plünderung durch Wildparks entgegenzuwirken, aus denen die Einheimischen ausgesiedelt wurden. Das ist das Modell der Nationalparks in den USA, wo es meist funktioniert hat, weil sie gegründet wurden, bevor die betreffende Gegend stark besiedelt war. In Tansania und anderen seit langem besiedelten Ländern sieht das anders aus. Inzwischen ist klar, dass die völlige Aussperrung der Bevölkerung nicht einmal aus Sicht des Umweltschutzes effizient ist. Die aus dem Park ausgesperrten Menschen verlagern ihre Aktivität einfach auf benachbarte Gebiete; während also die Nutzung erneuerbarer Ressourcen im Park auf null sinkt, steigt sie in den umliegenden Gebieten an. In den meisten Ökosystemen steigt der Schaden überproportional zur Nutzung. Es ist also besser, die Nutzung gleichmäßig über ein großes Gebiet zu verteilen, als einen Teil zu schützen und einen anderen zu plündern. Die komplette Sperrung eines Gebietes ist eine bürokratische Antwort auf die Nachhaltigkeit, keine ökonomische. Es ist besser, der einheimischen Bevölkerung die Nutzung ihres Lebensraums zu gestatten, indem man ihr die Rechte am Wert natürlicher Ressourcen überträgt. Je lokaler solche Rechte vergeben werden, desto stärker verwandelt diese Lösung natürliche

Ressourcen in Privatbesitz. Der private Besitzer eines Walds hat ebenso wie der einer Fischfarm einen größeren Anreiz, die Ressource nachhaltig zu bewirtschaften. Das Argument gegen die Übereignung natürlicher Ressourcen in Privatbesitz, ist, dass andere Bürger in der Gegenwart und Zukunft ihrer Rechte beraubt werden. Wenn aber die Kosten, soziale Rechte auf erneuerbare Ressourcen durchzusetzen, ihren Wert übersteigen, ist es viel besser, sie kostenlos zu privatisieren, als sie ungeschützt zu lassen. Obwohl es so scheinen mag, als würde die Privatisierung andere Bürger berauben, verhindert sie in Wirklichkeit, dass die Ressource bis zur Erschöpfung geplündert wird.

Ein bescheidener Vorschlag

DIE AM STÄRKSTEN GEFÄHRDETEN natürlichen Ressourcen sind Fische in internationalen Gewässern. Sie sind die Bisons unserer Zeit und international kaum geschützt. Zum Glück leben die meisten Fische in Küstengewässern, und diese liegen innerhalb der 200 Meilen-Zone. Die Hochsee entspricht der Wüste, und von hier stammen nur rund 15 Prozent des globalen Fischfangs im Wert von rund 12 Milliarden Dollar. Sobald die Fangflotten auf ein effizientes Maß geschrumpft sind, werden die Renten aus dem Fang dieser Fische irgendwo zwischen 10 und 50 Prozent liegen, in absoluten Zahlen zwischen 1,2 und 6 Milliarden Dollar. Diese Renten werden gegenwärtig durch die Kosten einer viel zu großen weltweiten Fangflotte vergeudet. Stattdessen sollte die Gesellschaft sie sich aneignen.

Eine Möglichkeit zur Lösung des Problems wäre, die nationalen Gewässer so auszudehnen, dass jeder Tropfen des Ozeans irgendeinem Staat gehört. Obwohl die Renten aus Fischen in internationalen Gewässern nicht so gewaltig sind, würde eine solche Ausweitung nationaler Rechte aber einen sehr kostspieligen Präzedenzfall schaffen. Sobald die Meere den Staaten zugeteilt wären, würde der Meeresboden sicherlich folgen. Die Technologie wird schon bald die Ausbeutung seiner Bodenschätze erlauben. Schon jetzt werden Öl und Gold unter dem Meer gefördert. Das wäre eine radikale Überdehnung des Prinzips der geographischen Nähe, das in jedem Fall ein relativ schwaches Prinzip ist. Politische Geographie ist kein Kontinuum, Staatsgrenzen sind steile Abgründe. Innerhalb dieser Grenzen haben Bürger gleiche Rechte und auch, wie die umverteilende Besteuerung zeigt, starke Ansprüche gegeneinander. Jenseits der Staatsgrenzen sind Rechte und Ansprüche viel schwächer. Außerdem würde eine Aufteilung der Ozeane nach dem Prinzip der Nähe das Gegenstück zu ein paar Ländern wie Kuwait schaffen. Die neuen Kuwaits wären die kleinen, abgelegenen Inseln inmitten des Ozeans, die gewaltige Gebiete und die daraus folgenden Rechte auf natürliche Ressourcen wie Fisch und Bodenschätze beanspruchen könnten. Das Prinzip der Nähe zum Meer würde automatisch die ärmsten Völker der Welt ausschließen, die in Ländern ohne Zugang zum Meer leben. Alle Eigentumsrechte an natürlichen Ressourcen sind Konstrukte. Wir müssen uns in Erinnerung rufen, dass natürliche Ressourcen keine natürlichen Eigentümer haben, weil sie nicht menschengeschaffen sind.

Ein besserer Weg wäre die Zuteilung der natürlichen Ressourcen der Ozeane durch die Vereinten Nationen. Als Weltorganisation ist die UNO nicht perfekt, aber wir werden kaum eine besser geeignete finden. Die wilden Fischbestände zu schützen würde bedeuten, Fangbeschränkungen fest- und durchzusetzen. Irgendeine Organisation muss diese Beschränkungen festlegen und die schwierige Mischung aus Bewahrung und Investitionsgeschick finden. Sobald die Beschränkungen greifen, werden die Fischereirechte wertvoll. Wenn diese Rechte denen, die fischen, einfach *geschenkt* würden, kann die politische Dynamik ins Desaster führen. Jede Fischereination würde alles daran setzen, so weitreichende Rechte wie möglich zu bekommen. Ökonomisch gesprochen: Es gäbe zu viele externe Effekte. Der Nutzen für die Gesamtgesellschaft wäre nicht im Einklang mit den Interessen derer, die Entscheidungen treffen. Um diese externen Effekte zu internalisieren, das heißt die Anreize mit dem gesamtgesellschaftlichen Interesse in Einklang zu bringen, sollte der Wert der Rechte der Instanz zufließen, die die Regeln aufstellt. Bei einer Fischfarm passiert das automatisch: Der Besitzer entnimmt nur so viele Fische, wie es die langfristige Profitmaximierung verträgt. Das Wunder des Marktes ist, dass seine Interessen mit unseren in Einklang stehen. Er verdient Geld, indem er uns gibt, was wir wollen.

Indem man die Rechte an den Ozeanen der UNO gibt, würde die Hochsee zu einer gewaltigen Fischfarm werden. Als Minimalziel müsste die UNO den Fang auf eine wissenschaftlich bestimmte Nachhaltigkeitsquote begrenzen, nämlich die, die den Grundstock konstant hält. Aber natürlich wird der Preis für Fisch wohl steigen, weil die Welt reicher und stärker bevölkert wird, deshalb wäre die Vergrößerung des Fischgrundstocks eine gute Investition. Die UNO würde nicht nur Wissenschaftler brauchen, um sie bei den nachhaltigen Fangquoten zu beraten, sondern auch Ökonomen, die beispielsweise zunächst niedrigere Quoten vorschlagen könnten, um ein Anwachsen des Grundstocks zu erlauben. Potenziell könnte die UNO sogar ihre Fischereirechte beleihen; das wäre jedenfalls besser, als wenn isländische Banken es tun.

Als Besitzer des Fischgrundstocks hätten die Vereinten Nationen die richtigen Anreize, den langfristigen sozialen Wert zu maximieren, indem sie den jährlichen Fang begrenzen und die Rechte an der erlaubten Menge jedes Jahr versteigern würden. Die Herausforderung läge darin, diese Begrenzungen durchzusetzen. Obwohl der offensichtliche Ort für die Durchsetzung dort ist, wo der Fisch gefangen wird, ist die Kontrolle der Ozeane eine gewaltige Aufgabe, selbst mit Satelliten. Die einfachste Stelle, wo die Fangbeschränkungen kontrolliert werden können, ist der Ort, an dem der Fisch an Land gebracht oder verkauft wird: die Großmärkte, die fast alle Hochseefische passieren, bevor sie auf dem Tisch der Konsumenten landen. Die UNO würde die Rechte an Händler versteigern, die sie dann auf jedem Großmarkt weiterverkaufen würden. Eine Großmarkttransaktion von Fischen wäre nur dann legal, wenn sie der entsprechenden Menge von Fangrechten entspräche. Diese Fangrechte würden auf einem Weltmarkt gehandelt. Praktisch käme das System einer internationalen Steuer gleich. Eine Konsumentin, die einen Fisch kaufte, würde wissen, wie viel sie an die Vereinten Nationen bezahlt hätte. Weil Menschen nicht gern Steuern zahlen, würde das eine gesunde Dynamik erzeugen. Die Steuerzahler würden fragen, warum die Steuer notwendig ist und was die UNO mit dem Geld macht. Und die Vereinten Nationen könnten eine Dosis Überprüfung durch die Steuerzahler gut gebrauchen.

Wer diesem Vorschlag am heftigsten widersprechen wird, ist natürlich die Fischereilobby. Der Grund für ihren Widerspruch wird ganz einfach der sein, dass sie die Renten aus einer natürlichen Ressource für sich behalten will. Aber noch einmal: Warum sollten Fischer die Rechte besitzen, die aus natürlicher Knappheit entstehen? Als Fisch so reichlich war, dass der Fang weit unter der nachhaltigen Quote lag, bestand der Gesamtwert des auf den Markt gebrachten Fischs in der Anstrengung, die zu seinem Fang notwendig war. Es gab keine Renten in der Fischerei. Als der Fisch aber knapp und so in gewisser Weise schwerer zu fangen wurde, entstand weniger Wert aus dem Fang selbst und mehr aus dem Besitz eines Fang*rechts*.

Da mehr Menschen Fisch fangen wollen, als man es zulassen kann, ergibt es keinen Sinn, das Recht auf politischen Druck an Fischer zu verschenken. Der Wert dieser Rente sollte uns allen zugutekommen.

Aber wer ist »uns«? Die Ozeane sind nicht unser Staatsgebiet; sie sind das einzig wirklich globale Herrschaftsgebiet der Menschheit. Und als erneuerbare natürliche Ressource gehört wilder Fisch den künftigen Generationen ebenso sehr wie uns. Wenn wir die nachhaltige Fangquote überschreiten, machen wir uns der Plünderung schuldig, sofern wir die Zukunft nicht durch Vermögenswerte entschädigen, die sie als gleichwertig anerkennen würde. Trotz all ihrer Fehler verdienen die Vereinten Nationen diese Renten mehr als jeder andere Empfänger. Sie schaffen globale öffentliche Güter, etwa das Welternährungsprogramm, die niemand bezahlen will: Das prinzipielle Problem öffentlicher Güter ist das Trittbrettfahren. Hilfe bei Hungersnöten durch eine globale Steuer auf Fisch zu bezahlen mag unwahrscheinlich erscheinen, aber es würde zwei wichtige globale Bedürfnisse verbinden. Das Welternährungsprogramm hätte ein verlässliches Einkommen und könnte dadurch dringend benötigte Hilfe leisten; die Fischereiindustrie hätte eine profitable Zukunft, und Konsumenten würden wissen, dass der Fisch, den sie essen, nicht geplündert wurde. Es wäre sogar gut für die Fische.

KAPITEL 9

Natürliche Verbindlichkeiten

FABRIKEN STELLEN DIE WAREN HER, die wir haben möchten. Sie stoßen außerdem Qualm aus. Die qualmende Fabrik ist in der Tat das klassische Bild, das Ökonomen heranziehen, um das Konzept des externen Effekts zu veranschaulichen. Die Fabrik verkauft die Waren, muss aber nichts für die Abgase bezahlen. Inzwischen wissen wir, dass Abgase schädlicher sind als bisher angenommen. Nichts ist natürlicher als Kohlendioxid (CO_2), es gehört zu den Grundelementen des Lebens. Doch CO_2 ist zu einer natürlichen Verbindlichkeit geworden. Es reichert sich in der Atmosphäre an und speichert Wärme. Natürlich wird CO_2 nur zum Problem, wenn es die Schwelle zum Übermaß überschreitet. Doch diese Schwelle haben wir bereits überschritten.

Weil das überschüssige CO_2 die Wärme speichert, erwärmt sich die Erde, und deswegen wird das Klima unberechenbarer. Die Konsequenzen sind weitreichend, doch Afrika wird davon am stärksten betroffen sein. Afrika ist riesengroß, und der Klimawandel wird den Kontinent nicht überall in gleicher Form treffen, aber wahrscheinlich werden die trockenen Gebiete noch trockener werden, was den Anbau von Grundnahrungsmitteln gefährdet. Größere Klimaschwankungen, die Dürren, Flutkatastrophen und extreme Hitzewellen bedeuten, können den traditionellen Ackerbau in Mitleidenschaft ziehen. Die Landwirtschaft, die heute Afrikas wichtigster Wirtschaftszweig ist, wird weniger produktiv. Eine rapide wachsende Bevölkerung wird in einer immer feindlicheren natürlichen Umgebung ihren kargen Lebensunterhalt suchen müssen.

Das Kohlendioxid führt die Schlüsselthemen dieses Buches zusammen. Obwohl es ein natürlicher Stoff ist, ist zusätzliches CO_2 jetzt zur Verbindlichkeit geworden; nichts an der Natur ist grundsätzlich gut. Kohlendioxid wird nicht nur von der Industrie ausgestoßen, sondern entsteht auch durch eine Reihe natürlicher Prozesse, zum Beispiel durch die Viehhaltung, die wohl natürlichste aller menschlichen Wirtschaftsformen. Seit Jahrtausenden ziehen Viehhirten durch die Wildnis. Unglücklicherweise sind Kühe jedoch für die Erderwärmung gefährlicher als Atomkraftwerke, die Energie ohne CO_2-Ausstoß erzeugen. Das ist so, weil Kühe furzen.

Da es ein erneuerbar Stoff ist, hat CO_2 viel mit den wirtschaftlichen Eigenschaften von Fischen und Bäumen gemeinsam, allerdings ist es keine natürliche Ressource, sondern eine natürliche Verbindlichkeit. Der Schaden, den es anrichtet, hängt nicht davon ab, wie viel heute ausgestoßen wird, sondern davon, wie viel insgesamt über die vergangenen Jahrzehnte ausgestoßen wurde. Weil es sich in der Atmosphäre anreichert, müssen wir es uns zugleich als Bestand und als Fluss vorstellen. Tatsächlich ist CO_2 das natürliche Pendant zu Schulden. Zusätzliches Kohlendioxid wächst in der Atmosphäre genau wie ein Kredit auf der Bank. Schulden sind, einfach gesagt, ein negativer Vermögenswert, und darum gilt alles, was ich über den Abbau von Ressourcen gesagt habe, auch für das Schuldenmachen. All dies sind natürliche Verbindlichkeiten, die zukünftige Generationen erfüllen müssen, und deshalb haben wir die Verantwortung, an die Zukunft zu denken, wenn wir über ihre Anhäufung entscheiden.

Natürliche Verbindlichkeiten teilen außerdem das besondere Merkmal einer natürlichen Ressource: Sie haben keine natürlichen Eigentümer. Es gibt keine eindeutige Möglichkeit, sie bestimmten Schuldnern zuzuordnen. Der wichtigste Unterschied ist, dass die Menschen mangels natürlicher Eigentümer nur zu gern Ansprüche auf natürliche Ressourcen erheben, wogegen natürliche Verbindlichkeiten Waisenkinder sind. Die Inuit wollen nicht das CO_2 über ihren Köpfen besitzen – sie wollen nur das Öl unter ihren Füßen.

Das Fehlen natürlicher Eigentümer von natürlichen Ressourcen führt zu ihrer Ausplünderung. Das Fehlen natürlicher Eigentümer von natürlichen Verbindlichkeiten führt zu einer Ausplünderung anderer Art. Verbindlichkeiten werden angehäuft, solange dabei privater Gewinn entsteht. Doch es gibt keinen Grund zu glauben, dass die privaten Gewinne größer als die sozialen Verluste sein werden.

Natürliche Ressourcen verlangen ein hohes Maß sozialer Kooperation, welche die Märkte nicht leisten können, bevor das Eigentumsrecht feststeht. Eine Regierung ist der bei weitem wichtigste Mechanismus für nichtmarktwirtschaftliche soziale Kooperation, wenn sie natürliche Ressourcen in unserem Namen besitzt. Die natürliche Verbindlichkeit CO_2 ist jedoch darin einmalig, dass sie eher global als national ist. Es ergibt absolut keinen Sinn für ein einzelnes Land, die Verbindlichkeiten des auf seinem Gebiet erzeugten CO_2 zu übernehmen, wenn andere Länder nicht das Gleiche tun. Worauf es ankommt, ist globale Zusammenarbeit.

Der Sold der Sünde und die opportunistische Moral

DIE DISKUSSION ÜBER KOHLENDIOXID wird von der Idee eines weltweiten Handels mit Emissionsrechten dominiert. CO_2-Emissionsrechte würden bis zu einem sicheren globalen Limit einzelnen Ländern, Firmen oder Privatpersonen übertragen, und diese Rechte könnten dann gehandelt werden. Diejenigen, die mehr als das ihnen zustehende CO_2 ausstoßen wollen, kaufen dann die Rechte von anderen.

So eine Diskussion lädt ein zum Moralisieren und zum Opportunismus; beides ließ sich dann auch beim Klimagipfel in Kopenhagen beobachten. Das Moralisieren ist ein bizarres Echo der christlichen Theologie des Mittelalters, die zwischen Sünden der Unterlassung und des Begehens unterschied. Die Bibel fällt das donnernde Urteil, »der Tod ist der Sünde Sold«. Die mittelalterliche Kirche nahm das wörtlich, indem sie jeder Sünde einen Preis gab und dann Vergebung durch Ablässe verkaufte. Für die Päpste wurde der Ablasshandel zur wichtigsten Finanzierung des Petersdoms in Rom. Zur modernen umweltbezogenen Variante dieses moralischen Rahmens ist die Sünde der Emission geworden. Der Sold der Sünde ist die globale Erwärmung: Statt in der Hölle werden wir hier auf Erden schmoren. Und die moderne Variante des Ablasses ist das Emissionsrecht. Die Reichen können weiterhin Sünden begehen, sofern sie den CO_2-Ablass kaufen. Aus den gleichen Gründen wie das Papsttum des Mittelalters mögen Regierungen den

Emissionshandel durchaus attraktiv finden: Sie haben wenig Geld und würden durch den Verkauf der Emissionsrechte eine Menge einnehmen. Genau wie die Päpste den Petersdom finanzieren konnten, könnte US-Präsident Obama das Haushaltsloch stopfen.

Der Opportunismus lässt sich bei der Lobbyarbeit für den Erwerb dieser Rechte beobachten. Tatsächlich bietet die ökonomische Theorie des Anstrebens von Renten eine alarmierende Einsicht: Die Ressourcen für die Lobbyarbeit können so sehr ansteigen, dass sie dem Wert der Rechte entsprechen. Der Wert der Emissionsrechte ist potenziell riesig. Der übliche Schätzwert einer Tonne CO_2 liegt bei etwa 40 Dollar, die maximale Menge der Emissionen bei rund 18 Milliarden Tonnen jährlich. Damit liegt der potenzielle Wert des Emissionshandels bei unglaublichen 720 Milliarden Dollar pro Jahr – also Jahr für Jahr eine Summe, die während der Finanzkrise zur Absicherung toxischer Vermögenswerte eingesetzt wurde.

Weil weder natürliche Ressourcen noch natürliche Verbindlichkeiten natürliche Eigentümer haben, darf sich jeder am Wettlauf um Emissionsrechte beteiligen und halbwegs vernünftig klingende Argumente vorbringen. Ein Land könnte beispielsweise argumentieren, es solle Emissionsrechte zugeteilt bekommen, die auf der von ihm ausgestoßenen CO_2-Menge zum Zeitpunkt der Begrenzung basieren. Oder es solle so viel emittieren dürfen wie ein bestimmtes anderes Land. Oder es dürfe mehr CO_2 emittieren, weil es arm ist. Oder weil es nichts von dem CO_2 ausgestoßen hat, das das Problem verursachte.

Das Anstreben von Renten aus Emissionsrechten kann sowohl national als auch international geschehen. Auf nationaler Ebene ist es bereits im US-Kongress zu sehen. Die Zuweisung von Emissionsrechten könnte die riesige Maschine zur Rentenaneignung der amerikanischen Agrarlobby in den Schatten stellen. International könnte die Bandbreite für Schwindel sogar noch größer sein. Firmen, die weiter CO_2 ausstoßen wollen, müssen nur ein Stück Papier kaufen, auf dem steht, dass eine Firma irgendwo anders entsprechend weniger emittiert, als sie es sonst getan hätte. Die CO_2 ausstoßende Firma interessiert es nicht, ob das der Wahrheit enstpricht. Was die weniger ausstoßende Firma betrifft, so muss sie laut dem aktuell geltenden, sogenannten

Clean Development Mechanism (CDM) ihren CO_2-Ausstoß nicht wirklich verringern. Sie muss ihn lediglich relativ zu der Menge verringern, die sie sonst ausgestoßen hätte. Also muss sie nur glaubhaft machen, dass sie viel CO_2 ausgestoßen hätte. Da der CDM unsystematisch und mit keinem strukturellen Rahmen verbunden ist, kann ein Land immer und immer wieder für das Vermeiden bestimmter Emissionen bezahlt werden, während es seine Gesamtemissionen ins Grenzenlose steigert. Der Ablasshandel durch den CDM schafft keinen Anreiz dafür, den CO_2-Ausstoß zu verringern, sondern für die Drohung, ihn so weit wie möglich zu erhöhen.

In Wirklichkeit liegt dem Clean Development Mechanism derselbe Fehler zugrunde wie der kostenlosen Zuweisung wertvoller Fischereirechte. Wir erinnern uns: Solange die Fischbestände groß sind, können Fischer fangen, so viel sie wollen, und der Wert des Fischs entspricht nur dem seiner Fangkosten. Wenn die maximale nachhaltige Fangmenge erreicht ist, steigt der Wert des Fischs; er wird zur wertvollen natürlichen Ressource mit Knappheitsrente. Wie ich gezeigt habe, sollten Fischer nicht automatisch diese Knappheitsrente für etwas erhalten, was zur natürlichen Ressource geworden ist. Wir können die gleiche Argumentation auf das Kohlendioxid anwenden, das von Kohlekraftwerken ausgestoßen wird. Als die weltweiten CO_2-Emissionen niedrig waren, war CO_2 gratis; jeder konnte ein Kraftwerk betreiben. Sobald aber jeder ein Kraftwerk betreiben will, kostet der Ausstoß von CO_2 Geld. Die Rechte, diese Kosten zu erheben, folgen nicht aus der Aktivität in der Zeit, als es gratis war. Sobald CO_2 soziale Kosten erzeugt, sollten die Kraftwerke, die es zuvor ohne Konsequenzen ausgestoßen haben, diese Kosten übernehmen. Auch neue Kraftwerke können kein Recht auf einen solchen Ausstoß anmelden, nur weil andere Kraftwerke das umsonst taten, bevor CO_2 soziale Kosten erzeugte. Wenn ich nur damit drohen muss, Kohlendioxid zu emittieren, um Anrecht auf Entschädigung zu haben, falls ich es unterlasse, können die globalen Entschädigungskosten ins Grenzenlose steigen.

Das Moralisieren und der Opportunismus haben das Thema der CO_2-Emissionen vernebelt. Die Debatte wird vom verzweifelten Versuch angetrieben, Verbindlichkeiten zu vermeiden und gleichzeitig so viele Rechte wie möglich zu beanspruchen. Das hat vom grundsätzlicheren Thema abgelenkt, wie eine natürliche Verbindlichkeit verwaltet werden sollte. Vergessen wir einmal, wer wem was angetan hat, wer an der jetzigen CO_2-Konzentration schuld ist oder wer wen entschädigen sollte. Stattdessen sollten wir uns darauf konzentrieren, was es jetzt bedeutet, dass wir Kohlendioxid als Verbindlichkeit erkannt haben.

CO_2 eine Verbindlichkeit zu nennen bedeutet im Wesentlichen, dass die Aktivitäten, die es hervorbringen, etwas Schädliches herstellen. Allerdings stellen sie auch etwas Nützliches her, und normalerweise wird dieses Produkt sehr viel wertvoller sein als der vom CO_2 verursachte Schaden. Normalerweise, aber nicht immer. Nehmen wir den Kohlebergbau. In der Hierarchie der Brennstoffe ist Kohle im Bezug auf ihren Brennwert recht kostspielig im Abbau, deswegen haben Kohlereviere in vielen Industrienationen Schwierigkeiten. Der Kohleabbau ist nicht profitabel genug, um wettbewerbsfähige Löhne zu zahlen. Doch Kohle ist nicht nur nicht sehr wertvoll, sie produziert auch CO_2. Wie viel das ist, hängt von der Art der Kohle ab; manche Sorten sind besser als andere. Bevor wir auf die Erderwärmung aufmerksam wurden, lohnte sich der Abbau der Kohle in Niedriglohnländern. Aber Kohleverbrennung erzeugt nicht nur Wärme, sondern auch CO_2. Kohle sollte jetzt besser unter der Erde bleiben, als abgebaut zu werden; sie ist sozial wertlos geworden. Das mag sich ändern, wenn eine neue Technologie zur CO_2-Speicherung zur Verfügung steht, doch diese Technologie wird vermutlich auch sehr teuer sein.

Wie würde eine CO_2-arme Welt aussehen?

DIE WELT MUSS SO FUNKTIONIEREN, dass sie nicht mehr als ein sicheres Höchstmaß an CO_2 ausstößt. Wie sähe so eine Welt aus? Die Wirtschaftswissenschaft bietet einige hilfreiche Einsichten, zumindest, wenn es darum geht, die Prinzipien für eine effiziente Weltwirtschaft aufzuzeigen. Effizienz zeigt sich oft am besten an ihrem Gegenteil – Ineffizienz. Es wäre beispielsweise ineffizient, wenn man einer wenig produktiven Branche erlauben würde, CO_2 auszustoßen, während eine andere, hochproduktive Branche überhaupt kein CO_2 erzeugen dürfte. Ein anderes Beispiel für Ineffizienz wäre eine Branche – etwa eine chemische Fabrik –, die in ein Land verlegt würde, wo sie weniger effizient funktionierte, wo aber die CO_2-Bestimmungen großzügiger wären. Es gibt einen sehr überzeugenden Grund, warum wir auf Effizienz achten sollten: Globale Erwärmung ist schlecht. Sie zu bekämpfen ist teuer, und sie nicht zu bekämpfen wird noch teurer. Darum sollten wir sie so effizient wie möglich bekämpfen. Alle ineffizienten Reaktionen sind unnötig teurer als effiziente Reaktionen und können leicht in den finanziellen Ruin führen.

Der Dreh- und Angelpunkt der Ökonomie ist der Preis. Der Preis bezeichnet einen Wert. Für die meisten Waren ist der Marktpreis in der Tat dasselbe wie der soziale Wert. Der Preis entspricht ungefähr den Produktionskosten der Ware wie auch dem ihr von den Verbrauchern beigemessenen Wert. Ökonomen sind so enthusiastische Befürworter des Marktes, weil er für die meisten Dinge bei weitem den besten Mechanismus zum Erzielen des größtmöglichen sozialen Wertes darstellt. Ökonomen erkennen jedoch auch, dass manche Güter soziale Kosten oder Vorteile erzeugen, deren Preis nicht vom Markt bestimmt wird. Im Moment ist CO_2 so ein Gut. Man kann CO_2 umsonst ausstoßen, aber das wird Kosten für andere mit sich bringen. Als Erweiterung des Preiskonzepts haben Ökonomen die Theorie entwickelt, dass dort, wo sozialer Wert vom Marktpreis abweicht, ein angenommener oder »Schattenpreis« geschätzt werden kann, der die wahren Kosten widerspiegelt. Da wir wissen, dass CO_2 sozial schädlich ist, sollte der Preis dafür negativ sein. Seine Hersteller sollten also dafür bezahlen.

Nun die nützliche Erkenntnis. Die Welt wird effizient auf das CO_2-Problem reagieren, wenn – und nur wenn – sein Schattenpreis überall und für jeden der gleiche ist. Hier kommen die bereits erwähnten 40 Dollar ins Spiel. Ökonomen schätzen, dass der Schattenpreis von CO_2, bei dem die Menschen insgesamt nicht mehr als seine sichere Höchstmenge ausstoßen würden, bei rund 40 Dollar pro Tonne liegt. Um diesen Schätzwert herum liegt eine breite Fehlermarge. Wir wissen nicht, was die sichere Höchstmenge beim CO_2-Ausstoß ist, und wir wissen nicht, wie die Menschen reagieren würden, wenn es einen Preis für Emissionen gäbe. Bleiben wir aber für den Moment bei dieser Schätzung.

Kommen wir zu der Frage zurück, wie die Welt aussähe, wenn die 40 Dollar pro Tonne für alle gelten würden. Die meisten Branchen wären nicht davon betroffen, denn sie stoßen im Vergleich zum Wert ihrer Waren sehr wenig CO_2 aus. Beispielsweise würden die meisten Dienstleistungsbetriebe, die ja die modernen Volkswirtschaften dominieren, kaum einen Unterschied merken. Das Gleiche gälte für den Großteil der Leichtindustrie, die je Produktionseinheit sehr wenig fossile Energie verbraucht.

Schwerindustrie, Landwirtschaft und Energieerzeuger sind hingegen ein anderer Fall. Manche Zweige der Schwerindustrie stoßen ungeheure Mengen an CO_2 aus; solange sie ihre Technologie nicht ändern, würden ihre Kosten enorm ansteigen. In diesem Fall würden Verbraucher dadurch reagieren, dass sie andere Produkte konsumieren. Die Landwirtschaft mag »natürlich« aussehen, aber sie ist eine sehr CO_2-intensive Branche. Es geht nicht nur um furzende Kühe. Wenn die Stoppeln eines Felds abgebrannt werden, wird CO_2 frei; wenn der Boden gepflügt wird, ist es ebenso. Die Landwirtschaft wird sich also anpassen müssen.

Die Energieerzeugung ist natürlich die CO_2-intensivste Branche. Es gibt jedoch eine gewaltige Bandbreite. Der schlimmste Verursacher ist die Kohle. Der Schattenpreis der Kohle ist jetzt der Marktpreis abzüglich der Kosten ihrer CO_2-Emission. In vielen Fällen ist Kohle inzwischen wertlos, und Bergwerke müssen schließen. Die anhaltende Expansion des Kohlebergbaus ist ein Fall sozialer Ausplünderung ähnlich der Plünderung von Afrikas Rohstoffen: persönliche Bereicherung auf Kosten anderer. Der Kohlebergbau ist ein hartes Leben. Mein eigener Nachname ist kein Zufall. Meine Vorfahren waren »Colliers« – Bergarbeiter. Es ist eine grausame Laune der Natur, dass diejenigen, die die Gefahren der Kohleförderung auf sich nahmen, zu sozialen Räubern geworden sind, aber das ist die Realität. Die Welt muss den CO_2-Ausstoß begrenzen, und Kohle ist der größte CO_2-Erzeuger der Welt.

Am anderen Ende des Spektrums befindet sich die Kernenergie, die vollkommen CO_2-frei ist und welche die romantischen Umweltschützer perfekt von den pragmatischen spaltet. Die Romantiker sind manchmal auf perverse Weise froh über die globale Erwärmung, denn sie bedeutet die gerechte Strafe für die kapitalistische Industrialisierung. Allerdings darf für sie die Kernenergie keine Lösung sein, denn sie steht für alles, was die Romantiker am industriellen Kapitalismus am meisten hassen. Mit ihrer extremen Wissenschaftlichkeit und ihrer großen Verbreitung ist die Kernenergie weit entfernt von der Idee des »Einsseins mit der Natur«. Die Romantiker bevorzugen Wind-, Gezeiten- und Solarenergie, deren Prinzipien für eine breite Öffentlichkeit verständlich sind; Kernenergie setzt Naturkräfte frei, die nur die wissenschaftliche Elite versteht. Allerdings sind Wind-, Wellen- und Sonnenenergie leider noch nicht ebenso ausbaufähig. Die bei weitem CO_2-effizienteste fortgeschrittene Volkswirtschaft ist Frankreich, das sich nach der Ölkrise von 1974 entschied, Energiesicherheit durch Investitionen in Kernenergie zu erreichen. Frankreich konnte das tun, weil hier, im Gegensatz zu anderen Ländern, die politische Linke aus nationalistischen Gründen die Kernenergie nicht ablehnte und die Unabhängigkeit von Ölimporten unterstützte. Wind-, Gezeiten- und Solarenergie mögen einmal leistungsfähiger werden (vorausgesetzt, dass genug Geld in die Forschung investiert wird), aber im Moment haben Pragmatiker wie der Umweltschutzpionier Stewart Brand akzeptiert, dass Kernenergie eine unverzichtbare Rolle im Kampf gegen die globale Erwärmung spielt. Sie glauben ebenso wie der Autor dieses Buchs, dass Entscheidungen über den Umgang mit natürlichen Ressourcen und Verbindlichkeiten zu wichtig sind, um sie von romantischen Vorstellungen leiten zu lassen.

Angesichts eines CO_2-Schattenpreises von rund 40 Dollar pro Tonne wird die Welt nach und nach effizienter auf die globale Erwärmung reagieren. In einer so regulierten Welt werden der Kohlebergbau und einige schwerindustrielle Branchen radikal schrumpfen, und die Landwirtschaft wird sich anpassen. Was ist mit den normalen Verbrauchern? Insgesamt muss sich unser Energieverbrauch nicht allzu sehr ändern. In Frankreich, wo der Strom hauptsächlich aus Kernenergie erzeugt wird, ist er billiger als in England, wo er hauptsächlich aus Gas und Öl gewonnen wird. Wir werden in einer CO_2-kompatiblen Welt also nicht überall das Licht ausmachen müssen. Aber manche Energiequellen müssen sich ändern.

Die dramatischste Veränderung betrifft den Kraftstoff für unsere Fahrzeuge. Erdöl ist schließlich nichts anderes als flüssiges CO_2. Die Welt kann einfach keine Milliarde oder mehr Fahrzeuge verkraften, die mit CO_2 fahren. Glücklicherweise gibt es Alternativen, entweder Batterien, die mit emissionsfreien Energiequellen aufgeladen werden, oder Ethanol. Das Problem ist ein technologisches. Vor kurzem wurde ich nach Brüssel eingeladen, um einen Vortrag zu halten. Seltsamerweise war der Veranstaltungsort ein Automuseum, und als ich durch die Reihen großartiger Klassiker vergangener Technologie schlenderte, wurde mir klar, wie groß der technische Fortschritt des letzten Jahrhunderts gewesen ist. Mein eigenes recht einfaches Auto wäre als sensationeller Fortschritt angesehen worden, hätte man es nur 50 Jahre früher bei einer Fahrzeugmesse ausgestellt. Kann sich die Autoindustrie von CO_2-haltigem Kraftstoff wegentwickeln? Natürlich. Die Wahl der Technik wird durch Anreize bestimmt. Ohne solche Anreize sind die Autohersteller ungewollt Teil der Ausplünderungsmaschinerie. Sie verdienen ihren Lebensunterhalt mit dem Verkauf eines Produktes, das gekauft wird, weil die von ihm verursachten sozialen Kosten nicht vom Käufer getragen werden. Europa hat seinen Verbrauchern bereits Anreize zum Benzinsparen gegeben, daher sollte die Anpassung relativ schmerzfrei sein. Die neuen Technologien werden kaum viel teurer als der jetzige Benzinpreis sein. Dagegen sind amerikanische Verbraucher an einen Benzinpreis gewöhnt, der seine sozialen Kosten nicht widerspiegelt. Das sind schlechte Nachrichten für die amerikanischen Verbraucher, doch sie sollten sich daran erinnern, dass ein sozial realistischer Energiepreis ihre Lebensqualität nicht zerstören würde.

Manche Industrien werden sich mehr als andere anpassen müssen, das Gleiche gilt für manche Verbraucher und manche Länder. Welche und wie sehr wird aus dem Durchdenken der effizientesten Reaktion für die Industrie und für die Verbraucher folgen, und dann aus dem Zuordnen dieser Reaktionen zu den Ländern, wo sich die Industrien und Verbraucher befinden. Unglücklicherweise zäumen die internationalen politischen Verhandlungen zur Erderwärmung das Pferd vom Schwanz auf. Bei den großen internationalen Konferenzen – Kyoto und Kopenhagen – feilschen nationale Regierungen darum, wer wem wie viel zahlen soll. Stattdessen müssen wir vom Prinzip der effizienten Reaktion ausgehen – einem gemeinsam verabschiedeten Weltschattenpreis für CO_2 – und dann darauf aufbauen.

Emissionen werden sich verschieben, wenn sich Industrien verlagern

DIE EFFIZIENTE REAKTION AUF EINEN gemeinsamen CO_2-Schattenpreis wird nicht bedeuten, dass jeder auf der Welt die gleiche Menge CO_2 ausstößt. Eine der Grundvoraussetzungen der Wirtschaftsgeographie ist die Effizienz der räumlichen Konzentration. Unterschiedliche Industrien werden sich effizienterweise an bestimmten Standorten konzentrieren. Der beste Standort mag der sein, an dem sich die Transportkosten minimieren, was die Kosten der Rohstoffbeschaffung gegenüber denen der Produktauslieferung ausgleicht. Unterschiedliche Industrien werden radikal unterschiedliche Emissionen haben. Daraus folgt, dass manche Länder der rationellste Standort von CO_2 ausstoßenden Industrien sein werden, während andere sich auf weniger CO_2-intensive Branchen konzentrieren sollten. Das zeigt uns etwas, das politisch nicht opportun sein mag, wirtschaftlich aber sehr wichtig ist. Eine global effiziente Reaktion auf die Erderwärmung wird nicht darin bestehen, dass jedes Land den gleichen Pro-Kopf-Ausstoß von CO_2 hat. Sie wird aber darin bestehen, dass bestimmte Industrien den gleichen CO_2-Ausstoß je Produktionseinheit haben, wo auch immer sie sich befinden.

Zurzeit konzentrieren sich die meisten CO_2 ausstoßenden Industrien in den reichen Ländern. Aber Industrien verlagern sich. Das Prinzip der effizienten Reaktion auf die globale Erwärmung lehrt uns, dass keine Industrie nur wegen ihrer Emissionen einen Anreiz zur Standortverlagerung haben sollte. Doch gibt es viele andere legitime Gründe, warum sich Industrien verlagern. In den letzten Jahrzehnten ist der industrielle Sektor in den asiatischen Schwellenländern schneller als in Ländern mit hohem Einkommen gewachsen, sodass sich die Proportionen verschoben haben. Doch von jetzt an wird diese Verschiebung nicht nur proportional, sondern absolut sein.

Die UN-Organisation für industrielle Entwicklung (UNIDO) bat mich, ein Team zusammenzustellen, um einen Bericht über die industrielle Entwicklung zu erarbeiten. Als wir uns mit den Daten befassten, überraschte mich eines unserer einfachsten Ergebnisse am meisten. Die Industrieproduktion in den Ländern mit hohem Einkommen hat sich in den letzten Jahrzehnten stetig verlangsamt; in den Entwicklungs- und Schwellenländern, besonders in Asien, hat sie sich beschleunigt. Das einfache Hochrechnen dieser Trends führte uns zu der Schlussfolgerung, dass 2008 wohl das Spitzenjahr für die Industrieproduktion der reichen Länder sein würde; danach würde sich in absoluten Zahlen ein Abschwung einstellen. Zum Zeitpunkt der Veröffentlichung des Berichts im März 2009 war die Industrieproduktion der reichen Länder tatsächlich wegen der Weltwirtschaftskrise bedenklich zurückgegangen. Die Kommentare übersahen aber den größeren Kontext der Industrieverlagerung von den entwickelten in die Entwicklungsländer. Wir sagten voraus, dass das Sinken der Industrieproduktion in den Ländern mit hohem Einkommen nicht nur vorübergehend sein würde. Wenn sich die weltweite Industrieproduktion erholt, wird ein Großteil der zusätzlichen Produktion in Entwicklungsländern angesiedelt sein. Wir sind in die Phase des absoluten industriellen Rückgangs in der reichen Welt eingetreten. Die kommenden Jahrzehnte werden vom abschwellenden Lärm ihrer Verkleinerung widerhallen. Außer denjenigen Branchen, die sich mit hochkomplexen Prozessen befassen, wird sich die Industrie hauptsächlich in Ländern mit mittlerem Einkommen konzentrieren, und Leichtindustrie wird sich in Ländern mit niedrigem Einkommen ansiedeln. Damit verlagert sich der CO_2-Ausstoß automatisch in die Entwicklungsländer. Länder mit hohem Einkommen werden sich auf den Dienstleistungssektor konzentrieren, also auf Branchen mit niedrigem CO_2-Ausstoß.

Ein gemeinsames Übel erfordert eine gemeinsame Steuer

WIE KANN DIE WELT ALSO DIE EFFIZIENTESTE Lösung für das Problem der Erderwärmung finden? Internationaler Emissionshandel würde in der Tat einen weltweit einheitlichen Preis für CO_2 bewirken, und dies oder etwas Gleichwertiges ist für die Effizienz absolut notwendig. Allerdings ist der internationale Emissionshandel nicht das einzige Mittel, um einen einheitlichen Preis zu erzielen. Politisch könnte es äußerst schwierig sein, sich auf so einen Preis zu einigen. Die direkteste Methode wäre es, wenn jede Regierung eine gleich hohe CO_2-Steuer erheben würde – zum Beispiel 40 Dollar pro Tonne. Wir werden uns später darum kümmern, wer für die Erderwärmung bezahlen sollte; im Moment will ich bei der Frage bleiben, wie wir eine effiziente Reaktion erreichen können. Wenn jede Regierung eine CO_2-Steuer von 40 Dollar erheben würde, würden sich Industrien und Verbraucher weltweit auf diesen Preis einstellen. Keine Branche hätte einen Anreiz, sich anderswo anzusiedeln, um die sozialen Kosten für ihre Emissionen zu vermeiden. Außerdem würden nicht manche Verbraucher weiter CO_2 in die Luft pusten, während sich andere verantwortungsvoll verhielten.

Einige Ökonomen würden die Menge des CO_2-Ausstoßes lieber direkt regulieren statt über den Preis. Das ist die Sichtweise Nicholas Sterns, dessen Studien über den Klimawandel zu Recht enormen Einfluss haben. Seine Position gründet sich auf einer im Detail zwar komplizierten Theorie, die aber einen sehr einfachen Unterschied zwischen der Vereinbarung von Mengen und der Vereinbarung von Preisen macht. Manchmal kennen wir die sozialen Kosten und wissen nicht, welche Mengen zu diesem Preis erzeugt werden, und manchmal ist es umgekehrt. Dort, wo wir die sozialen Kosten kennen, sollten wir einen Preis festsetzen – in diesem Fall eine CO_2-Steuer –, und dort, wo wir die sozial verträgliche Menge kennen, sollten wir die Menge in Form von CO_2-Genehmigungen regulieren und dann den Markt den Preis dafür ermitteln lassen.

Allerdings passt die Theorie am besten auf einmalige Situationen. Die Rolling Stones geben ein Abschiedskonzert. Es gibt nur soundso viel tausend Plätze, und keiner weiß, wie groß die Nachfrage sein wird. Die effizienteste Lösung wäre, die Karten zu versteigern, statt ihren Preis im Voraus festzusetzen. Was CO_2-Emissionen angeht, wissen wir, dass sie drastisch reduziert werden müssen, aber darüber hinaus tappen wir im Dunkeln, bis die Technologie so weit ist und sich das allgemeine Verhalten ändert. Die relevanten CO_2-Mengen liegen in der fernen Zukunft. Wenn der Preis von 40 Dollar sich als unnötig hoch oder niedrig herausstellt, kann er gesenkt oder erhöht werden. Da Anpassungen unvermeidlich graduell sein werden, hätte ein flexibler Preis den gleichen Effekt wie eine flexible Menge.

Bevor wir die Idee eines gemeinsam verabschiedeten CO_2-Schattenpreises als politisch unrealistisch verwerfen, sollten wir bedenken, dass ein enormer politischer Vorteil darin liegt, sich auf einen Preis statt auf eine Menge zu einigen. Die Einigung auf eine globale Menge setzt eine Übereinkunft voraus, wer über welche Mengen verfügt. Das ist die Grundlage für einen internationalen Emissionshandel, durch den jedes Land ein Emissionsrecht erhielte und es an andere verkaufen dürfte. Da natürliche Verbindlichkeiten keine natürlichen Eigentümer haben, gibt es kein unverrückbares Prinzip, an das wir uns halten können. Dagegen erfordert die Zustimmung zu einem gemeinsamen CO_2-Schattenpreis keine Zuweisung der Eigentümerschaft von natürlichen Verbindlichkeiten. Er hat seinen Reiz darin, dass Ineffizienz und Ungerechtigkeit zusammenfallen. Es wäre ineffizient, wenn die chemische Industrie eines Landes einen niedrigeren Preis für Emissionen als die gleiche Industrie eines anderen Landes zahlen müsste, und es wäre außerdem unfair, denn die Chemiearbeiter im ersten Land würden ihre Jobs an die im anderen Land verlieren. Die davon profitierenden Arbeiter wären der Ausplünderung schuldig, weil sie sich durch die Anhäufung einer natürlichen Verbindlichkeit bereicherten, die von anderen bezahlt werden müsste.

Angenommen, jedes Land würde einem gemeinsamen CO_2-Schattenpreis von 40 Dollar zustimmen. Was würde dies auf nationaler Ebene bedeuten? Eine Möglichkeit ist, dass jede Regierung einfach eine CO_2-Steuer von 40 Dollar pro Tonne einführen müsste. Das wäre der direkteste Ansatz. Er bedeutet keine höhere Steuerlast. Keine Regierung hat einen Grund, eine CO_2-Steuer zur Erhöhung ihrer Gesamteinkünfte zu benutzen; so eine Steuer könnte eher andere Steuern ersetzen. Es ist deutlich besser, ein soziales Übel wie CO_2 zu besteuern, als etwas, das von sozialem Nutzen ist, wie Arbeit. Darum könnte eine CO_2-Steuer durch die Senkung der Einkommensteuer oder einer anderen als besonders lästig empfundenen Steuer ausgeglichen werden. Eine Einigung auf 40 Dollar macht aber nicht unbedingt eine CO_2-Steuer erforderlich. Firmen und Verbraucher zur Mitwirkung zu bewegen, lässt sich durch jedes Mittel erreichen, das eine Gesellschaft vorzieht. In manchen Fällen kann eine direkte Verordnung viel einfacher als eine Besteuerung sein. Tatsächlich kann die gleiche Tätigkeit im einen Land einer CO_2-Steuer und im anderen einer Verordnung unterliegen, solange die beiden gleichwertig sind. Es wäre erstaunlich einfach, ihre Gleichwertigkeit zu beurteilen, denn die Industrie würde in beiden Ländern die gleiche Menge CO_2 je Produkteinheit ausstoßen. Solange das Prinzip akzeptiert ist, könnte die Mischung aus Steuer und Verordnung jeder Gesellschaft überlassen bleiben. Beispielsweise könnte der Emissionshandel viel eher innerhalb einer Nation als zwischen mehreren Nationen funktionieren, da Nationen bereits über die politische Architektur verfügen, Bürgern Rechte zuzuweisen. Oder Regierungen könnten einfach Verordnungen erlassen. Kalifornien hat zum Beispiel als einer der ersten Staaten seiner Autoindustrie die Produktion umweltfreundlicher Fahrzeuge vorgeschrieben. Das ist hilfreich, weil die Industrie dadurch klare Vorgaben hat. Auch in Europa hat es eine Mischung aus Steuern, Emissionshandel und Verordnungen gegeben, beispielsweise durch Energiesparvorschriften für Glühbirnen.

Die Geopolitik der gemeinsamen Besteuerung

NACHDEM WIR EINEN EINDRUCK DAVON gewonnen haben, wie eine effiziente Reaktion auf die globale Erwärmung aussehen könnte, sollten wir uns die internationalen Strategien ansehen, die zu ihrer Umsetzung nötig sind. Wer die Guten und wer die Bösen sind, wird Sie vielleicht überraschen.

Was wir brauchen, ist globale Zusammenarbeit, und wir wissen, wie schwierig sie zu erreichen ist. Das Hauptproblem ist das sogenannte »Trittbrettfahren«. Ob wir durch die Erderwärmung schmoren werden, hängt nicht von einem Einzelnen, sondern von allen ab. Da die Entscheidung, ob ich meine Emissionen verringere, keinen Einfluss auf Ihre Entscheidung hat, ist es am sinnvollsten für mich, gar nichts zu tun. Ich werde einfach hoffen, dass alle anderen ihren CO_2-Ausstoß verringern. Wenn sie das tun, bin ich gerettet, egal, was ich tue, und wenn sie das nicht tun, werde ich sowieso schmoren. So oder so kann ich genauso gut die Kosten vermeiden, die bei der Verringerung meiner Emissionen entstehen würden.

Die zentrale Lösung für das Trittbrettfahrerproblem ist der Staat. Innerhalb eines Landes kann eine Regierung eine Verhaltensänderung durch Steuern und Verordnungen erzwingen. Aber Emissionen sind ein globales Problem, und so taucht das Trittbrettfahrerproblem bei den Verhandlungen zwischen Regierungen auf. Es gibt den 194 Ländern der Welt reichlich Spielraum zum Trittbrettfahren. Ob Guinea-Bissau zustimmt, seinen CO_2-Ausstoß einzuschränken oder nicht, macht für den weltweiten CO_2-Ausstoß keinen Unterschied und ist auch nicht entscheidend dafür, ob andere Regierungen zustimmen, ihren Ausstoß zu drosseln.

Allerdings kann nicht jede Regierung glaubhaft als Trittbrettfahrer auftreten. Das fängt bei den zwei wirklich großen Staaten an, den Vereinigten Staaten und China, die manchmal auch als G2 bezeichnet werden. Beide wissen, dass es ohne ihre Zustimmung kein globales CO_2-Abkommen geben kann. Wenn der Planet sich aufheizt, wird Florida im Meer versinken und das Eis des Himalayas abschmelzen. Wenn Florida versinkt und Wassergrundstücke unversicherbar werden, wird es wachsenden Druck von reichen Anliegern geben. Die US-Präsidentenwahl im Jahr 2000 wurde von einer Handvoll Wählern in Florida entschieden, die zwischen einem Kandidaten wählten, der den Kampf gegen die Erderwärmung als höchste Priorität ansah, und einem anderen, für den das Thema nicht existierte. Ich wage vorauszusagen, dass 2050 jeder Präsidentschaftskandidat klar in Florida verlieren wird, der die Erderwärmung als unwichtiges Thema bezeichnet. Wenn der

Himalaya abschmilzt, wären die politischen Konsequenzen für China ähnlich explosiv. Daher haben beide Regierungen ein Interesse an einer Zusammenarbeit. Wir wissen inzwischen, dass Präsident George W. Bush gegen Ende seiner zweiten Amtszeit geheime Klimaverhandlungen mit China führte, während er das Thema noch öffentlich kleinredete. Das wunderte mich nicht: Regierungen müssen der Realität ins Auge blicken. Derselbe Wille zur Zusammenarbeit zeigte sich in Kopenhagen. Sehr zum Ärger der Europäer wurde der Abschlusstext von den G2 entworfen.

Also werden die USA und China kaum das Problem sein. Sie stehen vielmehr gemeinsam vor der Aufgabe, den Rest der Welt vom Trittbrettfahren abzuhalten. Europa wird wahrscheinlich kein Problem darstellen: Bis jetzt hat es weltweit eine Führungsrolle beim Thema CO_2-Emissionen gespielt und wird nicht hinter China oder die USA zurückfallen wollen. Außerdem kann vieles, was auf der Klimawandel-Agenda steht, auf EU-Ebene entschieden werden, statt von jedem der 27 Mitgliedsstaaten. Zusammengenommen ist die EU ein sehr großer Wirtschaftsraum, viel zu groß, um sich selbst als möglichen Trittbrettfahrer zu betrachten. Auch Japan ist eine große Volkswirtschaft und hat eine lange Vergangenheit als verantwortlicher Teil der Weltgemeinschaft.

Bislang haben also die G4-Staaten – USA, China, EU und Japan – einen Anreiz zum verantwortungsvollen Handeln. Angesichts seiner gewaltigen Größe ordne ich Indien dieser Gruppe verantwortungsvoller Nationen zu; auch dieses Land ist einfach zu groß zum Trittbrettfahren. Bisher waren indische Regierungen immer ein wenig zurückhaltend, wenn es darum ging, die Verantwortung zu übernehmen, die aus der Größe ihres Landes erwächst, aber sie werden wohl mit dessen globaler Rolle und Verantwortung umzugehen lernen. So oder so wird es jenseits der G5-Staaten schwieriger, da jedes andere Land der Welt eine Trittbrettstrategie verfolgen könnte; täten das alle, wären die Konsequenzen gravierend. Schlimmer noch, diese Länder haben nicht nur den Anreiz zum Trittbrettfahren, sondern könnten auch die Bemühungen der anderen aktiv untergraben. Ähnlich wie bei Steueroasen ist es zu ihrem Vorteil, CO_2-Oasen mit unbegrenzten Emissionen anzubieten. Wenn das geschieht, würden sich die CO_2 ausstoßenden Industrien einfach an diese Standorte verlagern. Die G5 hätten zwar ihre eigenen, aber nicht die weltweiten Emissionen verringert. Würde das geschehen, so könnte sogar bei den G5 der politische Wille, die Kosten der Emissionsverringerung zu stemmen, schnell verpuffen. Die Welt würde wegen der Ausplünderung durch die »G163« schmoren müssen.

Was ich skizziert habe, ist das Problem des schwächsten Kettenglieds. Jede Lösung ist nur so wirksam wie das Verhalten des unkooperativsten Landes. Daher ist es das Problem der G5, irgendwie eine Kombination aus Zuckerbrot und Peitsche anzubieten, die das Trittbrettfahrerproblem in den G163 anpackt. Zuckerbrot und Peitsche müssen nicht überall gleich aussehen. Natürlich würden die G163 das Zuckerbrot der Peitsche vorziehen. Allerdings gibt es einen guten Grund, warum die Peitsche ein besserer Ansatz sein könnte. Das Problem mit dem Zuckerbrot liegt im riesigen Verhandlungsspielraum. Die G5 könnten damit beginnen, alle Kosten zu übernehmen, die bei der Emissionsverringerung entstehen. Das ist die niedrigste Summe, die den G163 einen Anreiz zum Nicht-Trittbrettfahren geben würde. Doch die G163 würden wissen, dass der potenzielle Nutzen ihrer Kooperation weit größer wäre. Dieser Nutzen sind die Kosten der Erderwärmung für die G5. Mit anderen Worten, die G163 haben einen Anreiz für den Versuch, die Situation auszunutzen. Die Reichweite des Problems geht aber noch darüber hinaus. Wegen des Problems des schwächsten Kettenglieds hat jedes einzelne Land einen starken Anreiz, als Letztes zuzustimmen. Bei so einem Problem könnte das widerspenstigste Land eine Hinhaltetaktik anwenden und abwarten, bis es einen Betrag in fast gleicher Höhe wie die Kosten der Erderwärmung bekäme. Nur mit dem Zuckerbrot wird es also schwer sein, zu einer Übereinkunft zu gelangen.

Im Gegensatz zum Zuckerbrot hat die Peitsche die nützliche Eigenschaft, mehr Länder zur Kooperation anzuhalten, denn je länger ein Land Trittbrett fährt, desto höher wären die Strafen. Kein Land will der einzige widerspenstige Ort der Welt sein und die Kosten dieser Peitsche allein tragen müssen.

Die Länder, die von den G5-Staaten am leichtesten überzeugt werden können, sind die der untersten Milliarde, denn für sie sind die Kosten bescheiden, und sie sind die größten Empfänger von Hilfsleistungen. Es besteht in der Tat die potenzielle Gefahr, dass die unterste Milliarde zu besserem Benehmen gezwungen wird, als es anderswo möglich ist. Die G5 besitzen den Handlungsspielraum, Entwicklungshilfe von einer effektiven nationalen Strategie für CO_2-armes Wachstum abhängig zu machen. Mit »CO_2-armem Wachstum« meine ich eine Wachstumsrate, die mit einem CO_2-Schattenpreis von 40 Dollar vereinbar ist. Industrien würden beispielsweise entweder eine nationale CO_2-Steuer in dieser Höhe zahlen müssen oder verpflichtet werden, sich an Bestimmungen zu halten, die Emissionsstandards auf die gleiche Höhe wie in anderen Ländern zu setzen. Damit so ein Handel funktionieren kann, müsste die potenziell durch Nichtbefolgen entgangene Entwicklungshilfe wertvoller sein als die Alternative des Nichtbefolgens, egal ob real oder imaginär. Wenn man sich die Geschichte der Entwicklungshilfe vor Augen hält, dann wird man den Angeboten und Drohungen der Geber nicht ganz glauben können. Die Angebote zusätzlicher Hilfe, falls die CO_2–Beschränkungen eingehalten werden, müssten umso größer sein, um der verringerten Glaubwürdigkeit entgegenzuwirken. Darum muss Entwicklungshilfe für die unterste Milliarde erstens so eng wie möglich mit einer Verpflichtung zum CO_2-armen Wachstum verbunden sein und zweitens so großzügig wie möglich ausfallen. Die schiere Größenordnung des Problems bedeutet, dass es nicht ausreicht, noch einen weiteren Hilfsfonds für den Klimawandel einzurichten, sondern dass vielmehr die Strategien für CO_2-armes Wachstum in alle künftigen Hilfsprogramme integriert werden, die ihrerseits verstärkt werden müssen. So gut wie alle wirtschaftlichen Aktivitäten erzeugen CO_2, darum muss der Wechsel zu CO_2-armem Wachstum in seiner Gesamtheit gesehen werden. Entwicklungshilfe wird intelligent und großzügig sein müssen – keiner dieser Aspekte ist bisher besonders ausgeprägt. (Für den Augenblick werde ich die ethische Diskussion, ob man mit Entwicklungshilfe globale CO_2-Standards erzwingen sollte, zurückstellen und mich den anderen Ländern zuwenden, die potenzielle Trittbrettfahrer sein könnten.)

Die armen Länder sind nicht der Kern des Trittbrettfahrerproblems. Insgesamt stoßen sie nicht viel CO_2 aus, und auch wenn sie für die globale Industrie ein Zufluchtsort vor CO_2-Kontrollen darstellen könnten, so würden andere Aspekte ihres Geschäftsklimas doch abschreckend auf Neuansiedlungen wirken. Die zentrale Problemgruppe sind die Schwellenländer, die gemeinsam eine Menge CO_2 ausstoßen. Sie bieten Zufluchtsorte für die Umgehung einer globalen CO_2-Politik und erhalten keine nennenswerte Entwicklungshilfe. Welche Peitsche ließe sich gegen diese Länder einsetzen?

Bedauerlicherweise wird der einzige plausible Ansatzpunkt wohl in Handelsbeschränkungen bestehen. Ich sage »bedauerlicherweise«, denn Handelsbeschränkungen sind eine Peitsche, auf die Regierungen nur allzu gern zurückgreifen. Sie erzeugen die attraktive politische Illusion, dass die Beschränkungen »uns« nutzen, indem sie Ausländer bestrafen. Über die Jahre hat die internationale Gemeinschaft gelernt, den Einsatz von Handelsbeschränkungen einzudämmen, indem sie eine internationale Kontrollinstanz schuf: die Welthandelsorganisation. Die WTO bewies ihren Wert zu Beginn der weltweiten Wirtschaftskrise 2008. Im Gegensatz zur Weltwirtschaftskrise der dreißiger Jahre wandten Regierungen sich nicht durch Handelsbeschränkungen gegen ihre Nachbarn, um die Rezession zu bekämpfen. Wie der US-Kongress jedoch kürzlich erkannt hat, könnte es möglich sein, denjenigen Ländern, die sich nicht an eine weltweite CO_2-Politik halten, Handelsbeschränkungen aufzuerlegen, ohne die WTO-Regeln zu verletzen. Obwohl die tatsächliche Höhe von Strafzöllen, die nach den WTO-Regeln erlaubt wären, sehr bescheiden ausfällt, hätte ich als Handelsminister eines Schwellenlands große Angst, wenn die G5-Staaten einen legitimen Vorwand fänden, Handelsbeschränkungen gegen mich zu verhängen. Sobald sie erst einmal in Kraft sind, können Handelsbeschränkungen für ein kleines Schwellenland verheerend sein, etwa weil sie Investitionen abschrecken. Die Androhung von Handelsbeschränkungen wäre also eine wirksame Peitsche für die meisten Länder mit mittlerem Einkommen.

Mit dem Zuckerbrot und der Peitsche von Entwicklungshilfe und Handel würde man zwar die meisten G163-Staaten erreichen, aber nicht alle. Die verbleibenden Länder sind die, die nicht arm genug für Entwicklungshilfe sind und nur Rohstoffe exportieren, die keinen

Handelsbeschränkungen unterliegen. Im Grunde sind das die Energieexporteure wie Russland und der Nahe Osten. Dies sind die Länder, die bei einer erfolgreichen weltweiten Verringerung von CO_2-Emissionen am meisten zu verlieren haben: *Sie sind die CO_2-Exporteure.* Die sozialen Kosten von 40 Dollar pro Tonne CO_2 entwerten ihren Vorrat an fossilen Energien deutlich. Dass sie letztlich die Opfer des Klimawandels sind, ist wahrscheinlich das vernünftigste ethische Ergebnis. Wie wir wissen, haben natürliche Ressourcen wie Öl keine natürlichen Eigentümer. Es ist bloß eine soziale Konvention (und Anerkennung der Realitäten politischer Macht), dass der Vorrat an Bodenschätzen der Gesellschaft gehört, die über ihnen lebt. Die Gesellschaften mit den wertvollen Vorkommen fossiler Energien genießen zufällig einen nicht menschengemachten Reichtum; wenn diese nicht menschengemachten Ressourcen weniger wert sind, haben sie keinen Grund, sich zu beklagen.

Stellen Sie sich vor, wie hoch der Ölpreis im Jahr 2060 sein könnte. Nach der Hotelling-Regel sollte der Ölpreis dann astronomisch sein, da er kumulativ vom Weltzinssatz erhöht wird. Doch das wird nicht passieren. Stattdessen werden die technologischen Fortschritte, die durch den Zwang zur Emissionssenkung angestoßen wurden, die Ölnachfrage senken. Investitionen in Kernenergie, Solarenergie und Bio-Brennstoffe werden vielleicht den Energiepreis senken, und fossile Energie wird weniger nachgefragt werden als saubere Energie. Die Exporteure fossiler Brennstoffe haben vielleicht keinen Anreiz, der weltweiten CO_2-Reduzierung zuzustimmen, aber solange ihre Volkswirtschaften auf deren Export basieren, können sie nicht viel tun, um die Maßnahmen der restlichen Welt zu untergraben. Sie werden schlicht die Opfer einer weltweit sinkenden Nachfrage nach ihren Exporten. Angesichts dieser schwindenden Nachfrage werden sie einen starken Anreiz haben, ihre Volkswirtschaften in Richtung anderer Industrien zu diversifizieren. Je größer ihr Erfolg dabei ist, desto mehr geraten sie in Reichweite der Peitsche von Handelsbeschränkungen. Sobald sie in der Lage wären, ihre Position als schwächstes Glied auszunutzen, indem sie Industrien in ihr Land locken könnten, würde die Androhung von Handelsbeschränkungen wirksam werden.

Opfer und Bösewichter

WAS ICH SKIZZIERT HABE, IST MEINER Ansicht nach die wahre Geopolitik der Erderwärmung. Sie steht in deutlichem Gegensatz zum gegenwärtigen weltweiten Diskurs, der unweigerlich zum Scheitern des Kopenhagener Klimagipfels führte. Im vorherrschenden Diskurs sind die USA und China die beiden Bösewichter, da sie die Hauptproduzenten von CO_2 sind, und die Entwicklungsländer die Opfer, da sie unter den härtesten Konsequenzen der Erderwärmung leiden werden, ohne dafür verantwortlich zu sein.

Der moralische Diskurs über die Erderwärmung beginnt mit der Zuweisung von Verantwortung oder, um zur Karikatur der mittelalterlichen christlichen Theologie zurückzukehren, mit der von Schuld. Der industrielle Kapitalismus ist schuld an der CO_2-Verschmutzung der Welt und muss nun für seine Sünden büßen. Diese Moral ist Musik in den Ohren derjenigen in der reichen Welt, die den industriellen Kapitalismus hassen: eine Allianz der antiindustriellen Werte der Aristokratie, verkörpert durch Prinz Charles, und der antikapitalistischen Werte der Marxisten. Sie ist auch für die marginalisierten Gesellschaften der untersten Milliarde verführerisch, die den industriellen Kapitalismus anstreben, ihn aber nicht erreicht haben. Sie sehen die Gelegenheit, den schuldgetriebenen kolonialistischen Kater aufzufrischen: Der Westen ist für ihre Armut verantwortlich. Die Erderwärmung verleiht der kolonialen Schuld neues Leben. Die Opferrolle ist wieder in Mode. Ansätze zum Klimawandel werden von solchem ethischen Ballast behindert, der zum größten Teil nicht weiter hilft.

Hier ein anderes Gedankenexperiment, um noch etwas klarer zu sehen. Angenommen, die Wissenschaft fände heraus, dass wir im Norden sterben, bevor wir 150 werden, weil der von armen afrikanischen Kleinbauern angebaute Maniok Ionen abgibt, welche die Luft in den nördlichen Breiten zersetzen. Gibt uns diese Entdeckung einen Anspruch auf Entschädigung durch afrikanische Bauern? Die Antwort ist offensichtlich Nein. Da die Bauern das nicht wussten, tragen sie keine Verantwortung. Denken wir einen Schritt weiter. Was sollte geschehen, wenn die Theorie erst akzeptiert ist? Offensichtlich sollten afrikanische

Bauern nicht weiter Maniok anbauen, aber wer kommt dafür auf? Sollten die Afrikaner einfach anerkennen, dass unser Tod ein unannehmbarer Preis für den Anbau ihres Lieblingsproduktes ist, oder sollten wir im Norden sie dafür entschädigen, dass sie uns nicht umbringen? Wenn wir uns entschieden haben, wer die Verantwortung für die tödlichen Maniok-Ionen übernimmt, können wir das gleiche Prinzip auf die Erderwärmung anwenden. Der moralische Ballast des Klimawandels, nämlich Sünde und Schuld, ist kein untrennbarer Teil des Problems, sondern wird aus anderen politischen Agenden übernommen.

Noch ein Gedankenexperiment. Nehmen wir an, die ganze Welt wäre zeitgleich mit dem Westen industrialisiert worden. Der CO_2-Ausstoß hätte so schon lange ein gefährliches Maß erreicht, bevor die Forschung weit genug fortgeschritten wäre, um ihn richtig zu verstehen. Unser Verständnis des Klimawandels wäre trotzdem erst um die Jahrtausendwende überzeugend geworden, als es schon zu spät gewesen wäre. Wenn andererseits kein Teil der Welt industrialisiert worden wäre, hätten wir nicht das Problem der Erderwärmung, aber auch nicht die Fähigkeit, Wohlstand zu schaffen. Die schmerzhafte, aber vernünftige Konsequenz ist, dass es ein glücklicher Umstand war, dass nur ein Teil der Welt industrialisiert wurde. Dies gab der Wissenschaft die Zeit, die Erderwärmung zu verstehen, damit wir rechtzeitig Vorsichtsmaßnahmen ergreifen können. Der Nachteil eines so ungleichen Musters der globalen Industrialisierung ist, dass einige Gesellschaften arm geblieben sind.

Das nach meiner Ansicht überwältigende Argument dafür, den Ländern der untersten Milliarde zu helfen, besteht darin, dass sie arm sind, weil sie nicht die gleichen Chancen wie wir hatten. Die Basis, ihnen zu helfen, ist nicht, dass sie die Opfer unserer industriellen Gier sind. Wenn kein Teil der Erde industrialisiert worden wäre, gäbe es keinen Weg zum Wohlstand. Wenn jeder Teil industrialisiert worden, würden wir heute schon schmoren. Doch wir haben gelernt, dass es der Welt möglich sein wird, sich zu industrialisieren und zu prosperieren, solange wir die relativ bescheidenen Anpassungen vornehmen, die mit CO_2-armem Wachstum einhergehen. Niemand braucht sich wegen vergangener CO_2-Emissionen schuldig zu fühlen. Niemand ist berechtigt, sich als Opfer zu fühlen. Allerdings sollten sich die glücklichen Teile der Welt den weniger glücklichen gegenüber großzügig zeigen.

Dass die ärmsten Länder der Welt am härtesten vom Klimawandel betroffen sind, ist ein weiterer Schicksalsschlag und deswegen ein weiterer gewichtiger Grund, warum der Rest der Welt ihnen helfen sollte, die Lasten zu schultern. Die reiche Welt sollte bereit sein, die Kosten der untersten Milliarde für die Anpassung an den Klimawandel zu übernehmen, der auch bei weltweiter CO_2-Reduktion unvermeidlich ist. Wir sollten arme Gesellschaften für diese weiteren »Pfeile und Schleudern des wütenden Geschicks« entschädigen. Wir sollten uns bereit erklären, die Kosten dafür zu übernehmen (und sogar zu übertreffen), dass sie künftig ihre Emissionen verringern, sonst wird sich das Trittbrettfahrerproblem als zu stark erweisen. Dennoch sollte sich unsere Großzügigkeit auf Mitgefühl und aufgeklärtem Eigeninteresse gründen und keine Entschädigung für Verbindlichkeiten sein. Nach den jetzigen Plänen für einen verbesserten Clean Development Mechanism sind China und die anderen Schwellenländer in der perfekten Position, mit den gesteigerten Emissionen zu drohen, für deren Vermeidung der CDM zahlt. Ethisch gesehen sind ihre Ansprüche gegenüber dem Rest der Menschheit aber sehr viel schwächer als die der untersten Milliarde.

Ein letztes Gedankenexperiment. Nehmen wir an, die CO_2 ausstoßenden Industrien konzentrieren sich in Ländern mit mittlerem Einkommen, während sich die Länder mit hohem Einkommen auf CO_2-arme Dienstleistungen verlegen. Ich vermute, dies wird binnen weniger Jahrzehnte die global effizienteste Verteilung von Wirtschaftsaktivitäten sein. Sollten die Länder mit mittlerem Einkommen in diesem Fall diejenigen mit hohem Einkommen für das »Recht« der CO_2-Emission bezahlen? So ein Ergebnis wäre offensichtlich lächerlich, aber dorthin könnten uns die legalistischen Argumente führen.

Die zentrale Frage bei der Erderwärmung ist nicht, wer wen für vergangene Emissionssünden entschädigen sollte. Vielmehr geht es darum, dass sich die Welt so effizient wie möglich – das heißt so preiswert wie möglich – an eine Zukunft mit niedrigem CO_2-Ausstoß anpassen sollte. Die Frage, wer wen entschädigt, ist von diesem Problem vollkommen unabhängig, und wie bei allen natürlichen Ressourcen und Verbindlichkeiten gibt es keine klare Richtlinie, durch die sich die Eigentümerschaft von CO_2-Verbindlichkeiten zuweisen ließe. In der Tat existiert ein berühmtes ökonomisches Theorem des Nobelpreisträgers Ronald Coase, das genau zu diesem Schluss kommt. Das effiziente Ergebnis ist unabhängig von der Zuweisung der Eigentumsrechte. Da internationaler Emissionshandel nationale Eigentumsrechte an Emissionen schafft, provoziert er ein intensives internationales Ringen um die Zuweisung dieser Rechte. Die von mir vorgeschlagene Alternative besteht darin, dass Regierungen sich auf ein gemeinsames Paket aus Steuern und Regeln einigen, das weltweite Emissionen auf sichere Werte begrenzt und keine Standortverlagerungen anregt, durch die soziale Kosten vermieden werden sollen.

Sogar der Vorschlag eines langfristigen Emissionshandels, bei dem jeder Mensch auf der Welt die gleichen CO_2-Ausstoßrechte erhalten sollte, könnte zu Betrug zu führen. In der Praxis würden die Einnahmen aus diesen CO_2-Rechten den Regierungen und nicht dem Einzelnen zufallen. Eine Regierung könnte so eine Zuweisungsformel auf verschiedene Weise ausnutzen. Die am wenigsten schädliche wäre noch, die Bevölkerungszahl des Landes aufzublähen. Wenn Sie meinen, das sei abstrus: Genau das passierte aus ähnlichem Grund in Nigeria. Nigeria ist eine Föderation. Sobald man dort Öl entdeckte, kam man überein, den Bundesstaaten einen Teil der Einkünfte je nach Bevölkerungszahl zuzuteilen. Es gab eine Volkszählung, aber für die Durchführung war in jedem Staat die jeweilige Regierung verantwortlich. Als die Ergebnisse der Volkszählung addiert wurden, entdeckte man eine Bevölkerungsexplosion. Jede Staatsregierung hatte ihre Volkszähler ermutigt, die Zahlen aufzublähen. Wenn CO_2-Rechte also von der Bevölkerungszahl abhängen sollen, werden wir uns bald nicht mehr auf Volkszählungsergebnisse verlassen können, zumindest nicht in bestimmten Ländern.

Die schädlichste Art, wie eine Regierung bei ihren CO_2-Rechten betrügen könnte, wäre die Zerstörung ihrer Volkswirtschaft. Wenn Menschen bettelarm sind, stoßen sie kaum CO_2 aus. Zimbabwes Präsident Mugabe hat vor kurzem vorgeführt, wie wirksam man eine

Volkswirtschaft zerstören kann. Jetzt stößt Zimbabwe wenig CO_2 aus, womit die Regierung ein Anrecht auf die globalen Durchschnittsemissionsrechte hätte, die an die Bevölkerung Zimbabwes ausgezahlt werden. Die CO_2-Schecks kämen als Ausgleich zwischen den globalen Durchschnittsemissionen und den kläglich geringen Emissionen seiner Untertanen auf Präsident Mugabes Konto. Damit würden Regierungen letztlich für die Schaffung von Armut belohnt.

Überall auf der Welt sollten gemeinsame Anreize oder Regeln für Firmen und Einzelne existieren, um CO_2-Emissionen zu verringern. Sobald wir dieses Prinzip akzeptieren, können wir unsere frühere Erörterung der Eigentümerschaft natürlicher Ressourcen anwenden. Am sinnvollsten wäre es, wenn Regierungen die Rechte zur Kontrolle von CO_2-Emissionen im Namen ihrer Bürger besitzen. Falls Industrien wegen legitimer wirtschaftlicher Anreize von Land zu Land verlagert würden, würde sich auch die Menge der CO_2-Emissionen zwischen diesen Ländern verschieben. Wenn also Regierungen Steuern als Instrument zur Durchsetzung von CO_2-armem Wachstum erheben, würden sich die Einkünfte aus diesen Steuern ebenfalls zwischen Ländern verschieben. Das unterscheidet sich nicht von anderen natürlichen Ressourcen. Der Rohstoffbesitz jedes Landes verändert sich sowohl durch das, was entdeckt wird, als auch dadurch, dass der jeweilige Stand der weltweiten Technik manche Rohstoffe mehr und andere weniger wertvoll macht. Die Renten aus der Natur verändern sich, und so wird es auch mit den CO_2-Renten sein. Das ist ein weiterer wichtiger Grund, nicht zu versuchen, die nationalen Ansprüche durch eine Art großer einmaliger Zuweisung einzufrieren. Schließlich wird uns die Notwendigkeit zur Emissionssenkung noch lange Zeit begleiten.

Zurück in die Zukunft

DIE ERDERWÄRMUNG WIRFT EINE wesentliche Verteilungsfrage auf, und zwar zwischen der Gegenwart und der Zukunft. Da CO_2 jahrzehntelang in der Atmosphäre bleibt, ist es eine langfristige Verbindlichkeit. Wie bei der Plünderung natürlicher Ressourcen plündern zu hohe CO_2-Emissionen die Zukunft: Privater Gewinn heute bedeutet größere zukünftige Kosten für andere. Wie sollten wir unsere Verantwortung künftigen Generationen gegenüber verstehen? Wir sind wieder beim Gegensatz einer utilitaristischen Ethik frommer Ameisen und einer Umweltethik, in der jede Generation die Pflicht zur Bewahrung hat, um nicht gegen die Rechte späterer Generationen zu verstoßen.

Laut utilitaristischem Kalkül ist das Einzige, was die Ansprüche der Zukunft schwächt, dass sie reicher sein wird als wir. Man setzt voraus, dass die Reichen jeden weiteren Dollar weniger genießen als die Armen, und gemäß dem Prinzip des größten Glücks der größten Zahl ist es ineffizient, der reichen Zukunft auf Kosten der ärmeren Gegenwart zu helfen. Abgesehen davon sollte ein Mensch in ferner Zukunft die gleiche Berücksichtigung wie ein heute lebender erfahren. Wenn wir also heute dadurch, dass wir für die Begrenzung der CO_2-Emissionen eine Billion Dollar opfern, den Menschen im 22. Jahrhundert fünf Billionen Dollar ersparen können, ist das ein gutes Geschäft – es sei denn, die Menschen von morgen sind so viel reicher als wir, dass fünf Billionen Dollar für sie weniger wert sind als eine Billion für uns. Aller Wahrscheinlichkeit nach wird die ferne Zukunft viel reicher sein als wir, daher ist nach utilitaristischem Kalkül dieser künftige Wohlstand ein großes Hindernis für gegenwärtiges Handeln. Tatsächlich haben einige aktuelle Arbeiten zum Klimawandel innerhalb des utilitaristischen Rahmens argumentiert, der Klimawandel werde ohne unser Handeln so extrem sein, dass die Zukunft ärmer sein wird als wir. Wenn die Zukunft tatsächlich ärmer sein wird als wir, ist der utilitaristische Kalkül weit günstiger für Befürworter der CO_2-Verringerung. Ein Transfer in die Zukunft wird dann eher einen größeren Nutzen als einen geringeren haben.

Sieht es anders aus, wenn man es vom Standpunkt der Bewahrungsethik betrachtet? CO_2 ist eine erneuerbare natürliche Verbindlichkeit, vollkommen analog zu erneuerbaren Rohstoffen. Wir haben Bewahrungsrechte, die bei erneuerbaren Rohstoffen in einer nachhaltigen Nutzung bestehen. Bei einer Verbindlichkeit ist das Äquivalent eine nachhaltige Höhe von CO_2-Emissionen, die das globale Klima nicht beeinträchtigt. Wie bei jeder natürlichen Ressource ist unsere Verantwortung zum Bewahren nicht mit einer absoluten Pflicht zur Erhaltung verbunden. Wir sind nicht ethisch dazu verpflichtet, das Klima konstant zu halten. Wenn wir uns aber dazu entscheiden, mehr CO_2 als die nachhaltige Menge auszustoßen, sind wir dazu verpflichtet, die Zukunft zu entschädigen, indem wir ihr Vermögenswerte vererben, welche die zusätzlichen durch uns verursachten natürlichen Verbindlichkeiten ausgleichen. Wir sind nicht berechtigt, die Zukunft entschädigungslos auszuplündern. Was bedeutet volle Entschädigung im Fall von CO_2? Verantwortungsvolle Bewahrung bedeutet, Entscheidungen zu treffen, von denen künftige Generationen sagen können: »Ja, das ist in Ordnung für uns.«

Um festzustellen, wie die Ethik der Bewahrung sich auswirkt, müssen wir zu den Folgerungen aus der Annahme zurückkehren, künftige Generationen könnten viel reicher sein als wir. Nach dem utilitaristischen Kalkül schwächt das die Ansprüche der Zukunft uns gegenüber. Jedoch ist eine Folge ihres größeren Reichtums, dass die Zukunft manchen Dingen einen anderen Wert beimessen wird. Unsere Nachkommen werden vermutlich menschengemachte Waren im Überfluss haben und daher die knappe Natur höher schätzen als wir. Sie werden einem guten Klima einen hohen Wert beimessen.

Wir brauchen nicht in die Zukunft zu blicken, um das schon heute zu sehen. Wir müssen uns nur Haiti ansehen. Haiti liegt auf einer heißen, bergigen und sehr ungleichen Insel. Die Einkommensskala spiegelt sich genau an der Höhe wider, in der die Menschen leben. Die Armen drängen sich am Fuß der Hügel, die Reichen wohnen ganz oben, und die Mittelschicht lebt in der Mitte.

In einer heißen Welt wird Kühle ein Luxus sein. Das hat für uns eine unglückliche Folge. Falls unsere Nachkommen bedeutend reicher sein werden als wir, werden sie ein gutes Klima sehr viel höher bewerten als wir. Wenn wir uns also entschließen, es bei den CO_2-Emissionen richtig krachen zu lassen, statt die Kosten für ihre Begrenzung zu übernehmen, sind wir moralisch dazu verpflichtet, das auszugleichen. Wir können unsere Nachkommen für das Erbe eines heißen Klimas mit anderen Gütern entschädigen, doch sie werden solche Güter leider schon im Überfluss besitzen. Darum werden wir ihnen eine riesige Menge davon geben müssen, bevor sie schließlich sagen: »Das ist in Ordnung für uns.«

Warum CO_2 wie Hummer ist

DIE ETHIK DER CO_2-EMISSIONEN ist in der Tat ein wenig wie die Ethik der Hummer. Ein Hummer ist zugleich ein erneuerbarer Rohstoff und ein Luxusgut. Der Ethik der Bewahrung zufolge dürfen wir den nachhaltigen Hummerzuwachs essen, ohne die Zukunft dafür zu entschädigen. Es wäre jedoch unglaublich teuer, noch mehr davon zu essen. Wir müssten die Zukunft dafür entschädigen, und da sie reich ist, wird sie Hummer noch höher schätzen als wir. Nach der Ethik der Bewahrung wird die Notwendigkeit der Emissionsbegrenzung für uns umso größer sein, je reicher die Menschen der Zukunft sein werden.

Dies ist genau die entgegengesetzte Folge aus dem utilitaristischen Kalkül. Je reicher unsere Nachfahren, desto weniger sollten wir für sie bewahren. Ich sollte hinzufügen, dass scharfsinnige Analytiker wie Nicholas Stern die Idee akzeptieren, dass sich Werte mit dem Einkommen ändern. Er ist auch nicht dem Utilitarismus verpflichtet und akzeptiert andere ethische Sichtweisen als ebenso legitim. Dennoch bleibt es dabei, dass Streitigkeiten unter Ökonomen über Kosten und Nutzen der Emissionsbegrenzung fast ausschließlich im Rahmen des utilitaristischen Kalküls ausgetragen werden.

Die Ethik der Bewahrung, die nach meiner Überzeugung am besten zur Perspektive vieler Umweltschützer passt, sagt uns ganz unmissverständlich, dass wir den Planeten nicht durch übermäßigen CO_2-Ausstoß erwärmen sollten. Tun wir es doch, sind wir dazu verpflichtet, die Zukunft für die CO_2-Verbindlichkeiten zu entschädigen, indem wir ihr eine gleichwertige Menge menschengemachter Vermögenswerte vererben. Gleichwertigkeit bedeutet, dass sich die Zukunft nicht durch unsere Handlungen benachteiligt fühlt, und doch könnte solche Gleichwertigkeit eine größere Entschädigung erfordern, als wir uns leisten können, weil die Zukunft reich sein wird an menschengemachten Vermögenswerten.

Die CO_2-Begrenzung ist höchstwahrscheinlich die preiswerteste Option, die mit unseren ethischen Verpflichtungen vereinbar ist. Die utilitaristische Ethik kommt zum selben Schluss, aber auf einem anderen Weg, der von uns verlangt, fromme Ameisen zu sein, indem wir den Menschen der fernen Zukunft denselben Wert beimessen wie uns selbst. Da sie erkennen, dass Menschen nicht im Entferntesten so sind, verzweifeln die utilitaristischen Ökonomen an der öffentlichen Meinung und zählen darauf, dass Regierungen ihre Bürger ignorieren. Ein solches Ignorieren der öffentlichen Meinung ist weder legitim noch notwendig. Obwohl die meisten Menschen keine frommen Ameisen sind, sind sie auch nicht die gierigen Individualisten der ökonomischen Modelle. Sie erkennen an, dass ihre Rechte an der Natur nicht so absolut sind wie ihre Rechte an der menschengemachten Welt. Der öffentlichen Meinung zu folgen, muss nicht zur Ausplünderung führen; vielmehr kann sie die Grundlage für eine natürliche Ordnung sein. Wir können es uns aber nicht leisten, die öffentliche Meinung naiv zu sehen. Ethik allein ist nicht genug. Die Menschen müssen die natürliche Welt auch verstehen. Wenn sie sie missverstehen, kann alles schrecklich schiefgehen.

TEIL IV

Die missverstandene Natur

KAPITEL 10

Natur und Hunger

BIS JETZT HAT DIESES BUCH DAFÜR plädiert, dass man die Natur den Werten normaler Bürger anvertrauen kann. Meine Zuversicht hängt aber davon ab, dass Menschen sich die Mühe machen, einigermaßen über die wissenschaftlichen und ökonomischen Fragen informiert zu sein. Die natürlichen Ressourcen der untersten Milliarde werden so lange weiter geplündert werden, bis eine kritische Masse an Bürgern erkennt, wie wichtig es ist, die richtigen Entscheidungen – also die in Teil II dargestellte Entscheidungskette – zu treffen. CO_2 wird sich weiter als natürliche Verbindlichkeit anhäufen, sofern sich nicht in jedem Land eine kritische Masse an informierten Bürgern aufbaut. Informierte Gesellschaften sind möglich, entstehen aber nicht zwangsläufig. Unser Verhältnis zur Natur bringt machtvolle Emotionen ins Spiel, und Menschen lassen sich manchmal durch Überzeugungen in die Irre führen, die tröstlich erscheinen, aber letztlich destruktiv sind.

Zwischen 2005 und 2008 stieg der Weltmarktpreis für Grundnahrungsmittel um über 80 Prozent. In den Slums der ärmsten Länder waren die Kinder der Armen hungrig; wären die Preise so hoch geblieben, hätten sie dauerhafte Schäden davongetragen. Dieser Schock hatte seinen Ursprung in schwammigen Vorstellungen von der Natur, die sich in den reichen Gesellschaften immer weiter verbreitet haben. In diesem Kapitel werde ich zeigen, wie drei solcher Missverständnisse dazu geführt haben, dass einige der ärmsten Kinder der Welt hungern mussten.

In den ärmsten Gesellschaften war der Anstieg der Lebensmittelpreise ein wichtiges politisches Ereignis. Für den typischen Haushalt in diesen Ländern sind Lebensmittel das Gleiche wie Energie in Amerika. Wenn der Preis in die Höhe schießt, erwarten die Menschen, dass die

Regierung etwas tut. In rund 30 Ländern kam es zu Unruhen, in Haiti stürzte die Regierung. Der Preisanstieg war vorübergehend, die globale Wirtschaftskrise war ein wirksames, wenn auch katastrophales Heilmittel. Wir können uns aber nicht darauf verlassen, dass wir von Wirtschaftskrisen gerettet werden. Wir müssen verstehen, warum die Nahrungsmittelpreise stiegen und was getan werden kann, damit es sich nicht wiederholt.

Die direkten Reaktionen auf die Nahrungsmittelkrise waren ein Fehlschlag, selbst wenn man an sie die niedrigen Erwartungen der meisten internationalen Reaktionen anlegt. Zu diesen ersten Reaktionen gehörten Handelsbeschränkungen gegen Nachbarn, die Forderung nach noch höheren Agrarsubventionen und ein Rückzug in die Umweltromantik. Indem nahrungsmittelexportierende Länder Exportbeschränkungen erhoben, schadeten sie ihren Nachbarländern. Das hatte zur Folge, dass die Weltmarktpreise weiter anstiegen, während gleichzeitig der Investitionsanreiz für die Produzenten sank. Es überrascht kaum, dass die Subventionsjäger ihre Chance ergriffen: Der damalige französische Landwirtschaftsminister Michel Barnier drängte die EU-Kommission, die beginnenden Agrarreformen rückgängig zu machen. Die Umweltromantiker, denen die kommerzielle Landwirtschaft schon lange ein Dorn im Auge war, sahen in der Nahrungsmittelkrise ein Zeichen für deren Scheitern und propagierten die Rückkehr zur ökologischen Kleinbauernwirtschaft. Doch eine Rückkehr zu antiquierten Anbaumethoden kann eine Weltbevölkerung von künftig neun Milliarden Menschen nicht ernähren.

Billige Lebensmittel werden immer wichtiger werden, weil die Armen immer seltener ihren eigenen Bedarf produzieren können. Wenn die Bevölkerung wächst und sich das Klima in den südlichen Gefilden wegen der Erderwärmung verschlechtert, wird der Süden sich zwangsläufig urbanisieren müssen. Seine Bewohner werden künftig nicht mehr auf pittoresken kleinen Farmen leben, sondern in den Slums der Megastädte an der Küste. Sie werden ihre Lebensmittel nicht selbst anbauen, sondern kaufen, und sie werden sie zu Weltmarktpreisen kaufen müssen. Der einzige Weg, die Nahrungsmittel bezahlbar zu machen, ist ihre Massenproduktion. Die technischen Herausforderungen, verlässlich billige Grundnahrungsmittel zu erzeugen, sind zu meistern, aber es wird heftigen politischen Widerstand geben.

Die Welt zu ernähren wird drei politisch schwierige Schritte nötig machen. Im Gegensatz zu den Romantikern brauchen wir mehr kommerzielle Landwirtschaft, nicht weniger. Das brasilianische Modell von Großfarmen mit hoher Produktivität ließe sich in Gebieten nachahmen, wo das Land kaum kultiviert wird. Beispielsweise ist das halbe Staatsgebiet von Sambia – eine gewaltige Fläche von knapp 400 000 Quadratkilometern – landwirtschaftlich nutzbar, ist aber noch unkultiviert. Die Romantiker haben unrecht, die Welt braucht mehr Wissenschaft. Das europäische und das daraus folgende afrikanische Verbot des Anbaus von gentechnisch veränderten Pflanzen bremst die Produktivität bei gleichzeitig steigender Nachfrage. Die Amerikaner müssen die Romantik ablegen, dass Biokraftstoffe ihre Energieversorgung sichern werden. Unter ihrer Rhetorik der Autarkie verbirgt sich die Subventionslobby. Ich schlage einen politischen Deal vor: eine gegenseitige Deeskalation der Dummheit. Im Austausch gegen Europas Aufhebung des selbstzerstörerischen Verbots von gentechnisch veränderten Lebensmitteln könnte Amerika seine selbstzerstörerischen Subventionen auf Biokraftstoffe aufheben.

Warum stiegen die Lebensmittelpreise?

UM DIE LÖSUNG FÜR EIN PROBLEM zu finden, suchen Menschen typischerweise nach seinen Ursachen oder noch sinnloser nach seiner *Wurzel*. Es muss aber keine logische Verbindung zwischen der Ursache eines Problems und passenden oder auch nur möglichen Lösungen geben. So auch im Fall der Lebensmittelkrise. Die Wurzel des plötzlichen Preisanstiegs war das spektakuläre Wirtschaftswachstum Asiens. Asien umfasst die halbe Welt, und seine Bewohner sind immer noch arm und geben darum einen Großteil ihres Gelds für Lebensmittel aus. Wenn die asiatischen Einkommen steigen, steigt auch die Nachfrage nach Lebensmitteln. Asiaten essen nicht nur mehr, sie essen auch besser; Eiweiß tritt an die Stelle von Kohlehydraten. Man braucht sechs

Kilo Getreide, um ein Kilo Rindfleisch zu produzieren, daher steigert der Wechsel zum Eiweiß die Getreidenachfrage. Die beiden Schlüsselparameter der Nachfrage sind Einkommenselastizität und Preiselastizität. Als Faustregel kann man sagen, die Einkommenselastizität ist bei der Lebensmittelnachfrage niedrig. Wenn das Einkommen um ein Fünftel steigt, steigt die Lebensmittelnachfrage um etwa ein Zehntel. Die Preiselastizität der Lebensmittelnachfrage liegt bei nur einem Zehntel; Menschen müssen einfach essen. Daraus folgt, dass sich bei einem festen Lebensmittelangebot der Preis verdoppeln müsste, um einen einkommenserzeugten Nachfrageanstieg von 10 Prozent abzuwürgen. Wie dieses Beispiel illustriert, werden bescheidene Anstiege des Globaleinkommens die Preise alarmierend in die Höhe treiben, falls ihnen keine Steigerung des Angebots gegenübersteht.

Der Anstieg der asiatischen Einkommen war zwar spektakulär, kam aber nicht plötzlich. Der Preisanstieg der Lebensmittel von 2005 bis 2008 wurde durch Angebotsschocks wie die lange Dürre in Australien verstärkt. Solche Angebotsschocks werden zunehmen, weil das steigende CO_2-Niveau in der Atmosphäre Klimaschwankungen verstärkt. Vor dem Hintergrund einer unaufhaltsam wachsenden Nachfrage wird das Angebot stärker fluktuieren.

Wer leidet unter teuren Lebensmitteln?

KEINESWEGS ALLE ARMEN LEIDEN unter teuren Lebensmitteln. Die Bauern sind weitgehend autark, und obwohl sie Lebensmittel vielleicht kaufen und verkaufen, sind die ländlichen Märkte, auf denen sie handeln, oft nicht in die Weltmärkte integriert und daher dem Preisanstieg nicht unterworfen. Wenn arme Bauern in die globalen Märkte integriert würden, könnten sie davon profitieren. Allerdings muss man diese gute Botschaft einschränken. Obwohl die armen Bauern meistens profitieren, werden sie gerade dann verlieren, wenn sie am stärksten getroffen sind: bei einer Hungersnot. Das Welternährungsprogramm soll als letzte Rettung für Hungergebiete dienen, aber die Kaufkraft seines festen Budgets schrumpft bei Preissteigerungen. Paradoxerweise ist die Versicherung der Welt gegen lokale Hungersnöte selbst stark durch eine globale Lebensmittelknappheit gefährdet. Hohe Weltmarktpreise sind also eine gute Nachricht für Bauern, aber nur in guten Zeiten.

Die eindeutigen Verlierer bei hohen Lebensmittelpreisen sind die Armen in den Städten. Die meisten großen Städte der Entwicklungsländer sind Hafenstädte, und ohne das Eingreifen der Regierung wird der Preis ihrer Lebensmittel auf dem Weltmarkt festgelegt. Da sie auf engem Raum in Slums zusammenleben, können die Armen nicht selbst Lebensmittel anbauen; sie haben keine andere Wahl, als sie zu kaufen. Die grausamen Gesetze der Notwendigkeit bestimmen, dass die Armen einen sehr hohen Anteil ihres Einkommens für Lebensmittel ausgeben, gewöhnlich etwa die Hälfte. Gruppen mit hohem Einkommen geben hingegen nur rund ein Zehntel dafür aus. Hungrige Slumbewohner werden ihr Schicksal kaum stumm ertragen. Seit Jahrhunderten hat Hunger in den Slums zu Unruhen geführt. Das ist die klassische politische Basis für Demagogie, und die Lebensmittelkrisen würden ihre hässliche Wiederkehr provozieren.

Wir sind aber noch nicht am Ende der Nahrungskette angekommen. Unter den städtischen Armen sind die, die am wahrscheinlichsten hungrig bleiben, die Kinder. Wenn kleine Kinder länger als zwei Jahre unterernährt sind, hat das zur Folge, dass sie verkümmern. Wir wissen heute, dass Verkümmerung nicht nur ein körperlicher Zustand ist; verkümmerte Menschen sind nicht nur kleiner, als sie sonst wären, auch ihr geistiges Potenzial ist eingeschränkt. Verkümmerung ist irreversibel; sie dauert ein Leben lang, und manche Studien kommen zu dem Schluss, dass sie sich auf spätere Generationen überträgt. Obwohl hohe Lebensmittelpreise nichts Neues sind, bereiten sie den Alptraum von morgen, wenn sie mehrere Jahre hintereinander auftreten. Und das Morgen würde sehr lange dauern.

Die globalen Lebensmittelpreise *müssen* also niedrig gehalten werden. Die Frage ist, wie. Der Anstieg der Lebensmittelnachfrage würde nur durch wiederholte globale Wirtschaftskrisen gestoppt werden. Die Lösung muss darin liegen, das Angebot zu steigern. Natürlich steigt das Angebot seit Jahrzehnten, es hat mit dem Bevölkerungswachstum mehr als Schritt gehalten. Nun müssen wir den Anstieg aber beschleunigen. Die globale Lebensmittelproduktion muss schneller wachsen als in den letzten Jahrzehnten. Weil die Preise niedrig bleiben müssen, während die Nachfrage sich mit der Erholung von der Krise wieder verstärkt, brauchen wir bald eine starke Expansion der Lebensmittelproduktion. Die Hauptursache, die »Wurzel«, der Lebensmittelkrise ist aber die schnellere Zunahme der Nachfrage, und obwohl wir dringend einen starken Anstieg der kurzfristigen Versorgung benötigen, wird er bald von der weiterhin wachsenden Nachfrage eingeholt werden. Wir müssen also die Wachstumsrate der Lebensmittelproduktion auch mittel- und langfristig steigern.

Unsere eigenen Politiker haben die Macht, das Angebot zu steigern: durch veränderte Regelungen, durch die Förderung institutioneller Veränderungen und technologischer Innovationen. Auf jedem dieser Wege blockiert aber gegenwärtig ein Mythos der populären Umweltromantik den Weg. Alle drei müssen attackiert und beseitigt werden.

Romantische Mythen 1: Bauern unter Denkmalschutz

DER ERSTE MYTHOS, DEM EIN ENDE bereitet werden muss, ist die Liebesaffäre der Mittelschicht mit der kleinbäuerlichen Landwirtschaft. Durch die fast völlige Urbanisierung der Mittelschicht in den USA und Europa hat die Einfachheit des Landlebens einen immer größeren Reiz entfaltet. Das einfache Leben auf dem Bauernhof wird als ökologisch oder »organisch« im wörtlichen wie im metaphorischen Sinn gepriesen. Prinz Charles ist einer seiner führenden Verfechter. Im wörtlichen Sinn ist ökologische Lebensmittelproduktion heute ein Premiumprodukt, eine Luxusmarke; tatsächlich besitzt Prinz Charles eine solche Marke. Im metaphorischen Sinne verkörpert sie die Antithese zu den großen, hierarchischen und unpersönlichen Organisationen, in denen so viele Angehörige der Mittelschicht jetzt arbeiten. Prinz Charles hat ein Musterdorf mit traditioneller Architektur gebaut. Seiner Ansicht nach müssen Bauern geschützt und erhalten werden wie Pandas.

Leider zeigen Bauern die gleiche Unlust zur Fortpflanzung wie Pandas. Wenn sie können, suchen sich Kleinbauern in ärmeren Ländern Jobs mit festen Einkommen vor Ort, und ihre Kinder ziehen in die Städte. Der Grund ist, dass das selige Landleben für Arme prekär, isoliert und stumpfsinnig ist. Dieses Leben zwingt Millionen normaler Menschen in die Rolle von Unternehmern, für welche die meisten ungeeignet sind. In erfolgreichen Volkswirtschaften entscheidet sich die Mehrheit der Menschen stets für Lohnarbeit, sodass sie anderen die Sorgen der Selbstständigkeit überlassen kann; Unternehmertum ist eine Minderheitenbeschäftigung. Die widerwilligen Bauern haben recht. Ihre Produktionsweise passt schlecht zur modernen landwirtschaftlichen Produktion, die große Betriebe bevorzugt. Die Technologie entwickelt sich beständig weiter; Investitionen sind umfangreich; die Moden der Nachfrage durch die Konsumenten wechseln rasch und werden durch integrierte Vermarktungsketten erfüllt; und gesetzliche Standards streben nach dem Heiligen Gral der Zurückverfolgung der Produkte an den Ort ihrer Erzeugung. All diese modernen Entwicklungen passen besser zu großen, kommerziellen Organisationen. Natürlich könnte man sie ignorieren, wenn die Landwirtschaft zur Selbstversorgung zurückkehren würde – die *reductio ad absurdum* der romantischen Vision. Ökologische Selbstversorgung ist keine Antwort auf die globale Armut, sondern ein Luxus-Lifestyle.

Lokale Selbstversorgung in reichen Ländern wird durch das Konzept der Regionalität beim Kauf von Produkten bestärkt, das in Großbritannien Ausdruck in der Messung von »Food Miles« findet – das Ideal ist die kürzeste Entfernung zwischen Produktion und Konsum. Doch es liegt kein Vorteil darin, den Transport von Lebensmitteln zu minimieren. Vom Standpunkt des CO_2-Ausstoßes ist es meist sinnvoller, Lebensmittel im günstigsten Klima anzubauen, wo immer das ist, und dann zu transportieren. Das Bild von um die Welt geflogenem Gemüse evoziert CO_2-Sünden, aber die größten Emissionen entstehen beim Anbau von Lebensmitteln, nicht beim Transport. Die Messung von »Food Miles« reduziert nicht das CO_2, sondern die Einkommen der untersten Milliarde. Blumenanbau für den Export schafft zum Beispiel dringend benötigte Jobs in der dortigen Landwirtschaft.

Ökologische Landwirtschaft wird auch nicht die Lebensmittel produzieren, die die Welt braucht. Sie ist vielleicht das Richtige für ausgebrannte Investmentbanker, aber sie ernährt keine hungrigen Familien. Große Organisationen können besser mit Innovationen, Investitionen, Vermarktungsketten und Verordnungen umgehen. Jahrelang haben die Entwicklungsorganisationen ihre Agrarstrategien aber auf der Grundlage der Förderung von Kleinbauern betrieben. Dieser Ansatz ist historisch betrachtet noch erstaunlicher. So zeigt zum Beispiel die Standarddarstellung des wirtschaftlichen Aufschwungs Englands im 18. Jahrhundert, dass die Einhegung von Gemeindeland, die durch legislative Veränderungen möglich wurde, die Entwicklung größerer Farmen ermöglichte, was wiederum die Produktivität stark steigerte. Obwohl neuere Forschungen diese konventionelle Darstellung relativieren und den Produktivitätszuwachs auf geschätzte 10 bis 20 Prozent reduzieren, wäre es sicherlich ideologisch befangen, die Rolle der kommerziellen Landwirtschaft für die agrarische Entwicklung und ein vermehrtes Lebensmittelangebot zu ignorieren.

Große landwirtschaftliche Organisationen können zudem die Effekte internalisieren, die in einer Kleinbauernwirtschaft lokale externe Effekte sind und darum nicht adäquat absorbiert werden. In der europäischen Agrarrevolution gab es Innovationen auf kleinen wie großen Bauernhöfen, und heute sind viele Kleinbauern sehr an Innovationen interessiert, besonders wenn es ihnen besser geht und sie besser gebildet sind. Trotzdem hängt die landwirtschaftliche Innovation stark von lokalen Umständen ab, vor allem in Afrika, wo die Böden schwierig und unterschiedlich sind. Bauern, die Neuerungen einführen, schaffen einen lokalen Nutzen, und wenn dieser Nutzen sich nicht verbreitet, kann der Fortschritt zu langsam sein. Eine Lösung ist ein großes Netzwerk von staatlich finanzierten Forschungsstationen, die Kleinbauern beraten. Dieses Modell ist in Afrika aber weitgehend zusammengebrochen, ein Beispiel für das allgemeine Versagen des öffentlichen Sektors. Im England des 18. Jahrhunderts wurden Innovationen in der Landwirtschaft häufig durch Netzwerke von Landadligen angestoßen, die miteinander korrespondierten und sich über die Resultate ihrer Experimente informierten. Solche Entwicklungen laufen aber nicht automatisch ab; auf dem europäischen Kontinent existierte zum Beispiel kein vergleichbares Netzwerk. Die kommerzielle Landwirtschaft erleichtert es.

Mit der Zeit sind die afrikanischen Kleinbauern immer weiter zurückgefallen, und wenn die heutigen Trends sich fortsetzen, werden die Lebensmittelimporte der Region sich im Laufe der nächsten 25 Jahre verdoppeln. Tatsächlich machte sich die Ernährungsorganisation der Vereinten Nationen (Food and Agricultural Organization, FAO) während der jüngsten Hochpreisphase Sorgen, die Kleinbauern könnten ihre Produktion *reduzieren*, weil sie sich die gestiegenen Düngemittelpreise nicht leisten konnten. Obwohl es Teillösungen durch Subventionen und Kreditpläne gibt, stehen landwirtschaftliche Großbetriebe einfach nicht vor diesem Problem. Wenn die Lebensmittelpreise stärker steigen als die Kosten ihrer Erzeugung, wird die Produktion steigen, nicht sinken.

Wie Landwirtschaft erfolgreich betrieben werden kann, ist nicht zu übersehen. Das brasilianische Modell großer, technisch fortgeschrittener Agrarfirmen zeigt, wie Lebensmittel in großen Mengen produziert werden können. Beispielsweise ist die Zeit zwischen Ernte und Neuaussaat – die Ausfallzeit für das Ackerland – auf erstaunliche 30 Minuten verkürzt worden. Das brasilianische Modell hat Schrecken hervorgerufen, weil es unter anderem dazu geführt hat, dass der Regenwald schrumpfte und die Ureinwohner vertrieben wurden. In Teilen Brasiliens herrschten Bedingungen, in denen unregulierter Kommerzialismus zu solchen Resultaten führen musste. Aber ein großer Teil der armen Welt sieht anders aus. Das Land dort ist kein unberührter Urwald, sondern wird nur schlecht bewirtschaftet. Manchmal kann das brasilianische Modell den Kleinbauern Innovationen bringen, etwa durch das »Vertragsfarmen«-Modell, bei dem Kleinbauern eine zentrale Firma nach einem Zeitplan mit Waren festgelegter Qualität beliefern. Abhängig von den Details des Anbaus kann das effizienter sein als Lohnarbeit.

Der führende internationale Experte für afrikanische Landwirtschaft ist Hans Binswanger, inzwischen emeritierter Ökonomieprofessor der Universität St. Gallen. 2009 lud die FAO uns beide nach Rom ein, um die Frage landwirtschaftliche Großbetriebe kontra Kleinbauernwirtschaft zu diskutieren. Wir stimmten darin überein, dass die Zukunft der afrikanischen Landwirtschaft ohne Zweifel *kommerziell* sein wird; wir sind uns nur nicht einig über den *Maßstab*. Hans glaubt, dass Familienbetriebe, auch wenn sie zu größeren Einheiten zusammengefasst sind als jetzt, am profitabelsten sein werden, während ich glaube, dass sehr viel größere Einheiten effizienter wären.

Wir benutzten beide eine Analogie, um unsere Auffassung zu erläutern. Hans verglich Bauernhöfe mit Restaurants. Es gibt zwar Großgaststätten, aber Familienbetriebe sind häufiger, weil die Vorteile motivierter Arbeitskräfte den Nachteil wettmachen, Lebensmittel nicht in großen Mengen einzukaufen. Das wissen die Kunden und stimmen mit den Füßen ab. Meine Analogie stammt aus dem Bereich des Einzelhandels. Afrikas Kleinbauern entsprechen den Straßenverkäufern, die man dort an jeder Ecke trifft. Straßenverkauf ist eine Akt der Verzweiflung, eine Aktivität, die durch Supermärkte verschwinden wird, denn sie können von Technologie, Finanzen und Logistik auf eine Weise profitieren, mit der Straßenverkäufer niemals mithalten können.

Großfarmen sind die Supermärkte der Landwirtschaft. Die Größe ist wichtiger geworden, weil Technologie, Finanzen und Logistik sich verändert haben. Die Jahrzehnte stagnierender Produktivität in der afrikanischen Kleinbauernwirtschaft haben eine große Lücke zwischen Familienbetrieben und kommerzieller Landwirtschaft aufgerissen. Die Kultivierung ist anspruchsvoller geworden und der Materialeinsatz (zum Beispiel Düngemittel) teurer. Während die Industrie beim Materialeinsatz durch Just-In-Time-Produktionssysteme sparen konnte, hat die Landwirtschaft lange Zeitverzögerungen zwischen Aussaat und Ernte und ist daher finanzintensiver als die meisten anderen Wirtschaftsaktivitäten. Logistik ist viel wichtiger geworden, weil die Agrarproduktion nicht mehr hauptsächlich für den lokalen Konsum arbeitet. Der Markt ist heute global. Technologie, Finanzen und Logistik sind in großem Maßstab stets wirkungsvoller.

Hans und ich blieben bei unserer jeweiligen Meinung, aber ich glaube, wir liegen mit unseren Einschätzungen nicht weit auseinander. Viele Familienbetriebe werden tatsächlich profitabel sein; sie werden sich kommerzialisieren und das Land von Nachbarn übernehmen, deren Kinder in die Städte ziehen. Solche Höfe werden aber weit von dem Bauern der romantischen Idylle entfernt sein, der für die eigene Versorgung statt für den Markt produziert und traditionelle, ökologische Anbaumethoden verwendet, die nicht von der Wissenschaft befleckt sind. Diese Familienbetriebe werden neben viel größeren kommerziellen Farmen existieren, mit denen sie sowohl konkurrieren als auch kooperieren werden. Große Farmen können die Produktion umliegender Kleinbauern zur Weiterverarbeitung und Vermarktung kaufen. Sie könnten den Materialeinsatz finanzieren.

Es gibt viele Gegenden auf der Welt, wo der Boden durch Großfarmen weit produktiver genutzt werden könnte. Tatsächlich stehen Großfarmen – manche davon aus Brasilien – schon dafür Schlange. Seit über 40 Jahren haben afrikanische Regierungen aber den gegenteiligen Ansatz verfolgt. Die kommerzielle Landwirtschaft in großem Maßstab ist reduziert worden. Im Zentrum steht der Widerwille, Landrechte zu vermarkten, und die wahrscheinliche Quelle dieses Widerwillens ist das Fehlen einer wirtschaftlichen Dynamik in Afrikas Großstädten. Da nicht in Investitionen investiert wurde, haben die Städte nicht genug gute Jobs geschaffen. Darum ist Land immer noch die entscheidende Ressource, in eine andere ist kaum investiert worden. Als natürliche Ressource hat der Boden im Gegensatz zu Vermögenswerten, die durch Investitionen entstehen, keinen natürlichen Eigentümer. Er ist ein Geschenk Gottes, und die Übertragung der Eigentümerschaft ist ein politischer Akt. In erfolgreicheren Volkswirtschaften hat der Boden an Bedeutung verloren, darum sind die Eigentumsrechte, die ursprünglich politisch vergeben wurden, nur noch Erweiterungen der Rechte auf andere Vermögenswerte und können kommerziell erworben werden. Eine weitere Folge der fehlenden urbanen Dynamik ist der Jobmangel, darum weckt die Aussicht auf landlose Massen politische Ängste. Die Armen sind auf dem Land sicherer, wo sie weniger Ärger machen können. Präsident Mugabe nutzte diese Ängste aus, als er die kommerzielle Landwirtschaft in Simbabwe bekämpfte. Die richtige Reaktion auf das Unrecht kolonialer Landnahme wäre es, das Land zu verstaatlichen und dann zurückzuverpachten, statt den produktiven Wert der kommerziellen Landwirtschaft zu zerstören. Durch die Rückkehr seines Landes zur Subsistenzwirtschaft hat Präsident Mugabe die Bevölkerung eines ehemals fruchtbaren Landes in massenhaften Hunger gestürzt. Nur durch Auswanderung und Lebensmittelhilfen wird eine drohende Hungersnot in Simbabwe abgewendet.

Wie groß sollten Großfarmen sein? Die globale Lebensmittelkrise trieb die Regierungen einiger lebensmittelarmer Staaten in einen panischen Wettlauf um afrikanisches Land. Der politische Auslöser dafür waren nicht nur der scharfe Anstieg der globalen Lebensmittelpreise, sondern die Ausfuhrstopps mancher Exportländer. Diese Stopps signalisierten, man könne sich nicht auf Handelsbeziehungen verlassen, um die eigene Bevölkerung zu ernähren; tatsächlich drohten die Handelsbeziehungen genau dann zu zerbrechen, als sie am dringendsten gebraucht wurden. So pachtete zum Beispiel Südkorea von der Regierung Madagaskars ein großes Gebiet auf 99 Jahre. Als das bekannt wurde, destabilisierte es die Regierung in Madagaskar und führte zu einem erfolgreichen Staatsstreich. Weitere solcher Geschäfte sind offenbar im Gange. Saudi-Arabien kauft Land in Äthiopien, und die Vereinigten Arabischen Emirate kaufen Land im Sudan. Obwohl die Vereinten Nationen solche Käufe als neue Welle des Kolonialismus gebrandmarkt haben, trifft diese Analogie nicht immer zu. 2009 kaufte mit Libyen ein afrikanischer Staat 100 000 Hektar europäisches Land in der Ukraine.

Obwohl ich ein Befürworter der kommerziellen Landwirtschaft bin, sind diese neuen Landkäufe nicht wirklich kommerziell. Ihr Motiv liegt vor allem darin, den Weltmarkt zu umgehen, nicht an ihm teilzunehmen. Die Landkäufe sind zu intransparent, zu groß und zu langfristig. Dadurch bringen sie uns zu den Nachteilen zurück, die entstehen, wenn man Förderrechte an eine einzige Firma verkauft. Wenn das Land in großen kommerziellen Einheiten bewirtschaftet werden soll, sollten diese Einheiten unter einer angemessenen Zahl von Wettbewerbern versteigert werden. Da die ersten Investoren vermutlich sehr unsicher wegen der Höhe der Rendite sind, sollte man zunächst nur wenige solcher Einheiten verkaufen. Die Gebote werden zwangsläufig niedriger sein, um diese Unsicherheit einzupreisen. Sobald die Pioniere aber lernen, wie das neue Land am besten zu kultivieren ist, wird dieses Wissen den Wert des übrigen Landes steigern, das darum später verkauft werden sollte. Außerdem sollte man nicht einen einzigen kommerziellen Betrieb so groß werden lassen, dass er der beherrschende Arbeitgeber einer ganzen Region wird. Eine wichtige Rolle der Regierung ist die Verhinderung von Missbräuchen privater Monopole. Der größte Lebensmittelimporteur, der sich nicht am Wettlauf um Afrika beteiligt hat, ist Japan. Stattdessen hat Japan die G20 gedrängt, diese Umgehungsdeals zu verbieten und wieder Ordnung auf den Weltmärkten für Lebensmittel schaffen. Auslöser für die Landgier waren, wie wir gesehen haben, Exportstopps für Lebensmittel. Genau das sollte reguliert werden, und die richtige Institution dafür ist die Welthandelsorganisation. Vergleichbares Verhalten bei Importen, Verboten und Mengenbeschränkungen wird bereits von den WTO-Statuten vorgeschrieben; die gleichen Prinzipien sollten auf den Export ausgedehnt werden.

Selbst wenn solche Landkäufe eingedämmt werden, ist die globale Landwirtschaft noch zu konzentriert, und ein plötzlicher Wechsel zu einem unregulierten Landmarkt würde in den ärmsten Staaten wahrscheinlich üble Folgen haben. Wenn aber kommerzielle Organisationen stufenweise einen Teil der Kleinbauernwirtschaft ablösen, würde das mittelfristig das globale Lebensmittelangebot steigern.

Romantische Mythen 2: Das Verbot gentechnisch veränderter Lebensmittel

DER ZWEITE ROMANTISCHE MYTHOS ist die europäische Furcht vor wissenschaftlicher Landwirtschaft, die von der Agrarlobby zu einer neuen Form des Protektionismus manipuliert worden ist: dem Verbot gentechnisch veränderter Nutzpflanzen. Solche Pflanzen wurden 1996 global eingeführt und wachsen bereits auf rund 10 Prozent der weltweiten Anbauflächen, auf über 120 Millionen Hektar. Wegen des Verbots wächst aber fast nichts davon in Europa oder Afrika. In seinem neuen Buch *Starved for Science* analysiert der Politikwissenschaftler Robert Paarlberg brillant die politischen Hintergründe dieses Verbots.

Im Jahr 1996 erlebte Europa eine Krise der Nahrungsmittelsicherheit: die Bovine spongiforme Enzephalopathie oder kurz BSE. Die BSE-Tragödie wurde durch die Dominanz ausgelöst, welche die Agrarinteressen in Großbritannien über die Gesundheitsbehörde ausübten: Sie saßen buchstäblich im selben Ministerium. Regierungsbeamte und Minister versuchten zunächst, die Konsumenten zu beruhigen, das britische Rindfleisch sei sicher. Der Landwirtschaftsminister ließ vor laufenden Fernsehkameras seine Tochter einen Hamburger essen. Wenig später musste der Minister seine Worte zurücknehmen. Im ganzen Land starben Menschen auf schreckliche Art – indem ihre Hirnzellen zerfielen. (Bis Oktober 2009 lag die Zahl der Opfer der Creutzfeldt-Jakob-Krankheit – der menschlichen Form von BSE – in England bei 165 und in anderen Ländern bei 44.)

In ganz Europa ergriffen protektionistisch eingestellte Gruppen die Gelegenheit und forderten ein Verbot von britischem Rindfleisch. BSE hatte mit gentechnisch veränderten Lebensmitteln nichts zu tun, aber es schuf einen Präzedenzfall. Gentechnisch veränderte Lebensmittel, deren Bezeichnung schon abschreckend wirkte, wurden als Horrorprodukt dargestellt: ein wissenschaftliches Experiment an Konsumenten. Zu allem Überfluss stammten die Produkte aus der Forschung von US-Firmen wie Monsanto und weckten darum die vorhersehbare und tiefsitzende Feindschaft der europäischen Linken. So wurden die Grundlagen einer Siegerkoalition geschaffen – Protektionismus und Antiamerikanismus –, verstärkt durch die Angst gesundheitsbewusster Konsumenten, die nicht länger den Aussagen ihrer Regierung glaubten.

In den Jahren seit der Einführung des Verbots für gentechnisch veränderte Organismen hat die politische Koalition ihre Grundlage verbreitert, obwohl die wissenschaftlichen Argumente für eine Aufhebung des Verbots immer zwingender geworden sind. Der neueste bekannte Unterstützer des Verbots ist Prinz Charles, der einen wichtigen Teil jenes Meinungsspektrums vertritt, das sich von den obigen Strömungen unterscheidet. Seine Ansichten über gentechnisch veränderte Lebensmittel spiegeln seine allgemeine Opposition gegen die wissenschaftlich-kommerzielle Landwirtschaft wider. Natürlich spricht seine

Vision jene von uns an, die sich in der modernen Industriegesellschaft unwohl fühlen. Aber zuzusehen, wie die Aristokratie nach den Methoden einer vergangenen ländlichen Gesellschaft Landwirtschaft betreibt, erinnerte mich an Marie Antoinette, die in Versailles Milchmagd spielte. Es beruhigt die Seele, aber es füllt nicht den Magen.

Das europäische Verbot gentechnisch veränderter Lebensmittel, das unmittelbar auf BSE folgte, hatte drei negative Effekte. Am offensichtlichsten bremst es die Produktivität. Vor 1996, als das Verbot eingeführt wurde, lag die europäische Getreideproduktion nah an der amerikanischen, seitdem ist sie um 1 bis 2 Prozent pro Jahr gesunken. Bei einer Aufhebung des Verbots könnte die europäische Produktion um rund 15 Prozent gesteigert werden. Europa ist ein wichtiger Getreideproduzent, deshalb ist das ein großer Verlust. Und weil Europa kein Markt für Gentechnik ist, hat sich die Forschung in diesem Bereich verlangsamt. Forschung braucht lange, um Früchte zu tragen, und ihr zentraler Nutzen – die dauerhafte Senkung der Lebensmittelpreise – kann nicht allein durch Patente finanziert werden. Es spricht also viel dafür, die private Forschung mit öffentlichen Mitteln aufzustocken. Europäische Regierungen sollten diese Forschung subventionieren, die jetzt völlig abhängig vom privaten Sektor ist. Privates Geld hängt wiederum von der Aussicht auf Verkäufe ab, darum hat das Gentechnik-Verbot in Europa nicht nur die staatliche Forschung blockiert, sondern auch die private behindert.

Die schlimmste Konsequenz des europäischen Verbots für gentechnisch veränderte Organismen ist jedoch, dass es afrikanische Regierungen dazu trieb, ebenfalls solche Lebensmittel zu verbieten (Südafrika war die einzige Ausnahme). Sie befürchteten, sonst dauerhaft von den europäischen Märkten ausgeschlossen zu werden. Weil Afrika gentechnisch veränderte Lebensmittel verbot, gab es keinen Markt für Entdeckungen, die sich auf die dort angebauten Nutzpflanzen beziehen, und darum auch keine Forschung. Das wiederum führte zu der Behauptung, gentechnisch veränderte Lebensmittel seien für Afrika irrelevant.

Afrika kann sich diese Selbstbeschränkung einfach nicht leisten. Es braucht jede Hilfe, die es von der grünen Gentechnik bekommen kann. In den letzten vier Jahrzehnten hat die landwirtschaftliche Produktion je Hektar in Afrika stagniert. Produktionssteigerungen beruhten auf der Vergrößerung der bebauten Flächen. Angesichts einer rasch wachsenden Bevölkerung ist diese Option aber bald unmöglich. Am Horizont droht bereits die Klimaverschlechterung durch die Erderwärmung. Laut den Voraussagen wird der größte Teil Afrikas heißer werden, die trockenen Gebiete noch trockener und der Regen unregelmäßiger, das heißt es gibt mehr Dürren. Tatsächlich wird man das Grundnahrungsmittel Mais im südlichen Afrika wahrscheinlich nicht mehr anbauen können. Während für andere Regionen die Herausforderung des Klimawandels vor allem in der Senkung der CO_2-Emissionen besteht, besteht sie für Afrika in der Anpassung der Landwirtschaft.

Es ist eine Binsenweisheit, dass Afrika eine Grüne Revolution braucht. Die Wahrheit ist, dass die Grüne Revolution durch Düngemittel vorangetrieben wurde, und selbst als Düngemittel billig waren, kamen sie in Afrika kaum zum Einsatz. Wegen des Anstiegs der Düngemittelpreise – ein Nebeneffekt der hohen Energiepreise – wird eine Grüne Revolution in Afrika nicht auf chemischer Basis stattfinden können. Um die Auswirkungen von Bevölkerungswachstum und Klimaverschlechterung auszugleichen, braucht Afrika eine biologische Revolution. Das können gentechnisch veränderte Pflanzen ermöglichen, aber nur wenn genug Geld in die Forschung fließt. Bis jetzt hat es noch keine Arbeit an Nutzpflanzen wie Maniok und Yams gegeben, die für die Region von großer Bedeutung sind. Die Forschung arbeitet noch an der ersten Generation gentechnisch veränderter Pflanzen, nämlich der Übertragung einzelner Gene, bei der ein bestimmtes Gen, das einer Pflanze einen Vorteil bietet, identifiziert, isoliert und auf eine andere Pflanze übertragen wird. Aber selbst diese Frühphase eröffnet die Aussicht auf wichtige Fortschritte. Mais lässt sich dürreresistenter machen, wodurch Afrika beim Kampf gegen die Klimaverschlechterung Zeit gewinnt. Getreide lässt sich widerstandsfähiger gegen Pilze machen, was den Pestizidverbrauch und die Lagerverluste senkt. Allein Insekten wie die Stängelbohrer verursachen bislang Lagerverluste von 15 bis 40 Prozent bei der Maisproduktion; eine neue gentechnisch veränderte Sorte ist gegen sie jedoch resistent.

Wie die Kommerzialisierung ist auch die grüne Gentechnik kein magisches Allheilmittel für die afrikanische Landwirtschaft; ein solches Allheilmittel gibt es nicht. Aber ohne sie ist es unmöglich, Afrikas Lebensmittelproduktion mit seiner Bevölkerung Schritt halten zu lassen. Während die Großstädte an den Küsten vom Weltmarkt versorgt werden können, lässt sich das riesige afrikanische Binnenland so nicht ernähren (von Notfällen abgesehen). Die Aufhebung des Gentechnik-Verbots in Afrika und Europa könnte die globalen Lebensmittelpreise langfristig niedrig halten. In jüngster Zeit haben afrikanische Regierungen begonnen, das Verbot zu überdenken. Burkina Faso, Malawi und zuletzt Kenia haben es bereits aufgehoben.

Romantische Mythen 3: Pflanze deinen eigenen Brennstoff an

DER LETZTE ROMANTISCHE MYTHOS ist Amerikas Illusion, es könne der Abhängigkeit von arabischem Öl entgehen, indem es seinen eigenen Brennstoff anbaut. Es gibt gute Gründe, Bioethanol anzubauen, aber er sollte nicht aus Getreide stammen: Dessen Umwandlung in Ethanol verbraucht fast ebenso viel Energie, wie sie liefert. Diese Grundtatsache hat die Getreidelobby nicht davon abgehalten, grotesk ineffiziente Subventionen zu beziehen. Etwa ein Drittel des amerikanischen Getreides ist in die Energieproduktion geflossen, was sowohl das sensible Reagieren des Marktes auf Preissignale zeigt, als auch die schädliche Macht subventionshungriger Lobbys. Wenn die USA Biokraftstoff statt Benzin tanken wollen, ist brasilianisches Zuckerrohr die Lösung; es ist eine weit effizientere Energiequelle. Der klare Beweis für Protektionismus ist hier, dass die amerikanische Regierung den Import von brasilianischem Ethanol sogar *beschränkt* hat, um die amerikanische Produktion zu schützen. Das vernünftige Ziel einer geringeren Abhängigkeit von arabischem Öl ist dem egoistischen Ziel geopfert worden, noch mehr Steuergelder in die amerikanische Landwirtschaft zu pumpen.

Der gewaltige Verbrauch von Getreide für die Ethanolproduktion hat den Weltmarktpreis beeinflusst. Wie groß dieser Einfluss ist, ist heiß umstritten. Die Regierung von George W. Bush behauptete anfangs, die Preise seien dadurch nur um 3 Prozent gestiegen, doch eine Studie der Weltbank kommt zu einem viel höheren Wert. Die Abschaffung der Subventionen würde die Preise wahrscheinlich sofort beeinflussen, denn das Angebot von Getreide als Nahrungsmittel würde steigen.

Politik des Wandels: Abkommen und Allianzen

DIE DREI MASSNAHMEN GEGEN DIE romantischen Mythen – die Expansion kommerzieller Farmen, die Aufhebung des Verbots gentechnisch veränderter Lebensmittel und die Abschaffung der Ethanolsubventionen – passen ökonomisch und politisch zusammen. Aus ökonomischer Sicht passen sie zusammen, da sie ineinandergreifen, vor allem auch beim Zeitpunkt der Ertragssteigerung. Die Abschaffung der Ethanolsubventionen würde kurzfristige Entspannung bringen. Die Expansion kommerzieller Farmen könnte im nächsten Jahrzehnt die Weltproduktion um einige Prozentpunkte steigern. Und durch beide Maßnahmen ließe sich die Zeit gewinnen, die gentechnisch veränderte Lebensmittel brauchen, um ihr Potenzial zu entfalten. Der zeitliche Abstand zwischen dem Beginn der Forschung und einer massenhaften Anwendung beträgt etwa 15 Jahre. Die Expansion der kommerziellen Landwirtschaft in Afrika würde die Forschung an Nutzpflanzen fördern, die für Afrika geeignet sind, und diese Innovationen würden einen aufnahmewilligen Markt finden, der weniger empfänglich für politische Einflussnahme ist. Es ist kein Zufall, dass Südafrika das einzige afrikanische Land ist, in dem gentechnisch veränderte Lebensmittel nicht verboten sind, denn seine Landwirtschaft ist weitgehend kommerziell organisiert.

Auch politisch ergänzen sich die drei Maßnahmen. Energie aus Getreide, das Gentechnik-Verbot und die Erhaltung der kleinbäuerlichen Lebensweise sind klassisch populistische Programme. Sie klingen attraktiv, sind aber schädlich. Man muss ihnen ebenso eindringliche Botschaften entgegensetzen.

Eine solche Botschaft wäre die Chance, auf internationale Gegenseitigkeit zu setzen. Amerikaner wollen selbstproduzierte Brennstoffe, sind aber über das europäische Verbot gentechnisch veränderter Lebensmittel mit Recht empört. Sie sehen das Verbot als das, was es ist: antiamerikanischer Protektionismus. Im Gegenzug klammern sich Europäer an die Illusion eines Verbots von Hightech-Nutzpflanzen, sind aber mit Recht über amerikanische Ethanolsubventionen empört. Sie sehen die Subventionen als das, was sie sind: ein egoistischer Wunsch, die amerikanische Energieverschwendung beizubehalten, die den Klimawandel verstärkt. Im Laufe der letzten 50 Jahre haben die USA und Europa gelernt zu kooperieren. Das 1947 unterzeichnete GATT-Abkommen schaffte in den nächsten Jahrzehnten fast alle Zölle auf Industrieprodukte ab. Die NATO war eine expandierende Sicherheitspartnerschaft. Die OECD war eine expandierende Partnerschaft für Wirtschaftspolitik (das kollektive Bestechungsverbot, um an Verträge zu kommen, ist nur ein Beispiel für das Erreichte). Im Vergleich zu der Herausforderung, sich auf diesen Gebieten zu einigen, erscheint ein Abkommen über die gegenseitige Deeskalation umweltpolitischer Irrwege nicht übermäßig schwierig. Die USA sollten einwilligen, ihre Ethanolsubventionen zu streichen, wenn Europa das Verbot gentechnisch veränderter Lebensmittel aufhebt. Beide Seiten werden dieses Abkommen empörend und zugleich anziehend finden, wenn sie merken, dass das Resultat besser sein wird als der Status quo.

Schwieriger wird es sein, die Feindschaft gegenüber kommerzieller und technikbasierter Landwirtschaft in der Bevölkerung zu überwinden. Sie erfordert ein Nachdenken der Umweltschützer über ihre wahren Ziele. Viele hegen großes Mitgefühl für die ärmsten Länder. In Amerika wie in Europa sind Millionen Bürger entsetzt über den Hunger in der Welt; jedes Mal, wenn in den Medien über eine Hungersnot berichtet wird, ist die Hilfsbereitschaft überwältigend. Die Kombination aus Besorgnis über die Armut und Besorgnis über die Umwelt kann eine mächtige Kraft zum Guten sein. Die Ethik der Bewahrung natürlicher Ressourcen bietet eine sichere Grundlage für die politischen Entscheidungen im Umgang mit der Natur.

Nichtsdestoweniger kommt das Bündnis zwischen Umweltschützern und Ökonomen, um die Natur für die Entwicklung nutzbar zu machen, nicht um ein paar schwere Entscheidungen herum. Wir werden den Hunger nicht besiegen, indem wir zur präindustriellen, präkommerziellen Landwirtschaft zurückkehren. Umweltschützer müssen intensiv über ihre Prioritäten nachdenken. Manche mögen zu dem Schluss kommen, dass die von Prinz Charles propagierte Idylle anziehender ist: Ein historischer Lebensstil soll erhalten werden, egal was die Folgen sind. Ich persönlich finde diese Vision sehr reizvoll. Wenn ich mal ein ausgebrannter Professor bin, werde ich vielleicht einen solchen Lebensstil wählen. Aber die Aussicht, dass deswegen Kinder durch Unterernährung verkümmern könnten, lässt mich zurückschrecken. Das entscheidende Ziel der Wirtschaftspolitik ist für mich die Steigerung der Lebensmittelproduktion. Ich glaube, viele Menschen werden meine Prioritäten teilen, wenn sie einmal gründlich nachgedacht haben. Kommerzielle Landwirtschaft ist vielleicht unromantisch, aber wenn sie zu vollen Mägen führt, sollte sie dafür genutzt werden.

Auch amerikanische Umweltschützer müssen einen schmerzhaften Umdenkprozess durchlaufen. Die Menschen, die Energieunabhängigkeit am anziehendsten finden, sind potenziell auch die Gruppe, die Amerika vor seiner ruinösen Energiepolitik retten kann. Die bittere Wahrheit ist, dass die USA tatsächlich ihre Abhängigkeit von importiertem Öl reduzieren müssen. Aber die Produktion von Biokraftstoff ist nicht die Lösung. Amerika geht einfach zu verschwenderisch mit seiner Energie um. Europäer, die auch recht verschwenderisch sind, verbrauchen pro Kopf nur die Hälfte der Energie und haben trotzdem einen hohen Lebensstandard. Das amerikanische Steuersystem muss von der Belastung der Arbeit zur Belastung des Energiekonsums übergehen.

Eine zentrale Eigenschaft guter Politiker ist es, die Bürger von der Art von Populismus wegzuführen, der die Maßnahmen zur Bekämpfung der Nahrungsmittelkrise blockieren wird, wenn man ihm nichts entgegensetzt. Für die Bewohner Europas und der USA werden hohe Lebensmittelpreise lästig sein, aber nicht lästig genug, um uns zur Überwindung der drei großen Mythen zu zwingen, auf denen der

Populismus beruht. Unsere Politiker müssen diese Botschaft vermitteln und neue Bündnisse schmieden. Wenn sie es nicht tun, werden Kinder Hunger leiden, und ihre Zukunft wird gefährdet sein. Deswegen müssen wir uns der schmerzhaften Aufgabe stellen, uns von unseren romantischen Illusionen zu verabschieden.

TEIL V

Natürliche Ordnung

KAPITEL 11

Die Wiederherstellung der natürlichen Ordnung

FÜR DIE MENSCHEN DER FRÜHZEIT war nur ein kleiner Teil der Natur wertvoll. Die wenigen natürlichen Dinge, die nützlich waren, waren im Überfluss vorhanden und stellten darum keine Herausforderung dar. Inzwischen ist dank des technischen Fortschritts ein viel größerer Teil der Natur nützlich, aber er muss die Nachfrage von über sechs Milliarden Menschen erfüllen. Knappheit hat den Überfluss abgelöst, nicht weil die Natur kleiner geworden wäre, sondern weil wir jetzt wissen, wie sie auszubeuten ist. Solange wirksame Regeln fehlen, folgen daraus die unterschiedlichsten Formen der Plünderung.

Manche Dinge, die wir als natürlich ansehen, sind bereits ausreichend geschützt. Die Fische in einer Fischfarm oder die Bäume in einem privaten Wald werden innerhalb eines Rahmens von Anreizen verwaltet, der sich mit sozialen Interessen verträgt. Es gibt aber zwei große Löcher im Sicherheitsnetz, durch die zu viel hindurchfällt. Das eine Loch entsteht durch schlechte Regierungsführung, das andere durch die Grenzen der guten Regierungsführung. Anders gesagt, das eine Loch entsteht lokal durch bestimmte Regierungen in den Ländern der untersten Milliarde und ihren Umgang mit natürlichen Ressourcen, das andere ist global und betrifft den Umgang mit jenen Ressourcen, die nationale Grenzen überschreiten.

Die nichterneuerbaren Ressourcen auf den Territorien der untersten Milliarde werden selten für die Entwicklung dieser Gesellschaften genutzt. Infolgedessen könnten künftige Generationen eine ausgebeutete Natur erben, ohne einen Gegenwert zu erhalten. Die einmalige Chance, Ressourcen dafür zu nutzen, diese Gesellschaften aus der Armut zu holen, wird dann verpasst sein. Die Regierungen vieler armer Länder werden von ihren Bürgern zu wenig zum guten Umgang mit ihren Rohstoffe angehalten.

Die internationalen erneuerbaren Rohstoffe wie der Fisch auf hoher See sind in Gefahr, geplündert zu werden, bis sie aussterben, während sich zugleich natürliche Verbindlichkeiten wie CO_2 ansammeln. Der Fisch wird gegessen und das CO_2 ausgestoßen, vor allem von den Bürgern der reichen Länder. In diesem Buch hat mich die beunruhigende Frage geleitet, was künftige Generationen von uns denken werden. Selbst gute Regierungsführung endet an der jeweiligen Staatsgrenze, die jedoch von den natürlichen Ressourcen und Verbindlichkeiten überschritten werden. Wie also lassen sich diese beiden Löcher schließen?

Die Nutzung natürlicher Ressourcen in den ärmsten Ländern

ICH BEGINNE MIT DEM SCHEINBAR unlösbaren Problem der intransparenten Regierungsführung in den Ländern der untersten Milliarde. In Teil II zeigte ich die Entscheidungskette, die funktionieren muss, damit eine arme Gesellschaft durch ihre natürlichen Ressourcen wohlhabend werden kann. Ich habe auch gezeigt, dass die Kette meistens reißt, weil die Anreize zur Plünderung zu stark und die Gelegenheiten dazu zu zahlreich sind. Die wirtschaftliche Entwicklung auf der Basis von Rohstoffen leidet unter dem Problem des schwächsten Kettenglieds. Wenn irgendwo in der langen Kette die Kräfte der Plünderung die Oberhand gewinnen, scheitert der gesamte Prozess. Die Entscheidungen müssen nicht nur richtig getroffen werden, sie müssen auch von Dauer sein. Mindestens eine Generation benötigt es, bis die Investitionen, die durch die Rohstoffförderung finanziert sind, in der Gesellschaft ihre transformativen Kräfte entfalten. Während dieser Zeit ist die Gesellschaft durch Plünderung gefährdet.

Wie können arme Gesellschaften ihr Rohstoffpotenzial nutzen? Die internationale Gemeinschaft hat keine Macht über die Regierungen dieser Länder, die sehr schlecht sein mögen, aber beim Ressourcenmanagement nicht zu etwas gezwungen werden können, was sie nicht wollen. Die Regierung Angolas braucht unser Geld nicht; sie ist durch Öl und Diamanten reich genug. Die einzige Chance, dass solche

Gesellschaften ihre Chancen gerecht ausüben werden, besteht darin, dass genügend Bürger eine gut informierte Öffentlichkeit bilden. Wenn die gesamte Entscheidungskette unter sozialem Druck steht, werden auf Dauer die richtigen Entscheidungen getroffen werden. Solcher Druck muss nicht durch Wahlen stattfinden, um wirksam zu sein. Minister und hohe Beamte stammen aus einem sozialen Umfeld, dessen Haltungen sie respektieren. Zum Allermindesten muss dieses soziale Umfeld die Chance erkennen, die sich durch natürliche Ressourcen eröffnet, sowie die Rolle jeder Entscheidung bei ihrer Verwirklichung. Der individuelle Anreiz zur Plünderung lässt sich bekämpfen, wenn jede Entscheidung als potenziell schwaches Glied erkannt und der enorme Nutzen, die richtige Wahl zu treffen, deutlich wird.

Obwohl die internationale Gemeinschaft den Regierungen rohstoffreicher Länder nicht vorschreiben kann, was sie tun sollen, kann sie es Gesellschaften erleichtern, eine kritische Masse an informierter Öffentlichkeit zu formen. Ausgangspunkt ist die Veröffentlichung potenzieller Ressourceneinkünfte. Die kleine Nichtregierungsorganisation Global Witness startete die Kampagne »Publish What You Pay« und trat so als Erste mit der Idee eines freiwilligen internationalen Standards für die Offenlegung von Einkünften an die Öffentlichkeit. Aus dieser Kampagne ist inzwischen eine internationale Organisation geworden, die Initiative für Transparenz in der Rohstoffwirtschaft (EITI). Die Organisation wird von einem Konsortium von Interessengruppen betrieben und setzt freiwillige Standards, die Regierungen übernehmen können. Obwohl EITI noch jung ist, haben sich bereits über 30 Regierungen angeschlossen. Ihr Erfolg hängt von einem weltweiten Bündnis zwischen Zivilgesellschaft und politischer Führung ab, aber Erstere hatte mehr Gewicht. Nach offizieller Darstellung rief der ehemalige britische Premier Tony Blair die Initiative durch eine Rede bei einem offiziellen Frühstück in Johannesburg ins Leben. In Wirklichkeit tat er nichts dergleichen. Weil er besorgt war, nicht genug Unterstützung zu finden, sprach er bei diesem Anlass über etwas anderes. Die Initiative nahm trotzdem ihren Anfang, weil Regierungsbeamte vergaßen, der Presse die Änderung mitzuteilen. Die Pressemitteilung über die Initiative wurde aus Versehen veröffentlicht. Wenn eine Initiative trotz eines so holprigen Starts Erfolg haben kann, kann es nicht so schwierig sein, etwas in Gang zu bringen.

EITI ist zwar ein guter Anfang, reicht aber nicht aus. Integrität bei der Veröffentlichung von Rohstoffeinkünften ist notwendig, aber sie genügt nicht, um sicherzustellen, dass natürliche Ressourcen die Kraft zur Transformation besitzen. In *Die unterste Milliarde* habe ich eine Charta für natürliche Ressourcen vorgeschlagen, die die Entscheidungskette für alle – Bürger, Technokraten und Minister – verständlich darstellt.

Eines der größten Probleme internationaler Zusammenarbeit liegt darin, dass keine Einzelorganisation bei übergreifenden Problemen wie diesem genug Bündelungskraft besitzt. Die Abteilung für Fiskalangelegenheiten des Internationalen Währungsfonds hat ein längeres Dokument über das Management natürlicher Ressourcen veröffentlicht, darum habe ich die Idee mit ihren Mitarbeitern diskutiert. Sie gaben kleinlaut zu, die Koordinationsschwierigkeiten hätten schon innerhalb ihrer Organisation begonnen. Andere Abteilungen des IWF hätten nicht gerade begeistert reagiert, und was die globale Koordination angehe – denken Sie erst gar nicht daran. Auf der ganzen Welt setzten sich aber Wissenschaftler, Vertreter aus der Zivilgesellschaft und Regierungen für die Idee einer Charta ein, besonders als der Rohstoffboom sich seinem Höhepunkt näherte. Aber es gab einfach keine Organisation dafür. Deswegen begann eine informelle Gruppe, über die Umrisse einer solchen Charta nachzudenken. Wir trugen den Inhalt zusammen. Aus der Gruppe wurde ein Team unter Leitung von Michael Spence, der durch seine Arbeit als Leiter der Wachstumskommission ebenfalls zu der Überzeugung gekommen war, der schlechte Umgang mit natürlichen Ressourcen sei eine große verpasste Gelegenheit gewesen. Mit Juristen (aus Universitäten und Praxis), Steuerexperten und Politologen hofften wir das Mindestmaß an Kompetenz zusammenzubringen, das zur Lösung des Problems nötig war.

Wir begannen damit, die vielen relevanten Organisationen zu kontaktieren: Förderfirmen, Nichtregierungsorganisationen, internationale Organisationen, Regierungen und Wissenschaftler. Bei diesem Prozess machten wir eine bemerkenswerte Entdeckung. Diese Organisationen und Einzelpersonen waren eher dazu bereit, mit uns zu kooperieren, als untereinander. Gerade unsere Bedeutungslosigkeit war ein Vorteil. Wir begannen uns zu fragen, ob sich Koordination wie bei der Entstehung von EITI unter den gegenwärtigen internationalen Bedingungen leichter von unten nach oben aufbauen ließe.

In einer Gruppe aus Wissenschaftlern, Praktikern und Organisationen zu Übereinkünften zu kommen ist zwangsläufig ein stufenweiser Prozess, zu dem Workshops, Arbeitspapiere und Präsentationen gehören. Ein Großteil davon ließ sich ohne Geld organisieren, aber als die Charta wuchs und Aufmerksamkeit erregte, begannen Philanthropen, Nichtregierungsorganisationen und Regierungen sich für unsere Arbeit zu interessieren. Da sie die Macht erkannten, die aus der Unabhängigkeit der Unbedeutenden erwächst, boten sie Hilfsmittel an, ohne Kontrolle zu erwarten. Drei politische Riesen aus rohstoffreichen Ländern willigten ein, den Rat zu bilden, der für die Charta verantwortlich sein sollte. Der frühere mexikanische Präsident Ernesto Zedillo, jetzt Professor in Yale, übernahm den Vorsitz. Die beiden anderen waren Chukwuma Soludo, der in seiner Zeit als Direktor der Zentralbank Nigerias die internationale Auszeichnung Zentralbankdirektor des Jahres erhielt, und der inzwischen verstorbene Jegor Gajdar, der als russischer Premierminister ökonomische Reformen angestoßen hatte. Mit dem neuen Rat unter Leitung Zedillos und mit Michael Spence als Leiter des Expertenteams gleicht die Charta durch Autorität aus, was ihr an institutioneller Macht fehlt.

Mit einem anerkannten Kern und einer glaubwürdigen Führung konnte die Charta sich an die kritische Masse der Bürger wenden. Der übliche Auftakt sind internationale Veranstaltungen. Die Charta wurde gleichzeitig in Dakar bei der Jahreskonferenz der Afrikanischen Entwicklungsbank und in Oslo vorgestellt. Sowohl die Bank als auch die norwegische Regierung traten dafür ein, dass kein Rohstoffboom mehr wirkungslos verpuffen solle. Doch solche Veranstaltungen erreichen die Bürger nur indirekt. In früheren Jahrzehnten wäre es nahezu aussichtslos gewesen, über eine kleine Gruppe hinaus zu wirken. Inzwischen macht das Internet es einfach. Die gesamte Charta ist für jeden unter www.NaturalResourceCharter.org einzusehen. Gegenwärtig ist sie auf drei Ebenen organisiert: einem zweiminütigen Überblick über die 12 Grundsätze, einer kompakten Darstellung jedes Grundsatzes für Bürger und Journalisten und einer Darstellung, die mehr von den Details bringt, die ein Praktiker zur Umsetzung benötigen würde, unter anderem Leitlinien, wie man weitergehende Informationen erhält. Das Internet hat die Fähigkeit normaler Bürger, kollektiv miteinander zu kommunizieren, enorm verbessert.

Wenn Sie die Macht anzweifeln, die diese neue Art der Kommunikation eröffnet hat, sehen Sie sich Clay Shirkys Vortrag aus dem Jahr 2009 auf www.ted.com an. Ich hatte das Glück, im Publikum zu sitzen (ich hielt den Vortrag danach). Wie er zeigte, beschränkt sich die kollektive Macht von Bürgern nicht auf die reichen, demokratischen Gesellschaften; sie ist sogar in autoritären Staaten eine Realität. Sein Beispiel ist China, wo die Technologie es Bürgern erlaubte, korrupte Beamte für die stümperhafte Bauweise von Schulen verantwortlich zu machen, die bei Erdbeben einstürzten. Wenn so etwas in China möglich ist, ist es auch in den meisten Gesellschaften der untersten Milliarde möglich. Sobald eine falsche Entscheidung bekannt wird und die Bürger erkennen, dass die beste Möglichkeit, den Rest der Menschheit einzuholen, vergeudet wird, besitzen sie eine Macht zum kollektiven Handeln wie nie zuvor. Bürgermacht ist der Eckpfeiler der Charta. Eine solche Macht muss nicht der Feind der Regierung sein. Regierungen brauchen eine informierte Gesellschaft, die sie vor dem Druck des Populismus schützt.

Potenziell ist die Charta die Vorform einer internationalen Konvention, mit dem Unterschied, dass sie von unten nach oben entsteht statt aus der Kooperation von Regierungen. Angeblich ist jeder Mensch mit jedem anderen auf der Welt über nur sechs Ecken verbunden. Zum ersten Mal in der Geschichte besitzen wir eine Technologie, um diese Distanz zu überwinden. Genau wie die Leser von *Die unterste Milliarde* bei der Schaffung der Charta halfen, hoffe ich, dass die Leser von *Der hungrige Planet* kollektiv von Clay Shirky lernen und dabei helfen werden, Ideen zu verbreiten, die etwas in Gang bringen.

Die Verantwortung, sich nicht zum Komplizen der Plünderung zu machen

WENN DIE CHARTA ZU EINER internationalen Konvention wird, was ist dann ihr langfristiges Potenzial? Offensichtlich ist ihr Hauptzweck, den Bürgern rohstoffreicher Länder dabei zu helfen, ihre natürlichen Ressourcen für den Wohlstand zu nutzen. Manchen Gesellschaften wird es gelingen, die ganze Entscheidungskette zu kontrollieren, andere werden weiterhin scheitern. Bei Letzteren müssen die ethischen Konsequenzen des Scheiterns für jeden klar sein, etwa dass jede Person oder Organisation, die bei der Förderung dieser natürlichen Ressourcen mitwirkt, zum Komplizen der Plünderung wird. Es wäre keine akzeptable Verteidigung mehr, wenn eine Förderfirma sagte, sie habe sich an den Vertrag mit einer anerkannten Regierung gehalten. Die Firma hätte die Verantwortung, gewissenhaft zu handeln und sich zu überzeugen, dass auch die Regierung beim Vertragsabschluss verantwortungsvoll handelte. Schließlich ist die Macht der Regierungsvertreter über natürliche Ressourcen nicht unbegrenzt. Eine Firma, die Beihilfe zu offener Plünderung oder persönlicher Bereicherung leistete, wäre ein Komplize.

Natürlich bestand ein Teil der Argumentation dieses Buchs darin, dass eine Regierung sich auch einer raffinierteren Form der Plünderung schuldig machen kann – indem sie nicht genug spart und investiert. Die Charta könnte sich zu einer internationalen Konvention entwickeln, mit deren Hilfe die Firmen erkennen könnten, ob eine Regierung ihre Verpflichtungen gegenüber der Zukunft erfüllt. Firmen, die Rohstoffe in einem Land abbauen, wo die Regierung ihre Verpflichtungen nicht erfüllt, wären ebenfalls Komplizen der Plünderung.

An diesem Punkt spüre ich den kollektiven Schauder, der den Förderfirmen der reichen Länder den Rücken herunterläuft. Ich höre ihre Antwort: »Wenn wir in so einer Umgebung nicht operieren dürfen, überlassen wir das Geschäft einfach Firmen, die nicht zur Rechenschaft gezogen werden können.« Die Wahrheit ist aber, dass Firmen ebenso wie Individuen selbst entscheiden, ob sie zu Komplizen werden oder nicht. Die Entschuldigung »Wenn ich nicht bei der Plünderung geholfen hätte, hätte es jemand anders getan« ist vor Gericht wertlos und sollte deswegen auch uns nicht beeindrucken. Es gibt noch eine abgeklärtere Reaktion, die ich durch eine Diskussion einführen werde, wie man die andere Lücke in der Regulierung der Natur schließt.

Wie gelingt internationale Kooperation?

DIE LÄNDER DER UNTERSTEN MILLIARDE mögen häufig schlechte Regierungen haben, aber zumindest haben sie Regierungen. Während die Bürger dort vor der Aufgabe stehen, ihre Regierungen zum verantwortungsvollen Umgang mit staatlichen Rohstoffen zu zwingen, müssen die Bürger anderer Länder ihre Regierungen dazu zwingen, verantwortungsvoll mit globalen Ressourcen und Verbindlichkeiten umzugehen.

Das zweite Loch entsteht durch das Fehlen einer Regierung oberhalb der Ebene des Nationalstaats. Dadurch muss man auf die Zusammenarbeit von Regierungen zählen, und die Fähigkeit dazu ist im letzten Jahrzehnt leider dramatisch zurückgegangen. Der erste und beste Beweis für diesen Niedergang ist keine Meldung auf der Titelseite über Iran oder Afghanistan, sondern stammt aus dem Wirtschaftsteil: der Zusammenbruch der Doha-Runde der GATT-Verhandlungen. Seit 50 Jahren nehmen Regierungen an diesen von der WTO organisierten Verhandlungen (oder Runden) teil. Sie sollen die Handelsschranken senken. Jede Runde läuft ähnlich ab: Weil hohe Gewinne möglich sind, ringen die Beteiligten miteinander, bis sie ein Abkommen erreichen, das zwar für keinen eine Maximallösung ist, aber eine Verbesserung. Die Doha-Runde (benannt nach der Hauptstadt Katars, wo sie begann) dauerte viel länger als jede andere Verhandlung und ist als Erste völlig gescheitert. Irgendwie, irgendwo sind die verhandelnden Regierungen vom Weg abgekommen.

Die globale Nahrungsmittelkrise von 2008 ist ein weiterer Beweis für den Niedergang der Zusammenarbeit zwischen den Regierungen. Sie wurde rasch zu einem Handelskrieg; die meisten großen Getreideexporteure unter den Entwicklungsländern erließen Einfuhrzölle, die den Weltmarktpreis kurzfristig hochtrieben und langfristig die Investitionen in die Getreideproduktion senkten.

Ein letztes Beispiel für den Niedergang der internationalen Kooperation waren die ersten Reaktionen in Europa auf die globale Finanz- und Wirtschaftskrise. Während des Beginns der Krise boten die einzelnen Regierungen ihren Banken Einlagegarantien an und stifteten dadurch Einleger an, ihre Konten von Banken abzuziehen, deren Regierungen keine solchen Garantien anboten. Ein Jahrzehnt zuvor hatte Europa besser kooperiert, als es sich auf den Stabilitätspakt einigte und den Euro einführte.

Dieser Niedergang der internationalen Zusammenarbeit fällt mit der Entstehung von Problemen zusammen, denen nur auf internationaler Ebene wirksam begegnet werden kann. CO_2 gehört dazu ebenso wie der Fischfang. Da die Senkungen der CO_2-Emissionen und der Fangquoten für jeden gleich wertvoll sind, hat jedes Land einen Anreiz, auf Kosten anderer zu profitieren. Ohne Kooperation werden wir, nicht die Fische, schmoren.

Koordinierte internationale Reaktionen werden zugleich notwendiger und schwieriger. Es ist verführerisch, vergangenes Scheitern einzig den unilateralen Tendenzen der Bush-Regierung zuzuschreiben und von der Obama-Regierung den Anbruch einer Ära starker internationaler Regierungsführung zu erwarten: eine reformierte UNO mit neuer Macht, eine neue globale Institution für die Zuweisung international verkäuflicher Emissionsrechte und eine neue globale Regulierung des Finanzsystems. Ich erwarte nichts so Dramatisches. Betrachten wir beispielsweise die Probleme der Vereinten Nationen. Die Reform des Sicherheitsrats wird seit Jahrzehnten durch Regierungen blockiert, die keine Repräsentation ihrer lokalen Rivalen sehen wollen: Italien blockiert Deutschland, Korea blockiert Japan, und Indonesien blockiert Indien. Es gibt keine neue Architektur für globale Regierungsführung, die China zufriedenstellen und zugleich demokratische Prinzipien festschreiben würde. Obwohl die UNO nach dem Völkermord in Ruanda eine Schutzverantwortung einführte, die unter bestimmten extremen Bedingungen die Souveränität eines Staates einschränken kann, ist der Stimmenblock der schlecht regierten Länder in der Praxis stark genug, um ihre Umsetzung zu verhindern. Der Niedergang der Kooperation zwischen Regierungen begann schon früher als die jüngsten Ereignisse.

Während aber die Kooperationsfähigkeit der Regierungen zurückgegangen ist, ist die Fähigkeit der Bürger zum gemeinsamen Handeln gewachsen, wie ich anhand von Clay Shirkys Vortrag angedeutet habe. Die Wahlkampagne von Barack Obama ist ein weiteres spektakuläres Beispiel dafür. Möglicherweise kann die Zusammenarbeit auf der Ebene der Zivilgesellschaft ein Ersatz für die Kooperation zwischen Regierungen sein, um auf globale Probleme gemeinsam zu reagieren. Wenn die Bürger auf der ganzen Welt mit den gleichen, verlässlichen Informationen ausgestattet wären, könnte ihr Druck in jedem Land ebenso wirksam sein wie eine Übereinkunft zwischen Regierungen.

Der konventionelle Ansatz der Politik, von oben nach unten durch internationale Zusammenarbeit zwischen Regierungen zu wirken, eignet sich für die weltweite Zuweisung von Fischereirechten oder CO_2-Emissionen, parallel zur Schaffung globaler Märkte, auf denen diese Rechte zwischen Ländern gehandelt werden können. In der Praxis existieren viele Hindernisse, bis eine solche Übereinkunft zwischen Regierungen erreicht werden kann. Es gibt einfach keine anerkannte und stabile Grundlage für die Zuweisung so wertvoller Rechte. Wenn die Rechte auf früheren Emissionen beruhen, würde die reiche Welt sie bekommen; wenn sie auf der Drohung künftiger Emissionen beruhen, würden die Schwellenländer sie bekommen; wenn sie auf Armut beruhen, würden die Länder der untersten Milliarde sie bekommen. Internationale Transfers, die aus diesen Rechten entstehen, könnten die Entwicklungshilfe weit in den Schatten stellen und darum umkämpft sein. Regierungen hätten einen starken Anreiz und genügend Spielraum, um bei jeder Gelegenheit zu versuchen zu betrügen. Wenn die Gesellschaften, die dann riesige Summen bezahlen, merken, dass sie häufig betrogen werden, wären sie dazu bald nicht mehr bereit.

Der Ansatz einer Politik von unten nach oben, normalen Bürgern Informationen über das Problem zu geben, ist bereits jetzt wirksamer als der Ansatz von oben nach unten. Mit erstaunlichem Tempo hat die Verbreitung von Informationen die politische Landschaft verändert.

Zuerst in Europa, dann in den USA haben Bürger verstanden, was ihre Gesellschaften tun müssen, um die CO_2-Emissionen zu begrenzen. Sie haben Druck auf ihre Regierungen ausgeübt, damit diese eine Mischung aus Steuern und regulierenden Kontrollen zur Emissionssenkung einführen. Europäische Regierungen und nun die Regierung Obama haben diese Vorschläge für nationale Maßnahmen übernommen. Die Veränderungen der Politik sind dem öffentlichen Bewusstsein gefolgt, nicht vorangegangen. Solange Regierungen auf den Druck ihrer Bürger reagieren, wird die formelle internationale Kooperation zwischen Regierungen zugleich weniger wichtig und leichter erreichbar.

Bei jedem globalen Problem hängt der praktischste Ansatz deshalb davon ab, was die Bürger in jedem Land als akzeptabel ansehen. Ich habe argumentiert, dass für Fisch und CO_2 vielleicht unterschiedliche Ansätze nötig sind. Die Rechte auf den Fisch in internationalen Gewässern sind relativ unkompliziert und bei weitem nicht so lukrativ wie die Emissionsrechte. Ich habe vorgeschlagen, das Geld den Vereinten Nationen zu geben. Das setzt voraus, dass die Bürger nicht meinen, ihre Regierung hätte ein Recht auf den Fisch in internationalen Gewässern, und verstehen, dass die Plünderung von Gütern ohne natürliche Eigentümer vermieden werden muss. Sie sind fähig, über ihre Landesgrenzen und ihre Lebenszeit hinauszudenken.

Ein solcher Ansatz würde bei CO_2 wahrscheinlich nicht funktionieren. Obwohl es eine globale Verbindlichkeit ist, wird es von jedem Land einzeln ausgestoßen, und die Summen, um die es geht, sind gewaltig. Ich bezweifle sehr, dass die Bürger so riesigen Transfers an die Vereinten Nationen oder dem Kauf von etwas zweifelhaften, teuren Ablässen von Firmen oder Regierungen in anderen Ländern zustimmen würden. Bürger auf der ganzen Welt können aber sicherlich akzeptieren, dass ihr Land nicht auf Kosten anderer handeln oder, schlimmer noch, die Anstrengungen dieser anderen Länder untergraben sollte. Die gleiche Wirtschaftsbranche sollte für das ausgestoßene CO_2 das Gleiche bezahlen, egal an welchem Ort. Überall können Menschen verstehen, dass ihre Gesellschaft nicht das schwächste Glied bei der Senkung von CO_2-Emissionen sein sollte. Die Wirtschaftsbranche kann ihre Zahlung aber an die Regierung des Landes leisten, wo die Emission stattfindet; es gibt keinen Grund, warum diese Zahlungen von den Bürgern eines Landes an die eines anderen transferiert werden sollten. Obwohl unterschiedliche Länder vielleicht dieselben Emissionen pro Branche haben, können sie unterschiedliche Pro-Kopf-Emissionen haben. Das macht nichts, und mit der Zeit wird sich dieses Muster verändern, wenn die Industrie sich weiterhin in die Schwellenländer verlagert. Das sich wandelnde nationale Muster der CO_2-Verbindlichkeiten entspricht dem sich wandelnden Muster der natürlichen Ressourcen. Mit der Zeit wird die Technologie manche Aspekte der Natur wertvoller machen und andere weniger wertvoll.

Bürger auf der ganzen Welt können sich auf das Prinzip eines gemeinsamen Umgangs mit CO_2-Emissionen nach Branche statt nach Land einigen. Wie bereits erwähnt, könnten manche Länder CO_2-Steuern und andere quantitative Emissionsstandards für eine Branche benutzen. Wichtig ist nur, dass Steuer und Standards gleichwertig sind. Solche unterschiedlichen Ansätze würden die globale Kooperation nicht gefährden. Andererseits wären Standards oder Steuern, die in einigen Ländern niedriger sind als anderswo, nicht konsistent: Die Menschen würden die Ungerechtigkeit erkennen.

Der Schlüssel zur Lösung globaler Probleme liegt in der Nutzung der neuen kollektiven Macht. Dieser Ansatz von unten nach oben verspricht mehr als eine Neuregelung der Kooperation zwischen Regierungen und erleichtert auch deren gemeinsame Anstrengungen. Er erlegt den Bürgern aber die Verantwortung auf, gut informiert zu sein. Wenn Konsens aus kollektiven Irrtümern entstünde, wäre er Unsinn hoch zwei. In diesem Buch habe ich die Gefahren ebenso wie die Chancen der Bürgermacht zu zeigen versucht. In den reichen Ländern hat das Liebäugeln mit illusorischen Naturidyllen die globale Lebensmittelproduktion gesenkt, und die ersten Opfer sind die Armen in den Gesellschaften der untersten Milliarde. Macht ohne Verantwortung ist zum Vorrecht der Romantiker geworden. Die Macht der Bürger muss hingegen auf vernünftigen Prinzipien einer ethischen Ökonomie beruhen, nicht auf dem Traum von einer heilen Welt.

Die Volkswirtschaften der Schwellenländer sind inzwischen zu wichtig, als dass sich natürliche Ressourcen und Verbindlichkeiten ohne ihre Mitwirkung managen ließen. Selbst wenn die reichen Länder ihren CO_2-Ausstoß auf null senkten, würde die Welt immer noch zu stark aufgeheizt, falls die Schwellenländer ihre Emissionen nicht ebenfalls drosseln. Wenn die Förderfirmen aus den reichen Ländern sich anständig verhalten und nicht an der Plünderung der untersten Milliarde beteiligen, geht die Verantwortung auf die Firmen innerhalb dieser Länder über. Letztere haben immer stärker bewiesen, dass sie die Macht haben, internationale Standards zu untergraben. Im Dezember 2008 wurde ein junger Hauptmann durch einen Putsch zum Präsidenten von Guinea. Das Regime wurde von der Afrikanischen Union nicht anerkannt und von Firmen wirksam boykottiert. Im September darauf erschoss das Regime 157 Menschen bei einer Demonstration für mehr Demokratie. Im selben Monat schloss ein chinesisches Konsortium einen Vertrag über sieben Milliarden Dollar mit der Regierung ab, um Rohstoffe zu fördern: Plünderung im großen Stil.

Somit können sich die Gesellschaften der Schwellenländer nicht länger hinter der angeblichen Schuld der reichen Länder verstecken. Wie in den reichen Ländern müssen sie ihre Regierungen zur Verantwortung rufen. In vielen dieser Gesellschaften, vor allem in China, haben die Bürger wenig Erfahrung damit, lernen aber von der Technik, die Grenzen heute so leicht überschreitet. Nur einer winzigen Handvoll wirklich paranoider Regime wie Nordkorea gelingt es noch, ihre Bürger im Dunkeln zu halten.

Ich habe zu zeigen versucht, warum die Gesellschaften der Schwellenländer sich nicht auf das Argument zurückziehen können, sie sollten tun dürfen, was die reichen Länder getan haben. Die Analogie sollte sein, wie sich die Rechte der Fischer veränderten, als die Fischbestände so weit schrumpften, dass Fangrechte wertvoll wurden. Vor der Entstehung dieser Renten konnte jeder fischen; als die Rechte wertvoll wurden, änderte sich das. Das Zeitalter des billigen Überflusses der Natur ist vorbei. Nun müssen wir gemeinsame Regeln für ein Zeitalter aufstellen, in dem die Natur wertvoll ist.

Die Frage ist nicht, ob die Bürger Chinas und anderer Länder die Macht haben werden, ihre Regierungen zu disziplinieren; die Bürgermacht wird unaufhaltsam sein. Wenn Menschen eine gemeinsame Verantwortung für die Bewahrung der Natur akzeptieren, müssen Regierungen sie umsetzen. Aber jede Macht ist nur so gut wie das ihr zugrunde liegende Prinzip. Genau wie Bürger der reichen Länder durch eine verführerische Agenda der Romantik irregeführt worden sind, werden Sirenengesänge unterschiedlicher Art die Bürger der Schwellenländer in Versuchung führen. Diese Sirenengesänge werden nicht die des romantischen Umweltschutzes sein, sondern die des romantischen Nationalismus. Was uns bevorsteht, ist ein Kampf zwischen der Ethik der Bewahrung und den Verlockungen des nationalen Egoismus. Sie und ich werden an diesem Kampf beteiligt sein: durch unsere Ohren und unsere Stimme.

Anhang

Literaturhinweise

ZU DEN HIER BEHANDELTEN THEMEN existiert eine riesige akademische Literatur. Zur politischen Ökonomie natürlicher Ressourcen empfehle ich die Arbeiten von Professor Michael Ross, zum Klimawandel die Arbeiten von Lord Nicholas Stern und zum Verhältnis von Natur und Entwicklung die Arbeiten von Professor Sir Partha Dasgupta.

Meine aktuelle Forschung ist auf meiner Homepage http://users.ox.ac.uk/~econpco/ zugänglich.

Paul Collier

»Laws and Codes for the ›Resource Curse‹« (http://users.ox.ac.uk/~econpco/research/pdfs/LawsandCodesforResourceCurse.pdf), auch in *Yale Human Rights and Development Law Journal*, 11 (2008), S. 9–28.

»Principles of Resource Taxation for Low-income Countries«, *The Taxation of Petroleum and Minerals: Principles, Problems, and Practice*, ed. by Philip Daniels, Michael Keen and Charles McPherson. London, 2010, S. 75–85.

Paul Collier und Lisa Chauvet

»Elections and Economic Policy in Developing Countries« (http://users.ox.ac.uk/~econpco/research/pdfs/ElectionsandEconomicPolicy.pdf), auch in *Economic Policy*, 59 (2009), S. 509–550.

Paul Collier und Benedikt Goderis

»Does Aid Mitigate External Shocks?« (http://users.ox.ac.uk/~econpco/research/pdfs/DoesAidMitigateExternalShocks.pdf), auch in *Review of Development Economics*, 13, 3 (2009), S. 429–451.

»Prospects for Commodity Exporters: Hunky Dory or Humpty Dumpty?« (www.csae.ox.ac.uk/members/biogs/goderis/pdfs/journalpapers/ProspectsforCommodityExporters.pdf), auch in *World Economics*, 8, 2 (2007), S. 1–15.

»Commodity Prices, Growth and the Natural Resource Curse: Reconciling a Conundrum« (www.csae.ox.ac.uk/workingpapers/pdfs/2007-15text.pdf).

Paul Collier und Anke Hoeffler

»Testing the Neo-con Agenda: Democracy in Resource-rich Societies« (http://users.ox.ac.uk/~econpco/research/pdfs/TestingTheNeoconAgenda.pdf), auch in *European Economic Review*, 53, 3 (2009), S. 293–308.

»Democracy's Achilles Heel: How to Win an Election without Really Trying« (www.csae.ox.ac.uk/conferences/2009-EdiA/papers/499-Hoeffler.pdf).

Paul Collier und John Page

Industrial Development Report 2009, *Breaking In and Moving Up: New Industrial Challenges for the Bottom Billion and the Middle-Income Countries*. United Nations Industrial Development Organization, 2009 (www.unido.org/fileadmin/user_media/Publications/IDR_2009_print.PDF).

Paul Collier und Anthony Venables

»Trade and Economic Performance: Does Africa's Fragmentation Matter?«, *Annual World Bank Conference on Development Economics Global: People, Politics and Globalization.*, ed. by J. Lin and B. Pleskovic. World Bank Publications, 2010, S. 51–76 (www-wds.worldbank.org/external/default/WDSContentServer/WDSP/IB/2010/07/06/000333038_20100706021540/Rendered/PDF/555390PUB0AR0010B0x349460B01PUBLIC1.pdf).

»Illusory Revenues: Tariffs in Resource-rich and Aid-rich Countries«, CEPR Discussion Paper Nr.6729. London, Centre for Economic Policy Research, 2009 (http://users.ox.ac.uk/~econpco/research/pdfs/IllusoryRevenuesTariffs.pdf), demnächst in *Journal of Development Economics.*

»International Rules for Trade in Natural Resources« (www.wto.org/english/res_e/reser_e/ersd201006_e.pdf), auch in *Journal of Globalization and Development*, 1, 1 (2010), Artikel 8.

Paul Collier, Anthony Venables und Gordon Conway

»Climate Change and Africa« (http://users.ox.ac.uk/~econpco/research/pdfs/ClimateChangeandAfrica.pdf), auch in *Oxford Review of Economic Policy*, 24 (2008), S. 337–353.

Paul Collier, Anthony Venables, Frederick van der Ploeg und Michael Spence

»Managing Resource Revenues in Developing Economies«, *IMF Staff Papers*, 57, 1 (2010), S. 84–118 (www.economics.ox.ac.uk/members/tvenables/images/stories/unpublishedpapers/managerdevecon.pdf).

Register